高等学校人力资源管理系列精品教材

人力资源管理操作实务

崔　颖◎主编　　赵永乐◎主审

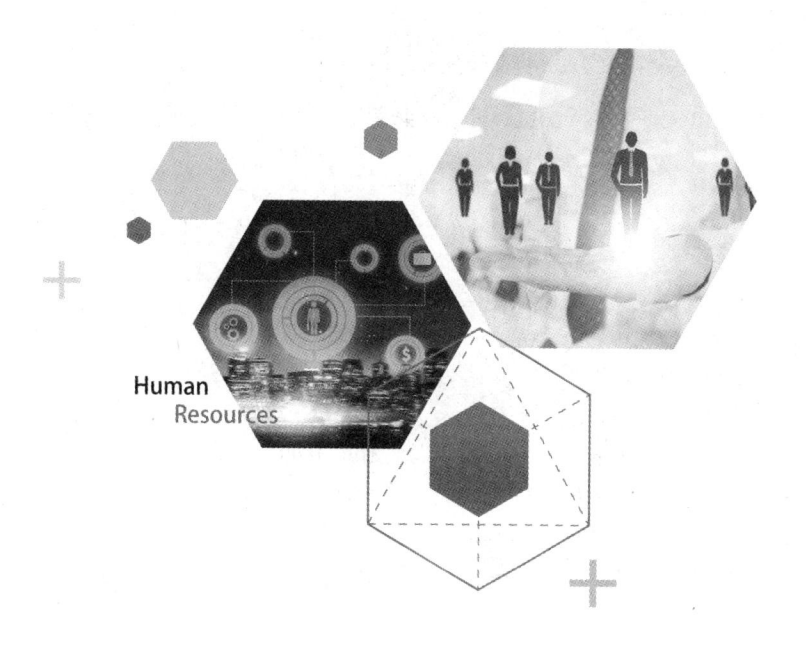

电子工业出版社
Publishing House of Electronics Industry
北京·BEIJING

内 容 简 介

本书内容丰富，涵盖人力资源管理操作实务导论、人力资源规划、组织结构及岗位分析与设计、岗位评价与能力评估、招聘、甄选与录用、培训与开发、绩效考评、薪酬福利、劳动关系管理等方面内容。具有系统层面设计；理论、实操相结合；集技能与工具于一体三大特色。适应人力资源管理的全新发展，强化实际操作技能的扎实掌握。本书并非传统工具书的简单罗列，而是提供了"文案+制度+表格+流程+方案"五位一体的工作模板，是人力资源管理相关人士可随时查阅、拿来即用的指南。

未经许可，不得以任何方式复制或抄袭本书之部分或全部内容。
版权所有，侵权必究。

图书在版编目（CIP）数据

人力资源管理操作实务 / 崔颖主编. —北京：电子工业出版社，2021.9
ISBN 978-7-121-42039-9

Ⅰ.①人… Ⅱ.①崔… Ⅲ.①人力资源管理 Ⅳ.①F243

中国版本图书馆 CIP 数据核字（2021）第 188696 号

责任编辑：刘淑敏　　　　特约编辑：田学清
印　　刷：天津画中画印刷有限公司
装　　订：天津画中画印刷有限公司
出版发行：电子工业出版社
　　　　　北京市海淀区万寿路 173 信箱　　邮编 100036
开　　本：787×1 092　1/16　印张：17　字数：413 千字
版　　次：2021 年 9 月第 1 版
印　　次：2021 年 9 月第 1 次印刷
定　　价：59.00 元

凡所购买电子工业出版社图书有缺损问题，请向购买书店调换。若书店售缺，请与本社发行部联系，联系及邮购电话：（010）88254888，88258888。
质量投诉请发邮件至 zlts@phei.com.cn，盗版侵权举报请发邮件至 dbqq@phei.com.cn。
本书咨询联系方式：（010）88254199，sjb@phei.com.cn。

前　言

知识经济时代人力资源的价值远远超过财和物，人力资源特别是人才资源对经济发展的促进作用越来越明显，对企业而言，拥有一支高素质的人力资源队伍是其生存和发展的关键因素。因此，进行人力资源的规划与管理显得至关重要。

1. 写作背景与意义

人力资源管理这个概念是在 1954 年由彼得·德鲁克在《管理实践》一书中提出的。近年来，现代人力资源管理理论传入中国，得到了广泛的传播和应用，因此对于这方面的研究也很多，渐成显学。人力资源作为知识的承载体成为组织依靠的对象，在以人为本的观念的熏陶下，人力资源管理操作实务在组织中的作用日益突出。人的复杂性和组织的特有性决定了人力资源管理操作实务不是简单的技术性的复制，真正理解人力资源管理操作实务的具体实施才是创造竞争优势的关键。

本书是河南工业大学教育科学"十四五"规划 2021 年度项目（项目号 2020JKYB06）和 2019 年河南省研究生教育优质课程"人力资源管理"的阶段性成果之一。本书集技能、工具于一体，以培养在各种组织机构中从事人力资源管理和相关研究的专门人才为目标，将国内外人力资源管理的新理论、方法同我国人力资源管理实践相结合，侧重于将理论运用于实践，强化对操作技能与方法的掌握，让读者真正做到学以致用，运用自如。

2. 编写思路与主要内容

本书汇集的人力资源管理工具具有新颖、全面、操作性强的特点，是人力资源管理学习的必备"武器"和工具书。本书试图突破传统工具书罗列工具的局限，集系统性、操作性、工具性、全案性、范例性于一体，从不同的角度构建人力资源管理工作的执行体系，以"文案+规范说明+表格+流程+方案"五位一体的内容结构为读者开展具体工作提供详细的工作模板，读者可以根据企业自身的实际情况拿来即用或者修改套用。

本书分为 10 章，包括概述、总体规划、职能模块三大部分。本书侧重于人力资源管理职能分析与实务操作，具体包括人力资源管理操作实务概述，人力资源规划，组织结构及岗位分析与设计，岗位评价与能力评估，招聘、甄选与录用，培训与开发，绩效考评，薪酬福利，劳动关系管理和员工职业生涯设计与管理。每章都有引导案例，共有 10 个案例。引导案例在精选国内外经典案例的同时，强调以中国本土企业人力资源管理战略实践为主，采用了大量的新兴行业的原创案例。同时，每章还穿插"相关链接"。

本书的基本结构如下。

引导案例：引发学习兴趣，引入思维环境。

思考：对引导案例进行反思，引出章节重点。

学习目标：说明本章学习的重点，以及对具体内容的掌握程度。

正文：本章的核心内容。

相关链接：穿插于正文中，通过对核心术语的阐述加深对重点问题和难度问题的理解和掌握。

3. 本书特色

本书的编写宗旨是"为学生出版，为教师使用"。本书与市面上同类图书相比具有以下三大特点。

第一，理论与实务操作相结合。本书从企业人力资源管理体系设计的理论入手，详细讲述了人力资源管理领域中的各种技术、方法和技巧，并且通过"流程—工具—规范说明"的方式给出了实务操作过程中所需的表格、流程、方案或制度，这样可以方便读者在学习人力资源管理理论知识的同时，掌握实务操作的知识，达到"理论与实务操作共通"的目的。

第二，更加注重人力资源系统化设计。本书不是简单的知识点和管理工具的汇总，而是从人力资源管理体系设计的层面入手，逐一对人力资源管理各个模块进行讲解，不仅强化了绩效考评与薪酬福利管理、员工培训等内容，还涵盖了人力资源外包、人力资源开发等领域。

第三，内容丰富，实用性强。本书涵盖了从人力资源管理实务操作工作要点到实务操作工具等众多项目，构成了丰富、全面的人力资源工具库。本书提供的大量图表、规范说明、文案，可供读者随时查阅。

目 录

第1章 人力资源管理操作实务概述……1

1.1 人力资源管理概述……………………3
 1.1.1 人力资源管理的概况…………3
 1.1.2 人力资源管理的特点…………6
 1.1.3 人力资源管理的功能…………8
1.2 人力资源管理操作实务的内容………9
 1.2.1 人力资源管理操作实务
    的内涵界定 ……………………9
 1.2.2 人力资源管理操作实务
    的特点 …………………………11
 1.2.3 人力资源管理操作实务
    的作用与功能 …………………12
1.3 人力资源管理操作实务的
   基本原理、基本手段和技术 …………13
 1.3.1 人力资源管理操作实务的
    基本原理 ………………………13
 1.3.2 人力资源管理操作实务的
    基本手段 ………………………15
 1.3.3 人力资源管理操作实务的
    技术 ……………………………16
1.4 人力资源管理操作实务的
   发展趋势与面临的挑战 ………………18
 1.4.1 人力资源管理操作实务的
    发展趋势 ………………………18
 1.4.2 人力资源管理操作实务
    面临的挑战 ……………………20

第2章 人力资源规划……22

2.1 人力资源规划工作流程………………23
 2.1.1 人力资源规划的内容…………24
 2.1.2 人力资源规划的方法…………26
 2.1.3 人力资源规划的制定流程……29
 2.1.4 人力资源规划的编制程序……37
2.2 人力资源规划操作工具………………38
 2.2.1 企业年度人力资源规划表……38
 2.2.2 企业人力资源需求预测表……40
 2.2.3 企业人力资源供给预测表……41
2.3 人力资源规划书编制规范说明………42

第3章 组织结构及岗位分析与设计…46

3.1 组织结构及岗位分析与
   设计工作流程……………………………48
 3.1.1 组织结构设计的
    含义与内容……………………48
 3.1.2 岗位分析的含义与内容………50
 3.1.3 岗位分析流程…………………52
 3.1.4 岗位设计的含义与内容………53
 3.1.5 岗位设计流程…………………55
3.2 组织结构及岗位分析与
   设计操作工具……………………………56
 3.2.1 组织机构职权范本……………56
 3.2.2 岗位分析调查表………………75
 3.2.3 岗位体系设计范本……………78
3.3 岗位说明书编制规范说明……………87

第4章 岗位评价与能力评估 …… 91

4.1 岗位评价与能力评估工作流程 …… 93
- 4.1.1 岗位评价概述 …… 93
- 4.1.2 岗位评价方法 …… 96
- 4.1.3 岗位评价的流程和具体步骤 …… 97
- 4.1.4 能力评估概述 …… 98
- 4.1.5 能力评估的流程 …… 99

4.2 岗位评价与能力评估操作工具 …… 100
- 4.2.1 岗位评定表 …… 101
- 4.2.2 职务分类表及职能等级分类表 …… 102
- 4.2.3 相互评价表 …… 103
- 4.2.4 能力和态度表 …… 104
- 4.2.5 能力考核表 …… 106

4.3 岗位评价与能力评估制度规范说明 …… 109

第5章 招聘、甄选与录用 …… 114

5.1 招聘、甄选与录用工作流程 …… 116
- 5.1.1 招聘的流程 …… 116
- 5.1.2 甄选的流程 …… 121
- 5.1.3 录用的流程 …… 126
- 5.1.4 入职的流程 …… 128

5.2 招聘、甄选与录用操作工具 …… 129
- 5.2.1 招聘类表 …… 129
- 5.2.2 员工入职类表 …… 131
- 5.2.3 其他类表 …… 136

5.3 招聘、甄选与录用制度规范说明 …… 139

第6章 培训与开发 …… 146

6.1 培训与开发工作流程 …… 148
- 6.1.1 培训与开发的含义和角色分析 …… 148
- 6.1.2 培训与开发的类型 …… 149
- 6.1.3 常见的培训与开发方法 …… 149
- 6.1.4 培训与开发的流程 …… 150

6.2 培训与开发操作工具 …… 151
- 6.2.1 申请类表 …… 152
- 6.2.2 计划类表 …… 153
- 6.2.3 其他类表 …… 155

6.3 培训与开发制度规范说明 …… 168

第7章 绩效考评 …… 172

7.1 绩效考评工作流程 …… 174
- 7.1.1 绩效管理的流程 …… 174
- 7.1.2 绩效考评的流程 …… 175
- 7.1.3 绩效计划制订流程 …… 176
- 7.1.4 绩效考评方法 …… 178
- 7.1.5 绩效考评的具体实施 …… 180

7.2 绩效考评操作工具 …… 181
- 7.2.1 规划类表 …… 181
- 7.2.2 考评类表 …… 183
- 7.2.3 其他类表 …… 193

7.3 绩效考评制度规范说明 …… 196

第8章 薪酬福利 …… 201

8.1 薪酬福利管理工作流程 …… 202
- 8.1.1 薪酬内涵界定 …… 202
- 8.1.2 薪酬管理的流程 …… 206
- 8.1.3 员工福利管理 …… 210

8.2 薪酬福利操作工具 …… 212
- 8.2.1 申请类表 …… 212
- 8.2.2 核定计算类表 …… 214
- 8.2.3 其他类表 …… 217

8.3 薪酬福利制度规范说明 …… 220

第9章 劳动关系管理 …… 227

9.1 劳动关系管理工作流程 …… 229
- 9.1.1 劳动关系的含义和内容 …… 229
- 9.1.2 劳动关系的特征 …… 230
- 9.1.3 劳动关系的调整方式 …… 231
- 9.1.4 劳动合同管理流程 …… 232
- 9.1.5 劳动争议处理流程 …… 235

9.2 劳动关系管理操作工具 …………… 237
 9.2.1 员工人事档案卡 …………… 238
 9.2.2 人事通知单 ………………… 239
 9.2.3 人事通报表 ………………… 239
 9.2.4 从业人员登记表 …………… 240
 9.2.5 管理人员一览表 …………… 240
9.3 劳动合同书编制规范说明 ………… 240

第10章 员工职业生涯设计与管理 … 242

10.1 职业生涯设计工作流程 ………… 243
 10.1.1 职业生涯规划的含义 …… 244
 10.1.2 职业生涯规划的方法 …… 244
 10.1.3 职业生涯规划的
   基本流程 ………………… 251
10.2 职业生涯规划操作工具 ………… 252
 10.2.1 自我评估表 ……………… 253
 10.2.2 环境与职业评估表 ……… 253
 10.2.3 职业定位表 ……………… 254
 10.2.4 计划实施表 ……………… 254
 10.2.5 职业生涯评估与反馈表 … 255
10.3 职业生涯规划书编制规范说明 …… 256

参考文献 ……………………………… 259
后　　记 ……………………………… 263

第1章
人力资源管理操作实务概述

引导案例

海底捞的人力资源管理计划

海底捞作为国内优秀餐饮企业的代表,一直吸引着大众的目光,它提供周到而体贴的服务,其内部的运营管理也值得我们去探寻和研究。

1. 海底捞的组织管理

从 1994 年到现在,海底捞经过了二十多年的发展,其组织架构从最开始就是纯门店。2016 年年中,海底捞重构了内部组织,实行扁平化管理,共设总部、教练、餐厅及抱团小组四个部分。总部控制门店管理的核心环节;教练为店长提供指导、建议及评估,教练的薪酬与整体利润的增长挂钩;餐厅直接向总部管理层汇报,店长负责餐厅的日常运营管理,在经营餐厅方面有高度的自主权及决策权;邻近的餐厅组成抱团小组,抱团小组内餐厅互助,通过自我管理,提高整体管理效率。

2. 无门槛的晋升机制

在海底捞,全部管理者都是从基层做起的,即使外聘的管理人员,也要通过轮岗的方式到基层锻炼。海底捞让每个员工都熟悉各个领域的岗位,根据每个员工的喜好进行不同的培训,从而让工作场所变成企业管理的"商学院"。在海底捞,公司会明确给每个员工提出晋升途径:管理线、技术线、后勤线。这三条途径让每个员工都拥有了晋升的机会,员工的工作热情因此十分高涨。

3. 独特的师徒制度

海底捞有种独特的"师徒制度",店长不仅可以享有自己门店的提成,还能在其徒弟、徒孙管理的门店中获得更高比例的业绩提成。这让店长愿意培养徒弟、徒孙,并指导他们开拓新店。"师徒制度"被海底捞称为自下而上发展战略的核心。

4. 海底捞的门店考核

在考核方面,海底捞将经营内容分为五大部分,分别对应五种颜色的绩效考核卡片:红卡对应服务,黄卡对应出品,白卡对应设备,绿卡对应食品安全,蓝卡对应环境卫生。另外,海底捞考核店长有两个指标,那就是员工满意度和顾客满意度,因为员工不满意,顾客就没法满意。公司还拨出专门的预算，召集独立第三方的神秘嘉宾对餐厅进行体验评级。另外，干部培养和食品安全也会影响店长的升迁和收益。海底捞不注重考核利润、收入等经营指标或财务指标，真正重要的是考核指标背后的逻辑。考核结果会决定门店的排名，以及店长的徒弟能否被选中管理其他餐厅。门店考核结果分成A、B、C三个等级，一旦发生食品安全事故，则门店被自动评为C级店。

A级店是要被表彰的，A级店的店长可优先选择新餐厅项目，店长的徒弟在成为新店长方面有优先权。

B级店被认为表现尚可，但仍有改善空间。

C级店不会被扣钱，但是在下个季度不能开新店，公司会鼓励其店长接受教练为期六个月的管理培训以改善餐厅绩效。如果C级店在过去一年曾被评为C级且已接受教练辅导的，则可能被免除店长职位。店长被淘汰的，店长的师傅也会受到惩罚。

5. 海底捞的薪酬体系

海底捞实施绩效考核，将员工收入与绩效考核结果相挂钩。随着企业效益不断提升，海底捞还将分红机制引入薪酬体系之中，但是并非所有的员工都能参与分红，分红的标准依据绩效考核：A级员工分红多，B级员工分红少，C级员工没有分红。

（资料来源：本案例根据海底捞的人力资源管理整合而成）

思考

海底捞的人力资源管理主要包括哪些方面？海底捞进行人力资源管理实践的过程中有哪些值得其他企业借鉴的地方？

学习目标

1. 了解人力资源管理的特点与功能；
2. 了解人力资源管理操作实务的内涵界定；
3. 了解人力资源管理操作实务的特点、作用与功能；
4. 了解人力资源管理操作实务的原理、手段与技术；
5. 了解人力资源管理操作实务在新形势下的发展趋势，学会对未来趋势进行预测。

企业人力资源管理操作实务与国家和地区的法律法规紧密相关，还涉及不同时期的各种政策。无论企业的规模和性质如何，这些工作对维护企业正常发展都起到非常重大的作用。通过本书的学习，读者能够了解和掌握人力资源管理操作实务的方法与制度，提高分析和解决人力资源管理实际问题的能力。

1.1 人力资源管理概述

人力资源管理是根据企业经营的需要,利用人力资源完成组织目标所采用的各种方法和技术,对内部、外部人力资源的获取、分配使用、保持与提升、开发和优化的一系列专业化管理活动,这些管理活动必须符合"实现企业经营目标"的根本要求。

1.1.1 人力资源管理的概况

1. 人力资源管理的含义

人力资源管理的概念自从提出便引起了管理学界和企业界的高度关注,各国学者也从不同的视角对人力资源管理的基本内涵提出了各种不同的观点和认识。虽然不同流派的学者对人力资源管理的界定有很大的差距,根本无法实现统一,但是对人力资源管理的核心内容还是达成了一定的共识。这些共识主要包括以下五方面内容。

(1)人力资源管理的对象是人力资源,这是一种特殊的资源。几乎所有的学者都认为,人力资源这种资源完全不同于物力资源,它是一种能够自我补偿和成长的资源。例如,德鲁克认为,人力资源与物力资源的根本区别在于人力资源是一种能够自我成长和自我发展的资源。

(2)人力资源管理的对象不是指具有生命的自然个体,而是指一定组织关系内的个体,处于一定关系"包围"中的个体。正因为如此,我们所说的人力资源管理通常是指组织的人力资源管理,我们研究的重点也是如何来管理组织中的人力资源。

(3)虽然人力资源管理的对象是人力资源,但是其管理的内容不是人力资源本身,而是各种与人力资源相关的关系,管理的不是个别现象,而是一个"集合"系统。在人力资源管理的研究和实践中,我们重点研究的是组织内各种与人力资源相关的关系,如员工与岗位的关系、员工之间的关系、员工能力发展与组织发展的关系、核心人力资源与组织核心竞争力的关系等。

(4)人力资源管理是一个过程,而不是一个瞬间。对于一个组织来说,人力资源管理工作不是一个阶段性的工作,而是组织长期的、持续的工作。如今,几乎所有具有相当规模的现代企业,在人力资源管理过程中都会制定一定时期企业的人力资源发展规划,而且越具有战略性的人力资源发展规划,制定的时间越长。

(5)人力资源管理不是一个个别行为,而是一个组织行为。任何一个组织的人力资源管理都是在一定的制度约束和规范下开展的,都有着具体的实施目标、计划、活动方案,以及相关的各类支持性政策。

综上所述,本书认为人力资源管理是对人力资源所进行的管理,不能把人力资源管理简单地理解为若干项职能或一种制度、一种政策,而要把它理解为一个系统。人力资源管理系统从纵向来看由四个层次组成:第一个层次包括人力资源管理的体制和机制;第二个层次包括人力资源管理的制度和策略;第三个层次包括人力资源管理的业务和流程;第四个层次包括人力资源管理的各种技术、方法和手段等。人力资源管理系统从横向来看由三个层次组成:第一个层次包括人力资源管理规划和工作分析在内的人力资管理基础职能子系统；第二个层次包括员工的职业发展管理、绩效管理和薪酬管理等在内的人力资源管理核心职能子系统；第三个层次包括一系列基本职能在内的人力资源管理一般职能子系统。人力资源管理系统从内在和外在关系上看，由人力资源管理的内在目标系统和人力资源管理的外在环境子系统组成。任何一个组织的人力资源管理系统都在一定的外在环境条件下，从纵向的四个层次和横向的三个层次上展开，发挥各个职能的作用，动态运行和发展，从而实现组织的人力资源管理战略目标。

> **相关链接**
>
> 在经济学中，资源是为了创造物质财富而投入生产活动中的一切要素。当代经济学家把资源分为以下几类。
>
> （1）自然资源一般指用于生产活动的一切未经加工的自然物，如未经开发的土地、山川、森林、矿藏等，它们有待于人们去开发利用。
>
> （2）资本资源一般指用于生产活动的一切经过加工的自然物，如资金、机器、厂房、设备。人们并不直接消费资本本身，而是利用它生产和创造新的产品与新的价值。
>
> （3）信息资源指对生产活动及与其有关的一切活动的事、物描述的符号集合。信息是对客观事物的一种描述，与前两类资源不同的是，前两类资源具有明显的独占性，而信息资源具有共享性。
>
> （4）人力资源是生产活动中最活跃的因素，也是一切资源中最重要的资源，由于该资源特殊的重要性，它被经济学家称为第一资源。

2. 人力资源管理的阶段

在人类发展的历史进程中，每个历史时期的人力资源管理形式总是与当时、当地的政治、经济、文化、人口、管理等紧密联系。虽然"人力资源管理"这个词语在近半个世纪才通用于全球，为人类所接受和使用，但是对人的管理是在人类产生时便开始的，是所有文化中最古老的文化，是所有管理中最古老的管理。在人力资源管理形成的过程中，经历了几个重要阶段。

1）18世纪初以前的原始管理阶段

在这一时期，手工作坊、家庭手工业大量存在，产业的所有者也是管理者，还是手工业工人，即老板=经理=工人。在这一时期，专门的人事管理者并未诞生，有的只是老板对家庭成员的管理。这一时期属于人力资源管理的原始管理阶段。

2）18世纪后期至19世纪末的古典管理阶段

随着资本主义的产生和第一次工业革命的开始，农村人口开始涌入城市，此时出现了工人阶级。由于工人阶级的产生，雇佣劳动部门也随之产生，美国最早的雇佣劳动部门就产生于这一时期。这一时期属于人力资源管理的古典管理阶段，这一阶段的人力资源管理思想具有如下特点。

（1）把人视为"物质人""经济人"，以"金钱"为一切衡量标准，每个工人都在一定的岗位上做简单的、重复的机械劳动。

（2）"人力资源管理"在这一时期表现为"雇佣管理"，主要招录和雇佣工人，"雇佣管理"以"事"为中心，以"目的"为指导，忽视人除"金钱""物质"外的一切需求。

（3）确立了工资支付制度和劳动分工，每个工人有自己的岗位和按规定获得的"工资"。

（4）已经初步有了智力劳动和体力劳动的区别，因为有雇佣劳动，所以出现了一些不做工的"监工"，他们的主要任务是强迫和监督工人劳动。

这一时期，最突出的特点是把人视为"物质人"，以为金钱可以指挥一切，老板与管理者完全无视工人的心理需要，任意打骂和处罚工人。

3）19世纪末至20世纪初的近代管理阶段

随着资本主义从自由竞争到垄断，美国的"科学管理之父"泰勒和德国的社会学家韦伯提出了一系列比较科学、合理的管理方法。这一时期人力资源管理具有如下特点。

（1）劳动方法标准化。有了劳动定额、劳动定时工作制，首次科学而合理地对劳动效果进行计算。

（2）将培训引入企业。根据标准方法对工人进行在职培训，并根据工人的特点分配适当的工作。

（3）明确划分了管理职能和作业职能，出现了劳动人事管理部门。劳动人事管理部门除负责招工外，还负责协调人力和调配人力，以及在职培训。

（4）已经能组织起各级的指挥体系。各种职务和职位按照职权的等级原则加以组织，对人的管理树立了"下级服从上级"的严格的等级观念。

这一时期，标准化成为其显著特点。工人从农村走向城市，从小作坊、小工厂走向大工厂。在当时的情况下，集中化、大型化、标准化为主要特色：工人集中上班、集中工作、集中居住；工厂是大的、烟囱是大的、机器是大的；制作相同规格、相同颜色、相同标准的零件等。总之，在集中化、大型化、标准化之下，资本家所建立的各级管理体制已经基本形成，等级观念也日趋严重。

4）20世纪40年代以来的现代管理阶段

这一时期，是人力资源管理思想最活跃的时期，是从"物质人"的管理思想跃至"社会人"的管理思想的转折时期，是从"刚性管理"向"刚柔结合"和"柔性管理"转变的重要时期。这是人力资源管理发展过程中一个质的飞跃。特别是在第二次世界大战以后，人力资源管理进入最新阶段。在这一阶段中，一方面，人力资源管理作为企业的一个按功能划分的子系统，具有独立运行的功能；另一方面，人力资源管理作为企业八大管理之首，能够影响和左右其余子系统的运行，它是决策系统中最重要的参谋系统。人力资源管理日益成为系统运行的中枢。这一时期人力资源管理具有如下特点。

（1）承认人是"社会人"，人除了物质、金钱的需要，还有社会、心理、精神等各方面的需要。在这一时期，人力资源管理已经开始萌发了对人性的尊重，对人的心理需求的尊重。

（2）在管理形式上，承认非正式组织的存在，承认在官方或法定的组织存在之外，另有权威人物的存在。人力资源管理属于非正式组织的权威，它同样能影响和左右人们的行为与意愿。在方法上，重视工会和民间团体的利益。

（3）在管理方法上，承认领导是一门艺术，了解管理方法有区别，以人为核心改进管理方法。

（4）将现代管理理论，即"管理科学"和"行为科学"引入人力资源管理，重视对个体的心理和行为、群体的心理和行为的管理。

（5）对人的管理必须求取整体效益最优，不再突出个体的"英雄行为"，而是日益重视群体的协调作用。

（6）知识就是资金，信息就是财富，对人的素质提出了更高的要求。

（7）人事管理信息系统诞生，计算机开始参与管理。计算机帮助处理大量繁杂的事务性的人事管理工作，如职工的履历管理、档案管理、工资管理等。

（8）"人力资源管理部"将逐步取代"劳动人事部"。"人力资源管理部"将更重视人的智力的开发、人与人之间的协调、人的合理流动和人的最大潜能的发挥，而把大量事务性的工作归入系统化、程序化，由计算机进行处理。

在"人—生产力—生产产品"这个链条中，人们不再认为利用机器和工人来降低成本是正确的做法。相反，人们已经清楚地认识到，只有改革管理人力资源的方式，开发人的潜在才能，充分发挥人的主动性、积极性，企业才能真正获得发展。

将"劳动人事部"改为"人力资源管理部"，不只是名称的变动，也不只是部门管理范围的变动，而是历史潮流发展的必然，是具有重大战略意义的改动。人力资源管理区别于一般的曾经与之并列的财务管理、生产管理、销售管理并跃居其他管理之上，其工作的成败直接关系到企业的生存与发展。

在人力资源管理阶段的划分问题上，有过多种不同的划分方法，它们之间并不存在重大分歧和冲突，这主要是考虑问题的出发点不同和需要的不同所造成的。

目前比较流行的人力资源管理六大模块如图1-1所示。

图1-1 人力资源管理六大模块

对于不同的企业，人力资源管理工作的内容、程度都有较大的差别，但所有的人力资源管理都离不开五个方面的内容：人、事、组织、团队、文化。

人力资源管理的对象是企业的员工（个体、群体），管理内容是员工、部门的工作内容（事务）。企业不可能由一个员工组成，内部一定有分工、合作，这就涉及团队管理。所以，人力资源管理不仅是单个人员的管理，还包括团队（部门、分公司、子公司）的组织管理。

1.1.2 人力资源管理的特点

人力资源管理具有如下特点。

（1）人本特征。人力资源管理具有人本取向，始终贯彻员工是组织的宝贵财富的思想，强调以人为本及对人的爱护、关心，把人真正作为资源加以保护、利用和开发。

（2）专业性与实践性。人力资源管理是组织最重要的管理职能之一，具有较高的专业性。无论是小公司的多面手，还是大公司的人力资源专家及高层人力资源领导，都有着很细的专业分工和较深的专业知识。人力资源管理是组织管理的基本实践活动，目的在于实现组织目标的主要活动，表现了高度的应用性。

（3）互惠性与双赢性。人力资源管理具有互惠双赢取向，强调管理应该同时获取组织的绩效和员工的满意度；强调员工和组织之间的共同利益，并重视激发员工的主动性和责任感。

（4）战略性与全面性。人力资源管理聚焦组织管理中为组织创造财富、创造竞争优势的人员的管理，也就是以员工为基础，以知识员工为中心和导向，是在组织最高层进行的一种决策性、战略性管理。人力资源管理是对于招聘、任用、培训、发展的全过程和全部人员的全面活动的管理。只要有人参与活动的地方，就要对其进行人力资源管理。

（5）理论基础的学科交叉性。人力资源管理采取科学取向，借鉴其他学科知识，这其中包括管理学、法学、经济学、心理学、社会学等多个学科，因此现代人力资源管理对其管理人员的专业素质提出了更高的要求。

（6）整体性与系统性。人力资源管理具有系统取向，强调整体地对待组织和人，兼顾组织的技术系统和社会与人的心理系统；强调运作的整体性，一方面要求人力资源管理各项职能之间具有一致性，另一方面与组织中其他战略相互配合，依靠和支持整个组织的战略和管理。

相关链接

人力资源的特点如下。①能动性。人不同于自然界的其他生物，因为人具有思想、感情。人具有主观能动性，能够有目的地进行活动，能动地改造客观世界。人有意识，这种意识不是低级水平的动物意识，而是对自身和外界具有清晰看法的、对自身行动做出抉择的、调节自身与外部关系的社会意识。由于作为劳动者的人具有社会意识，并在社会生产中处于主体地位，因此人能够发挥主观能动作用。②再生性。从劳动者个体来说，他的劳动能力在劳动过程中消耗之后，通过适当的休息和补充需要的营养物质，劳动能力会再生；从劳动者的总体来看，随着人类不断繁衍，劳动者会不断地增加。因此，人力资源是取之不尽，用之不竭的资源。③生物性。它存在于人体之中，是有生命的"活"的资源，与人的自然生理特征、基因遗传等紧密相关。人力资源在使用、配置上需要考虑其自然生理特征。④时效性。作为人力资源的劳动能力只存在于劳动者个体的生命周期之中。开发和利用人力资源要讲究时效性，以免造成浪费。⑤智力性。人类在劳动中创造了机器和工具，通过开发智力，自身的能力迅速提高。⑥社会性。每个团体都有自身的文化特征，每种文化都是一个团体共同的价值取向。但是，这种文化特征是通过人这一载体表现出来的。由于每个人受自身团体文化和社会环境的影响不同，其个人的价值观也不相同，他们在生产经营活动、人与人交往等社会活动中，其行为可能与团体文化所倡导的行为准则矛盾，也可能与他人的行为准则矛盾，这就需要人力资源管理注重团队的建设，注重人与人、人与群体、人与社会的关系及利益的协调与整合，倡导团队精神。

1.1.3 人力资源管理的功能

人力资源管理的功能是相辅相成、彼此互动的，主要包括获取、整合、奖酬、调控和开发五个部分。

1）获取

获取主要包括人力资源规划、招聘与录用两个部分。为了实现组织的战略目标，人力资源管理部门要根据组织结构确定职务说明书与员工素质要求，制订与组织目标相适应的人力资源需求与供给计划，并根据该计划开展招募、考核、选拔、录用与配置等工作。显然，只有先获取了所需的人力资源，才能对其进行管理。

2）整合

整合是使员工和睦相处、协调共事、取得群体认同的过程，是员工与组织之间个人认知与组织理念、个人行为与组织规范的同化过程，具有人际协调职能与组织同化职能。现代人力资源管理强调个人在组织中的发展，个人的发展会引发个人与个人、个人与组织之间的冲突，产生一系列问题。整合的主要内容包括：①组织同化，即个人价值观趋同组织理念，个人行为服从组织规范，员工认同组织并产生归属感；②群体中人际关系和谐，人与组织能够进行良好的沟通；③矛盾冲突的调解与化解。

3）奖酬

奖酬是为员工对组织所做出的贡献给予的奖励，具有人力资源管理的激励与凝聚职能，也是人力资源管理的核心。其主要内容包括：根据对员工工作绩效进行考评的结果，公平地向员工提供合理的，与他们各自的贡献相匹配的工资、奖励和福利。设置这项基本功能的根本目的在于增强员工的满意度，提高员工的劳动积极性和劳动生产率，增加组织的绩效。

4）调控

调控是对员工实施合理、公平的动态管理的过程，具有人力资源管理中的控制与调整职能。它包括两个方面：①科学、合理的员工绩效考评与能力评估；②以考绩与评估结果为依据，对员工使用动态管理，如晋升、调动、奖惩、解雇等。

5）开发

开发是人力资源开发与管理的重要职能。广义上的人力资源开发包括人力资源数量与质量的开发。人力资源的数量开发，从宏观上看主要方法有人口政策的调整、人口的迁移等。对于组织而言，人力资源的数量开发方法有招聘、保持等。人力资源开发是指对组织内员工素质与技能的培养和提高，以及使他们的潜能得以充分发挥，最大地实现个人价值。人力资源开发主要包括组织与个人开发计划的制订、组织与个人对培训和继续教育的投入、培训与继续教育的实施、员工职业生涯开发、员工的有效使用。以往我们在开展人力资源开发工作时，往往只注重对员工的培训与继续教育，而忽略了员工的有效使用。事实上，对员工的有效使用是一种投资最少、见效最快的人力资源开发方法，因为它只需要将员工的工作积极性和潜能充分发挥出来即可提高劳动生产率。当员工得到有效使用时，对员工而言，其满意度增强，劳动积极性提高；对组织而言，员工得到合理配置，组织高效运作，劳动生产率提高。

1.2 人力资源管理操作实务的内容

人力资源管理操作实务以人力资源管理理论为基础，重点探讨企业招聘的开展流程、薪酬福利的发放、社会保险的缴纳、各种人事表格的制定、员工职业生涯的设计、人事规章制度的完善，以及劳动合同的管理等内容。

1.2.1 人力资源管理操作实务的内涵界定

人力资源管理操作实务是指组织人力资源管理的各项流程、工具和制度规范。通俗地讲，人力资源管理操作实务就是与人力资源管理中所有相关的实际操作。现代企业中的人力资源管理操作实务主要包括人力资源规划，组织结构及岗位分析与设计，岗位评价与能力评估，招聘、甄选与录用，培训与开发，绩效考评，薪酬福利，劳动关系管理，员工职业生涯设计与管理的操作流程和制度规范等。

（1）人力资源规划是针对某个时期企业的经营目标与任务，进行统筹规划，使人力资源管理工作能紧密地与企业的经营目标与任务相连接。许多企业由于经营管理的随意性，对工作缺乏规划，使人力资源管理工作只停留在"事务"与"灵活"两个层面，这就是我们常说的"被动的工作局面"。要做好人力资源规划设计工作，人力资源管理部门的最高级管理人员必须直接参与企业经营目标的设定，必须对行业的情况非常熟悉和了解，尤其是对行业的"竞争情况""行业特性""业务属性""作业流程""产品技术"等情况了解清楚。否则，人力资源管理部门无法针对经营目标与业务情况提出与之适合的工作目标与规划；无法对经营目标进行有效的分解，设定合理的组织架构与部门职能；更无法为各个部门找到符合需要的部门目标。

（2）组织结构是表明组织各部分排列顺序、空间位置、聚散状态、联系方式，以及各要素之间相互关系的一种模式，是整个管理系统的"框架"。岗位分析是通过一定的方法对工作的内容和有关方面的信息进行收集、分析、描述和研究的过程。岗位分析的方法一般有观察、量表等方法。通过对相同岗位人员的跟踪观察记录、量表分解，得出岗位的具体工作内容、职责、权限范围、薪酬成本标准等。如果企业内部没有相同的岗位，那么就必须通过向同类企业学习或通过工作的分解、分析设计先尝试设置岗位，再进行跟踪、调整，才能明确岗位的职责、目标。岗位设计有两种方法：①将较多的岗位职责放在一个岗位上，找能力更强、待遇更高的人去完成；②将较少的岗位职责放在一个岗位上，找能力普通的人去完成。这两种方法根据实际情况进行操作，如果要求专业化、细分，可以进行岗位分割，由多人完成；如果工作内容不多、工作量不大，可以由更少、更综合的人完成。

（3）岗位评价是在岗位分析的基础上，综合运用各种理论和方法，按照一定的客观标准，从岗位的劳动环境、劳动强度、工作任务，以及所需的资格和条件出发，对岗位在组织系统中的价值和位置进行系统衡量、评比和估价，为企业内部的薪酬公平提供依据的过程。能力评估是指采用科学的专业化方法与工具收集信息，通过测量与评价员工的德能、技能、体能来预测其未来业绩，确定其对企业的价值的过程。

（4）员工的招聘、甄选与录用在非专业的人眼中是一件非常容易的事情，但实际上它是人力资源管理中一项非常重要的工作，是企业成败的关键。员工的招聘、甄选与录用是企业根据人力资源规划所确定的人员需求，通过各种有效渠道，招纳具备相应资格的人员进入本企业的过程。企业一般根据人力资源规划及岗位分析确定人员招聘的有关事宜，通过科学的甄选及对应聘者的层层选拔，最后做出相应的决策。员工的招聘、甄选与录用工作对企业来说是常年性的，能否录用到称职的员工，对企业的发展至关重要。

（5）培训与开发是指企业有计划地实施以提高员工学习与工作相关能力为目的的活动。掌握相关的知识、技能，了解对工作绩效起关键作用的行为，是人力资源管理开发的基础性工作。培训包含训练和教育两个方面，训练的目的是"知其行"，教育的目的是"知其然"，这些涉及员工的理解、感觉和态度。因此，教育有时也叫作开发。

在传统意义上，培训侧重于近期目标，重心是提高员工当前的工作绩效，让员工掌握技术性技巧，以及基本的工作知识、方法、步骤和过程。开发侧重于培养、提高管理人员的有关素质，帮助员工为从事企业的其他工作做准备，提高员工面向未来职业的能力，同时帮助员工更好地适应由新技术、工作设计、顾客或产品市场带来的变化。

（6）绩效考评是人力资源管理的一项重要工作，它与人力资源管理的全过程紧密联系。招聘要考评应聘者的素质、能力和过去的业绩，定岗要考评应聘者的能力与岗位的匹配程度，培训要考评应聘者的专业知识和技能，报酬要考评应聘者的贡献和业绩，晋升要考评应聘者的能力、素质、业绩态度和敬业精神，奖惩要考评应聘者的贡献或错误的程度和大小。考评能使领导者做事公平，奖惩分明，决策正确，选人用人调度有方。因此，加强员工考评理论特别是绩效考评理论的研究，并把它应用于企业管理实践中，十分必要。

（7）薪酬福利是每个员工都关注的问题，也是提升员工满意度的关键因素之一。公平性和竞争性是维护员工对薪酬满意度的两大原则，其中公平性可以通过企业的组织系统、职位系统和评价系统完成。薪酬策略是将本企业的薪酬水平与市场实际的薪酬水平进行比较，以确定薪酬发放的相应范围。福利是固定薪酬保健作用的强化，它能起到减少甚至消除员工的不满意度，提高员工对企业的认同度。这是因为福利反映了企业对员工的长期承诺，员工已经把福利视为固定收入的一部分。企业要完善薪酬管理，需要注重岗位评价、薪酬定位和绩效考核三个方面。

（8）劳动关系，从法律意义上讲是指用人单位招用劳动者为其成员，劳动者在用人单位的管理下提供有报酬的劳动而产生的权利义务关系，是雇员与雇主之间在劳动过程中形成的社会经济关系的统称。劳动关系管理包括劳动合同管理、劳动纪律管理与员工奖惩管理、劳动定额与定员管理、工作时间与休息休假管理、考勤管理及劳动争议管理等。在劳动力市场中，企业与劳动者都是享有经济主权的市场主体。企业是用工主体，劳动者是劳动主体。劳动的社会形式的趋同性使劳动关系成为经济社会最普遍、最基本的社会关系。

（9）员工职业生涯设计与管理，其实就是指个人和组织相结合，在对一个人职业生涯的主观条件和客观条件进行测定、分析、总结研究的基础上，对自己的兴趣、爱好、能力、特长、经历等各方面进行综合分析与权衡，结合时代特点，根据自己的职业倾向,确定最佳的职业奋斗目标,并为实现这一目标做出行之有效的安排。职业生涯设计与管理主要分为员工个人职业生涯设计与管理和企业个人职业生涯设计与管理,本书更加侧重于研究前者。

1.2.2 人力资源管理操作实务的特点

知识经济时代的人力资源管理操作实务呈现出以适应知识型员工管理为主的新特点,企业要树立以人为本的管理理念,开展基于能力的绩效考评,薪酬设计要适应人性化的趋势,利用人力资源外包、网络技术降低管理成本。同时,新技术和新方法的出现也极大地丰富了人力资源管理操作实务,人力资源管理操作实务在管理者识人、选人、育人、用人、留人等方面呈现出新的特点。

1)个性化

知识经济是以知识为基础的经济。知识型员工作为知识的载体成为企业最宝贵的资源,他们有几个明显特点:较高的个人素质;自主性强;工作成果常常以某种思想、创意、技术发明的形式出现,往往不具有可以直接测量的经济形态;重视团队协作。对企业而言他们不仅是员工,还是企业生产力的直接体现。贯彻以人为本的管理理念能使知识型员工的能力和潜力更好地发挥。这种理念的核心就是尊重人、爱护人、激励人,体现出了"人的价值高于一切"。建立共同愿景、建立企业与员工间的信任机制、个性化的管理方案、帮助员工设计自己的职业目标和职业计划成为管理知识型员工的主要手段。

2)可操作性

在绩效考评中,传统的绩效考评在内容设计上主要依靠"现在断定过去",知识型员工的绩效不仅是"结果"还是"过程",需要"由现状看未来",由此"胜任力"被提出。麦克利兰认为胜任力是能将某项工作中表现优异者与表现一般者区分开来的个人潜在的深层次特征,它可以是态度、价值观、个性、品质、动机、认知、行为技能。在这些特征中,态度、价值观、个性、品质、动机属于深层的内隐胜任力,难以用一般方法测得,但对绩效起着决定作用,能够将表现优异者与表现一般者区分开来;知识、行为技能则属于可以直接观察到的外显性特征,它们只是对个人基本素质的要求,对于特定的职业而言必不可少,但不足以将表现优异者与表现一般者区分开来。

在基于胜任力的绩效考评中,考评内容上不但看重"量",而且看重"质",达到优秀绩效的行为标准和态度会作为绩效纳入考评体系中,将员工过去、现在、未来的表现并重。在考评方法上,注重360°绩效考评、平衡计分卡、关键绩效指标法等方法的综合运用,多维度、全方位的评价取代"纵向评价"。在考评周期上,一般不按年、季、月的考核周期,而是强调与任务周期、工作阶段的一致性,上下级之间随时可以进行交流与沟通,下级能够在达成目标的过程中不断完善自己。

3)人性化

以往的薪酬总是与企业员工的劳动成果直接挂钩,企业支付薪酬与员工当前的业绩相关,加薪、提职是激励员工的主要手段,这是人力资源管理实务的基本方法。而近年来,知名企业的薪酬设计体现了更多人性化的因素,他们认识到加薪、提职只是保健因素,要提高员工的忠诚度和满意度需要从人性化入手。著名的网络服务公司

Google，它的工程师有20%的带薪自由时间，在这段时间内工程师可以从事自己感兴趣的研究，即使薪酬没有增加，工程师也会努力工作。提职不再是专业技术人员加薪的唯一渠道。组织的扁平化虽然减少了员工的晋升机会，但是宽带薪酬设计使非管理职务的员工在同一个宽带薪酬内仍有机会获得较高的收入，进而使他们从追求权力转向追求职业的成就感。

在传统的薪酬体系中，薪酬组成总是按事先设计的固定模式，员工只知道数字的多少，企业不了解员工的真正需要是什么，福利容易固化成为工资的一部分。而现代企业认识到个人的偏好是不同的，员工的个性化差异在福利的设计中得到重视，企业允许员工根据自己的实际情况从一份列有各种福利项目的菜单中选择自己喜欢的福利组合。

4）程序化

从人力资源外包的角度来看，人力资源管理的有些活动是可以程序化的，如岗位分析与设计、招聘、培训等，这些活动通常会占到日常人力资源管理活动的70%左右。知识经济条件下人力资源管理的战略性职能更为突出，将那些程序化的活动外包可以降低企业管理成本，尤其对于一些中小企业或正处于发展中的企业，借助外包可以获得像大公司一样的许多资源，而不必投入更多的时间、资金和精力。当前，国内已经出现一批专门从事人力资源外包服务的公司，企业可以利用外包公司的最新技术系统和技术资源解决现实问题，这样就可以把人力资源管理部门从日常的行政事务中解脱出来，集中精力做好服务全局的人力资源战略。

5）信息化

近年来，许多国内大企业都完成了网络建设，人力资源管理的职能可以方便地借助网络实现。网络的低成本、大容量，使网络招聘成为企业主要的招聘渠道，它突破了传统人才市场在时间和空间上的限制。网络培训有效降低了企业的培训成本，使企业集中培训费用大大削减，在线疑难解答给了更多受训者直接与培训师交流的机会，同时培训效果也可以及时反馈。在绩效考核上，基于管理信息系统的内部绩效考核网能更迅速地反映考核结果，因为距离的存在有效避免了考核过程中个人的从众心理，考核打分也相对客观，有利于开展全角度的绩效考核。在劳动关系方面，由于相关法规政策信息更易获得，劳资双方有机会平等地共享信息，客观促进了企业规范自己的劳资管理行为。

1.2.3　人力资源管理操作实务的作用与功能

人力资源和社会保障部教育培训中心特开设了人力资源管理实务操作课程，就是为了解决人力资源管理在实际操作过程中的问题，并为有意从事人力资源管理工作的学员找到入门的捷径，从最基本的人力资源管理操作实务入手，训练其实务的操作能力，使其能基本胜任人力资源管理岗位的工作。

（1）人力资源管理操作实务对企事业具有指导作用，为企事业的人力资源管理工作提供了理论和实践方法与技术指导。有效的人力资源管理操作实务能够让企事业人力资源得到合理配置，做到人才资源利用的最大化，对于提高员工的劳动积极性和促进企业的长远发展都具有重要意义。从企业的长远发展考虑，企业管理者必须建立规范化的制度体系和运作程序,在实际操作中,高工资已不能吸引人才的眼球,企业必须做出一些改变,在奖金、利润、提成等方面吸引人才,但是这些都需要完整的人力资源管理操作流程及相应的制度规范,即人力资源管理操作实务的指导。

(2) 人力资源管理操作实务让人力资源管理理论更加完善,对理论具有互动、反哺作用。人力资源管理操作实务将人力资源管理理论付诸实践,而实践是检验真理的唯一标准,在以理论为基础的实践活动操作中领悟人力资源管理的理论知识,同时在实践操作中会产生种种问题,在不断分析解决问题中吸收智慧养分,并进行经验总结,经过归纳提炼,上升为一般的理论,从而完善和补充人力资源管理理论,进一步指导实践操作,让人力资源管理者更好地强化技能与方法。

> **相关链接**
>
> 人力资源管理操作实务与人力资源管理理论的关系:人力资源管理理论是人力资源管理操作实务的基础,人力资源管理操作实务是在人力资源管理理论的基础上开发新的实用工具。两者互相促进、互相体现,理论与实践相结合,相辅相成,让人力资源管理者更好地强化技能与方法。

1.3 人力资源管理操作实务的基本原理、基本手段和技术

有效的人力资源管理操作实务原理和技术的应用能为企业现在及未来的发展提供有力的支撑。在企业日常的管理中,应加强对人力资源管理的重视程度,重视原理与技术,实行以人为本的思想认知,通过对员工工作、生活的关心与了解,及时给予员工有力的安抚及帮助,使员工对企业产生认可及依赖,全心全意为企业的发展付出自己的力量。

1.3.1 人力资源管理操作实务的基本原理

人力资源管理操作实务的基本原理是指导人力资源管理制度建设和实践的思想、理论的总和。这些原理是否正确、运用是否得当,关系到人力资源能否被有效开发、合理配置、充分使用和科学管理,关系到人力资源管理工作的成败。提出和确立人力资源管理的基本原理是一项重要的理论建设,需要吸取其他学科的研究成果,更需要在实践中不断总结,不断地补充和修正。这些原理的内容如下。

1) 分类管理

分类是任何管理的基础和前提。没有分类,则不能发生管理活动;分类不科学,同样不能使管理活动取得成功。人力资源管理可按不同的标准分类。例如,按管理主体分类,有政府的人力资源管理、企事业单位及其他社会组织的人力资源管理;按管理客体分类,有国家公务员的管理、企事业单位工作人员的管理及社会各类人员的管理等。除此之外,还可以按分类需要和分类对象本身的特点进行逐一、逐层分解,如企业可把员工分为管理人员和非管理人员两类,管理人员又可分为高层管理人员、中层管理人员、

基层管理人员三类，一线工人又可按工种进行细分。由于不同类型的人员所从事的工作不一样，人员的素质结构有异，因此，对他们的管理方式也应有所不同。

2）系统优化

系统是由两个以上的要素所组成的，相互关联又相互作用的，具有特定功能、向同一目标行动的有机整体。系统可大可小、可简单可复杂。大系统由许多子系统组成，而每个子系统又可能由更小的子系统组成。每个组织都是一个系统，每个组织机构、每个管理者和每个员工都是系统的要素。如果系统内各个要素合理组合，就可以发挥出整体功能大于个体功能之和的优势。如果系统内各个要素组合不合理，就会产生内耗，不能形成合力，出现整体功能小于个体功能之和的结果。系统优化原理要求系统内各部分之间相互协调，整体功能大于部分功能之和。人力资源管理就是这样的系统，其各个环节都是这个系统的组成要素。在人力资源管理中，运用系统优化原理对于人力资源效能的最大化有着重要的意义。

3）能级对应

人的能力有大有小，这是普遍的社会现象。由于先天条件和后天条件的不同，每个人所蕴含的人力资源也就有层次和级别的差异。此外，组织系统内的职位或工作岗位，由于任务的难易程度不同，责任大小有异，所需资格条件也就各不相同。要使有着大小差别的人力资源和所需资格各不相同的工作岗位科学、合理地配置，实现人适其事、事得其人、人事相宜的目标，就需要坚持能级对应的原则。为此，就必须设立合理的能级结构，不同的能级应表现出不同的权力、责任、利益和荣誉。能级的对应不是一成不变的，它是一个动态的过程。人的能力可以随着知识的增长和经验的积累而不断增强，也可能因年龄的增长、体力和智力的减退而下降，随着社会的发展与进步，对各个职位的要求也会不断变化，因此，应该经常地调整"能"与"级"的对应关系。

4）互补增值

人的能力不仅有大小的差别，而且各有长短。任何一个有劳动能力的人都可以在不同的组织系统中和工作岗位上发挥作用。没有无用之人，只有不用之人。"智者千虑，必有一失"，而近乎平庸的人，也有其闪光的一面。这就是互补增值的客观可能性。所以，在人力资源群体中，如果能够合理地把各有长短的个体有机地组织在一起，取长补短，就能形成 1+1>2 的新的整体优势，达到互补增值的基本要求。人力资源群体的互补内容主要包括知识互补、能力互补、性格气质互补、年龄互补、性别互补。

5）竞争强化

竞争是人力资源管理的有效途径，是人尽其才、才尽其用的推动器。竞争强化是指通过各种有组织的良性竞争，培养人们的进取心、毅力和胆魄，使他们能全面施展才华，为组织的发展做出更大的贡献。为使竞争产生积极的效果，应注意竞争必须公平，必须以组织发展为重要目标。良性的竞争应紧紧围绕组织目标，把个人目标与组织目标结合起来。在竞争中，每个人不仅要同周围的人相比，更主要的是同组织目标相比。人力资源竞争贯穿于人力资源管理的整个过程，但表现得比较明显和激烈的是招聘录用、职位晋升、奖励、培训、考核等环节。

6）文化凝聚

组织管理的要素在组织管理机制的作用中，组织文化处于整个构架的最上端，起着统率全局的作用。组织文化是一个组织在长期发展过程中，把组织内部全体成员结合在一起的行为方式、价值观念和道德规范。它对组织成员具有巨大的凝聚作用，使组织成员团结在组织内，形成一致对外的强大力量。同时，组织文化强调个人自由全面的发展，实行自主管理、自我诊断、自我启发和自我完善，这样可以调动组织成员的积极性、主动性和创造性。一个组织的凝聚力和激励力，虽然与组织给予其成员的物质预期有关，但归根结底取决于组织内在的共同价值观念。如果组织有了良好的群体价值观，管理就会达到事半功倍的效果。这就要求我们在管理工作中，抛弃"胡萝卜加大棒"的方式，把着眼点放在满足员工的高层次需要、精神需要上来，实现以人为中心的管理，用高尚的组织目标和组织精神塑造人才、凝聚队伍、激励员工，取得人力资源开发和管理的高效益。

1.3.2 人力资源管理操作实务的基本手段

人力资源管理操作实务的基本手段包括法纪手段、行政手段、经济手段和目标管理手段等。这些手段涉及宏观、中观、微观三个层次。在宏观方面，国家和政府利用这些手段进行宏观调控和指导，使人力资源的数量、质量、结构等与经济社会发展进程相适应；在中观和微观方面，企事业单位和其他社会组织利用这些手段进行直接管理，使本单位人力资源的数量、质量、结构等与组织目标相适应，充分发挥人力资源的最大效能。一般来说，国家和政府较多地利用法纪手段和行政手段，而企事业单位和其他社会组织则较多地利用经济手段和目标管理手段。这些手段的内容如下。

1）法纪（法律、纪律）手段

法律由国家依法定程序制定、颁布和实施，纪律则由国家机关、企事业单位和其他社会组织在其权力范围内制定和执行，两者都具有规范行为的作用，统称法纪手段。要实现人力资源管理的法治化就必须用法纪手段规范开发、配置、使用和管理的全过程，使人力资源管理有法可依、有章可循。我国已制定和颁布了《企业法》《中华人民共和国劳动法》《中华人民共和国劳动合同法》《中华人民共和国劳动争议调解仲裁法》《中华人民共和国职业教育法》《中华人民共和国未成年人保护法》，以及有关劳动力流动、劳动关系调整、社会保险、劳动保护、劳动争议、劳动监察、劳务派遣等方面的法律法规，以调整管理方和劳动者之间的权利与义务关系，规范人力资源市场行为等，初步形成了与社会主义市场经济相适应的人事法规体系；企事业单位和其他社会组织除遵守和执行国家的有关法律外，还根据权限和需要制定纪律和各种规章制度来规范员工的劳动行为，保证组织的正常运转和组织目标的实现。所有这些，都使人力资源管理逐步走上法治化的道路。

2）行政手段

行政手段是政府对人力资源进行宏观管理的基本手段。但从广义上来说，企事业单位和其他社会组织依靠组织和领导者的权威，运用强制性的命令和措施，通过组织自上而下的行政层次的贯彻执行，直接对下属人员施加管理的手段，通常也被称为行政手段。比如，上级部门任命下级部门的领导人员，管理者对员工工作岗位和责任的安排，组织对员工实施的奖惩和工资报酬的确定等都属于行政手段。

3）经济手段

经济手段也称物质利益手段，是通过把个人行为结果与经济利益联系起来，用经济利益的增减来调节人的行为的一种管理手段。例如，利用良好的工资福利待遇吸引人才；用奖金激励员工完成或超额完成任务；以罚款惩治违反组织纪律或不能按时按质完成任务的员工等。这种手段的主要特点是非强制性和间接性，它主要通过工资、福利、奖金、罚款等经济杠杆来调节和控制人们的行为，而不像行政手段对被管理者的行为进行直接和强制性的干涉与支配。

4）目标管理手段

目标管理手段是指组织的管理者与下级成员一起协商，通过制定和实施具体的目标来提高职工的积极性和工作效率的一种综合管理方法。目标管理的基本理论和方法是由彼得·德鲁克创立的。他认为，组织工作的目的和任务必须转化为目标，管理人员应该通过目标对下级进行管理，以保证组织总目标的实现。各级管理人员要根据分目标对下级进行考核，根据目标完成的情况和取得成果的大小对下级进行评价和奖励。

1.3.3　人力资源管理操作实务的技术

人力资源管理操作实务实用性很强，除法律规范、制度保障、政策指导之外，还必须有一整套使人力资源管理操作实务付诸实践的技术和方法。随着社会主义市场经济的发展和人力资源管理为市场经济服务功能的加强，我国人力资源管理操作实务技术也取得了很大的进展。例如，招聘考试（笔试和面试）技术、人才测评技术、培训技术、考核技术、人事诊断技术、工资设计技术等已在实践中应用并取得了很好的效果，但还需要依靠现代工程技术和其他现代化工具才可能获得进一步发展，完善并提高效益。

1）系统工程技术

系统工程的基本含义就是用处理工程的办法对系统进行组织管理，它以系统为对象，把要组织和管理的事物用概率、统计、运筹、模拟等方法，经过分析、推理、综合、判断，建成系统模型，进而以最优化的技术求得系统最佳的结果。简而言之，就是用系统的观点和方法去解决各种复杂的工程问题（包括自然问题、技术问题、社会问题等）。而人力资源的系统工程技术就是指用系统的观点和方法去解决复杂的人力资源问题，即根据组织发展的目标，运用概率、统计、运筹和数学模型等方法，进行人力资源的规划、配置、培训、考核、薪酬设计，以及人力资源的成本和效益核算等，从而实现人力资源管理的最佳效益。

2）调查技术

调查就是管理者根据一定的管理目的，通过一定的程序，对与人力资源管理活动有关的现象进行系统、科学的考察，为认识管理活动的规律性提供准确全面的材料的方法和技术。通过调查获得丰富而可靠的材料，是管理者发现和解决管理问题的前提和出发点。调查的方法有很多，我们这里简单介绍典型调查、抽样调查和个案调查。

（1）典型调查，即从调查对象总体中抽选出若干有代表性的个体进行深入细致的调查，其目的是通过"解剖麻雀"，来概括或反映全体。例如，对某些工作性质相同、责任大小相同的工作岗位进行职位调查，就可选取其中的一个或少数几个进行调查，最后制定出能概括这类职位的工作说明书，以达到工作分析的目的。典型调查的优点：由于只调查少量对象，因此可节省时间、人力、经费；调查内容比较深入、全面，可以细致地解剖人力资源管理某方面的情况；调查方式较为灵活。典型调查的缺点：由于所选择的调查对象是否有代表性很难判断，因此得出的调查结论并不一定能适用于总体或全局。

（2）抽样检查，即按照随机的原则，从调查对象总体中，抽取作为总体代表的部分单位进行调查，并以部分单位的调查结果来推论总体的方法。例如，在考核方案初稿制订出来后，为了了解员工对方案的意见，就从各类员工群体中按照随机的原则抽取一定数量的员工来进行调查，通过对这些被抽取员工的意见来大体了解全体员工对方案的看法，然后据此修改和完善方案。抽样调查的优点是费用较低、速度快，可获得丰富的资料，而且现代的抽样技术已相当完善，调查得到的资料准确性比较高。因此，它的应用范围很广，是调查方法中用得最多的一种。抽样调查的缺点是对技术要求较高，要有较好的概率统计方面的知识和丰富的经验。

（3）个案调查，即对调查对象个体进行深入的研究，其不是为了推论总体，而是为了深入、细致地了解具体单位的全貌，也就是具体问题具体分析，有针对性地解决个别的问题。例如，为了帮助某个员工进行生涯设计，管理人员就要深入了解这个员工的知识、能力、气质、性格、发展潜力，以及组织能为其提供什么样的条件等，在充分掌握相关材料的基础上向该员工提出各种建议。

3）信息技术

所谓信息技术，就是指在进行人力资源管理时，要充分掌握和利用各种有关信息，才能进行科学的决策和管理。人力资源信息在人力资源管理中有着重要的作用，它为人力资源决策和规划的制定提供基本的依据，是组织和控制人力资源管理的依据与手段，是人力资源管理工作各个环节和各个层次互相沟通的纽带。

人力资源信息管理的主要内容包括：人事档案，文书档案和各类人员信息管理，人力资源的统计调查（如干部统计、工资统计、编制统计等），综合分析，预测和辅助决策等。在运用信息技术进行人力资源管理时应遵循以下原则：①实事求是原则。实事求是原则要求如实反映人力资源的客观情况，只有保证资料的真实性、准确性，才能保证信息分析结果的可靠性。②全面性和统一性原则。全面性就是要求人力资源信息必须反映人力资源管理的全面情况，提供完整的资料；统一性就是要求人力资源资料必须有统一的指标、统一的指标体系、统一的口径、统一的分组、统一的调查、统一的汇总和统一的报告时间等。③时效性原则。时效性原则要求信息及时反映人力资源管理方面的情况。信息失去了时效性，对于人力资源管理活动没有裨益。④适用性原则。各级各类人力资源决策和管理部门所要求的信息，在范围、内容、详细程度和需要时间等方面都不相同。因此，必须提供符合需要的信息，使各级各类人力资源决策和管理部门及时得到与本组织、本部门工作有关的重要资料和数据，以便做出相应的决策并进行管理工作。

信息的处理过程包括信息的收集、加工、传输和存贮等几个方面的工作，它们相互联系、相互穿插、相互补充，形成一个连续统一的过程。

1.4 人力资源管理操作实务的发展趋势与面临的挑战

随着计算机和互联网的发展，电子人力资源管理已经在不少组织中被应用并成为人力资源管理的趋势。随着经济的蓬勃发展和加入WTO，我国已经成了许多跨国公司投资的热门选择。人力资源管理操作实务作为企业管理的一个重要组成部分，同样面临着巨大的挑战。我国的企业如何确保自己的人才不会流失，如何保持长期的竞争优势，这是每个有责任感的管理者都应该深思和解决的问题。

1.4.1 人力资源管理操作实务的发展趋势

电子人力资源管理是在先进的软件系统和高速、大容量的硬件基础上形成的新型人力资源管理模式，通过集中式的人事核心信息库、自动化的信息处理、员工自助服务桌面、内外业务协同及服务共享，从而达到降低管理成本、提高管理效率、改进员工服务模式及提升组织人才管理的战略地位等目的。在新形势下，人力资源管理操作实务的发展趋势如下。

（1）全球工作大迁移与自由工作者的时代到来。过去的组织形态是"组织+雇员"，区域性限制和人工成本的不断增加已经使很多组织不堪重负。未来新的组织形态将演变为"平台+个人"。任何平台都可以共享整个行业的人才，任何个人也可以同时为若干个平台服务。其中，最典型的就是知识服务行业自由职业者的不断增加。有媒体预估截至2030年，包括Monster等招聘网站及自由职业者交易平台在内的"在线人才平台"，有望创造相当于1.8亿份全职工作的就业机会。越来越多的由软件驱动的自由职业者工作平台的出现可能解决全世界一半甚至更多人的就业问题。国内比较典型的案例是自由职业者平台——猪八戒网。猪八戒网是我国领先的服务众包平台，服务交易品类涵盖创意设计、网站建设、网络营销、文案策划、生活服务等多个行业。猪八戒网有百万服务商出售服务，为企业、公共机构和个人提供定制化的解决方案，将创意、智慧、技能转化为商业价值和社会价值。此类平台的兴起正在改变着人力资源雇佣模式。

（2）人力资源战略的调整。由于制造业人工成本的不断增加，我国的制造成本已经和美国差异不大，目前正处于人类史上最大规模的产业人口迁徙，面临着巨大压力，制造业的工作机会正在大量减少。组织需要根据这些变化灵活调整人力资源战略，这里提供三个意见。首先，考虑用工方式的改变，将临时性、辅助性、可替代性的岗位工作尽量外包或考虑使用机器人及人工智能等加以代替。其次，加强人工成本管理的意识，努力再造或优化企业业务流程，合理定编定岗，减少人员浪费。最后，积极推广应用新技术、新工艺、新方法，严格培训考核，提高人均产出，用最少的人工成本创造最大的产出。那么，未来的人力资源管理操作实务也可以借助人力资源工具，将职能外包给专业公司或第三方人力资源服务机构，组织可以根据目前人力资源发展阶段逐步考虑。

（3）组织形式变革趋势。对于组织整体而言，由传统组织转型为敏捷组织，这是组织转型的趋势，无论是海尔的"小微组织"、韩都衣舍的"小组制运营"，还是华为的"让听得见炮火的人决策"等，本质上都是为了转型为敏捷组织。伴随着敏捷组织的发展，人力资源组织必然需要转型，目前比较主流的是人力资源三支柱模型。三支柱中专家中心（Center of Excellence or Center of Expertise，COE）负责顶层体系设计，人力资源业务伙伴（Human Resource Business Partner，HRBP）负责业务协同，共享服务中心（Shared Service Centre，SSC）负责提供集中服务、建立咨询机构等共享业务。针对不同业务板块的员工需求，要积极主动地发挥人力资源的专业价值，同时将人力资源和其自身的价值真正内嵌到各业务部门的价值模块中。

（4）辩证地看待岗位绩效管理模式，广泛应用全面薪酬理念。目前，组织大多采用的薪酬模式是岗位绩效工资制，部分国有企业和事业单位还在采用更传统的职务工资制。岗位绩效工资制有个缺点就是很难突破宽带薪酬带宽的限制，不利于吸引行业最优秀的人才加入组织。因此，需要提供不同的工资模式来完善企业岗位绩效工资制，倡导全面薪酬理念。

（5）绩效管理新趋势，关注焦点从"目标"向"成效"过渡。现有组织的绩效考核以平衡计分卡（Balanced Score Card，BSC）和关键绩效指标（Key Performance Indicator，KPI）考核模式为主，本质上就是企业战略目标的逐层分解，最终落实到部门和岗位。这两种模式在很多组织中的运行效果并不好，最终考核要么走形式，为了考核而考核，要么企业干脆认为考核起到了反向作用。如今，很多高科技互联网企业都在使用目标与关键成果法（Objectives and Key Results，OKR）考核模式，OKR 的中文意思是目标与关键成果法，由英特尔公司原传奇首席执行官安迪·格鲁夫创立，OKR 能够帮助公司让整个组织都朝着共同的目标努力。OKR要求公司、部门、团队和员工不但要设置目标，而且要明确完成目标的具体方案。OKR 目前在国内企业应用的案例还比较少见，但是相信在未来十年将会有越来越多的创新型组织、独角兽公司和技术研发团队应用，在互联网时代外部环境变化巨大的情况下，过去以稳定环境为基础的绩效考核模式必然发生巨大变化。

（6）人力资源大数据的应用，整体职能的数据化转型都基于数据决策。传统人力资源很多决策都是基于定性的，然而新形势下，进入大数据时代，人力资源必须基于数据转型。组织建立大数据人力资源云平台可以将人力资源管理工作从烦琐的事务性工作和日常管理中解脱出来。通过云平台实现科学系统的体系设计，贯穿人力资源规划、招聘、培训、薪酬、绩效、劳动关系整个流程，并提供强大数据支撑功能实现人员管理流程电子化、自动化，提高企业招聘规范性和流程化管理效率。人力资源管理操作实务的运作要求企业与外部人力资源管理服务机构紧密联系。通过互联网搜集企业人力资源管理相关数据，基于数据分析进一步完善人力资源管理操作流程与方法，实现人力资源管理操作实务的自动化与无纸化，提高人力资源管理操作流程自身的工作效率。

（7）灵活用工，人力资源新风口来临。灵活用工的模式在 2020 年开始应用。受新型冠状病毒肺炎疫情（以下简称疫情）影响，有一些企业生产停滞，还有一些企业却急需用人，这种情况下如果有些企业早期尝试了灵活用工，那压力就会相对比较小，这对国家的就业情况也是有价值的。据调查，50%以上的企业都愿意尝试或使用灵活用工的模式，作为企业人力资源的合理补充。灵活用工代表了企业需要更多考虑自己的经营层面，到底能不能促进自身经营的灵活性，以达到降本增效的目标。

（8）人力资源服务不断创新。传统的人力资源服务可提供劳务派遣、劳务外包、灵活用工等，在疫情出现后，不少企业遇到了新的用工问题，因此催生出不少新的用工类型。一方面，在疫情发生后，不少线下的服务行业遭受重创，如不少餐饮企业面临资金链难题而发不出员工工资，大量裁员也会损失惨重；另一方面，疫情催生的一些服务行业出现用工难问题，如商场、超市、到家服务等企业或电商平台人手短缺。如何解决各方面的问题成为不少企业"自救"的重点，为此催生出了一种新的人力资源服务用工模式——"共享员工"。简单来说，所谓"共享员工"就是在劳务关系不变的情况下，无法顺利运营的企业让员工到"用工难"的企业临时工作。

（9）管理沟通方式不断转变。增加沟通工具，通过互联网进行员工自助服务，让企业全体员工参与使用人力资源管理操作程序，员工可在线查看企业规章制度、组织结构、重要人员信息、内部招聘信息、个人福利累计情况、个人考勤休假情况、内部培训流程，还可以提交请假或休假申请、更改个人数据、与人力资源管理部门进行电子方式的沟通等。上级管理者可以在网上进行审批和管理，上级管理者可利用系统在网上进行权限内的审批和管理。比如，允许直线经理在授权范围内在线查看所有下属员工的人事信息，更改员工考勤信息，审批员工的培训、请假、休假等申请，并能在线对员工进行绩效评估。

1.4.2 人力资源管理操作实务面临的挑战

21世纪初，世界呈现出经济全球化、经济知识化和信息网络化的潮流与趋势，知识与经济之间相互渗透和相互作用，作为新经济时代的企业获取持续竞争优势工具的人力资源管理操作实务，在很多不确定的环境下，面临着巨大的挑战和压力。比如突如其来的疫情，对企业的经营管理带来了不小的冲击，作为企业经营管理中一个重要组成部分的人力资源管理操作实务在当下就面临着非常严峻的挑战。第一是招聘。各地人才市场纷纷发出通告，取消或延期现场招聘会，这对急需用人的企业而言无疑是雪上加霜。第二是线下培训。因为人群聚集怕传染，企业在短时间之内肯定不敢组织培训了，年前制订的培训计划和安排被迫中止或延后。第三是员工关系。因为这场疫情，将在加班工资核算、人员辞职辞退、人员转岗、劳动合同违约等方面，密集考验企业把握相关法律的水准，若处理不当会带来无尽的麻烦。这三个巨大挑战，大部分企业，尤其是中小企业，只能选择无奈面对，但是不管是人员按时到岗、人员培训，还是员工关系处理等，都会直接或间接影响企业业绩甚至长远发展，如果这些工作做不好，会极大影响人力资源管理部门的工作价值，影响企业对人力资源管理操作实务的信心。

此外，就人力资源管理操作实务本身而言，也面临着挑战。

（1）企业员工个性化发展的挑战。企业员工日益多样化、差异化、个性化，这就要求人力资源管理必须提供个性化、定制式的人力资源产品/服务和关系管理，在人力资源管理中恰当地平衡组织与员工个人的利益。

（2）工作、生活质量提高的挑战。员工不再仅追求工资、福利，而是对企业在各个方面所能满足自己日益增多的各种需求的程度越来越高、越来越全面化，人力资源管理必须提供更加全面周到的人力资源产品或服务。

（3）工作绩效评估的挑战。员工考核与报酬日益强调以工作绩效考评为基础，并形成绩效、潜力、教导三结合的功能。

（4）人员素质的挑战。对各类管理人员的素质要求日益提高，培训、教育、考核、选拔、任用越来越重要。

（5）职业生涯管理的挑战。员工日益重视个人职业发展计划的实现，企业必须日益重视职业管理，为员工创造更多的成功机会和发展的途径，让其达到个人事业上的满意。此外，较成熟的企业还要处理中上层职位在显示饱和的情况下员工的晋升问题。

（6）人力资源要素发展变化的挑战。人力资源管理必须不断提高人力资源管理的预测性、战略规划与长远安排。

（7）部门定位的挑战。人力资源管理部门如何在众多的企业职能部门中发挥其作用，人力资源管理应担当哪些角色以保证人力资源的有效利用，这些问题都有待解决。

第 2 章
人力资源规划

引导案例

沃尔玛的人力资源规划

沃尔玛是世界上最大的零售业企业之一,能够打败业内的巨头,创造世界零售业史上如此辉煌的奇迹,最独特的优势是其员工的献身精神和团队精神。沃尔玛的人力资源规划可以归纳为三句话:留住人才、发展人才、吸纳人才。

1. 留住人才

沃尔玛致力于为每位员工提供良好和谐的工作氛围、完善的薪酬福利计划、广阔的事业发展空间,并且在这方面已经形成了一整套独特的政策。

(1)合伙人政策。在沃尔玛,公司员工不被称为员工,而被称为"合伙人"。这一概念具体化的政策体现为三个互相补充的计划:利润分享计划、雇员购股计划和损耗奖励计划。在沃尔玛,管理人员和员工之间也是良好的合伙人关系,合伙人关系在沃尔玛内部处处能够体现出来,它使沃尔玛凝聚为一个整体。

(2)门户开放政策。沃尔玛重视信息的沟通,提出并贯彻门户开放政策,即员工在任何时间、地点只要有想法或者意见,都可以以口头或者书面的形式与管理人员,甚至总裁进行沟通,并且不必担心遭到报复。

(3)"公仆"领导政策。在公司内,领导和员工呈"倒金字塔"的组织关系,领导处于最低层,员工是中间的基石,顾客永远是第一位的。员工为顾客服务,领导则为员工服务,是员工的"公仆"。

2. 发展人才

沃尔玛的经营者在不断的探索中领悟到人才对于企业成功的重要性。因此,沃尔玛把加强对现有员工的培养和安置看作首要任务。

(1)建立终身培训机制。沃尔玛重视对员工的培训和教育,建立了一套行之有效的培训机制,并投入大量的资金予以保证。各分公司必须在每年的 9 月份与总公司的国际部共同制订并审核年度培训计划,并在培训之后定期巩固培训成果。

(2)内部提升制。过去沃尔玛推行的是"招募、保留、发展"的模式,现在改为了"保留、发展、招募"的模式。公司期望能最大限度地发挥员工的潜能并创造机会使其工作内容日益丰富和扩大，尽可能鼓励和实践从内部提升管理人员。

3．吸纳人才

除了从公司内部选拔现有优秀人才，沃尔玛还开始从外部适时引进高级人才，补充新鲜血液，以丰富公司的人力储备。在招聘员工时，对于每位应聘人员，无论种族、年龄、性别、地域、宗教信仰等，沃尔玛都为他们提供相等的就业机会。

（资料来源：根据沃尔玛人力资源规划相关资料整理而成）

思考

沃尔玛的人力资源规划有什么特点？如何促进沃尔玛的发展？

学习目标

1. 掌握企业人力资源规划的内容；
2. 了解人力资源规划的工作流程；
3. 了解人力资源规划操作工具的作用；
4. 掌握人力资源规划操作工具的运用方法；
5. 熟悉人力资源规划的相关制度规范说明。

人力资源规划有广义和狭义之分：广义的人力资源规划是一种活动，它从战略的角度出发去探索和掌握人力资源系统的发展运动规律，并运用这些规律去规定和控制未来时期人力资源系统的运动状态；狭义的人力资源规划是指为实施企业的发展战略，完成企业的生产经营目标，根据企业内外环境和条件的变化，对企业人力资源的供给和需求进行预测，制定相宜的政策和措施，从而使企业人力资源的供给和需求达到平衡，实现人力资源合理配置，有效激励员工的过程。

2.1 人力资源规划工作流程

人力资源规划的准备阶段要对组织的外部环境、内部环境、人力资源现状进行了解。人力资源规划的预测阶段是通过组织任务分析、岗位任务分析、员工任务分析及预测方法选择对人力资源需求进行分析，从内部供给和外部供给来进行人力资源供给分析，并在此基础上从员工数量、质量、结构上进行供给和需求预测。人力资源规划的实施阶段是根据组织人力资源供给、需求的差距状况，组织制订并实施供需平衡计划。人力资源规划的反馈阶段是组织进行人力资源规划评估与调整，并将结果进行反馈，有利于下一次规划的进行。人力资源规划工作流程图如图2-1所示。

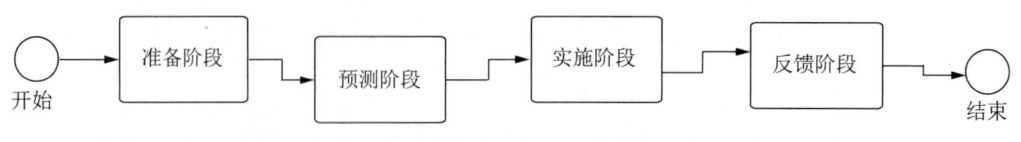

开始 → 准备阶段 → 预测阶段 → 实施阶段 → 反馈阶段 → 结束

图 2-1　人力资源规划工作流程图

> **相关链接**
>
> 人力资源规划的定义：人力资源规划也叫人力资源计划，是指为实施企业的发展战略，完成企业的生产经营目标，根据企业内外环境和条件的变化，通过对企业未来的人力资源的供给和需求状况的分析与估计，运用科学的方法进行组织设计，对人力资源的获取、配置、使用、保护等各个环节进行职能性策划，制订企业人力资源供需平衡计划，以确保组织在需要的时间和需要的岗位上，获得各种必需的人力资源，保证事（岗位）得其人、人尽其才，从而实现人力资源与其他资源的合理配置，有效激励、开发员工的规划。

2.1.1　人力资源规划的内容

岗位职务规划主要解决企业定员定编问题。企业要依据近远期目标、劳动生产率、技术设备工艺要求等状况确立相应的组织机构、岗位职务标准，进行定员定编。人员补充规划就是在中长期内使岗位职务空缺能从质量上和数量上得到合理的补充。人员补充规划要具体指出各级各类人员所需要的资历、培训、年龄等要求。教育培训规划是依据企业发展的需要，通过各种教育培训途径，为企业培养当前和未来所需要的各级各类合格人员。人力分配规划是依据企业各级组织机构、岗位职务的专业分工来配置所需的人员，包括工人工种分配、干部职务调配及工作调动等内容。

1．预测未来的组织结构

一个组织或企业经常随着外部环境的变化而变化，如全球市场的变化、跨国境的需要、生产技术的突破、生产设备的更新、生产程序的变更、新产品的问世等，这些都将影响整个组织结构，即组织结构必须适应企业经营策略的变化，而企业经营策略的变化又因环境变化而产生。组织结构的变化必然牵涉到人力资源的配置，因此对未来组织结构的预测评估应被列为人力资源规划的第一步。

2．制订人力供求平衡计划

该计划应考虑以下三点。

（1）因业务发展、转变或技术装备更新所需增加的人员数量及其层次。

（2）因员工变动所需补充的人员数量及其层次，这种变动包括员工退休、辞职、伤残、调动、解雇等。

（3）因内部成员升迁而发生的人员结构变化。

3. 制订人力资源征聘补充计划

征聘主要考虑以下几点。

（1）内部晋升或向外征聘以什么人为先。

（2）外聘选用哪种方式。

（3）外聘所选用的人力来源如何，有无困难，如何解决。

（4）如果是内部晋升或调动，其方向与层次是怎样的。

4. 制订人员培训计划

人员培训计划的目的是培养人才，它包括两方面：一方面，对内遴选现有员工，对员工加强产品专业知识及工作技能培训；另一方面，对外积极招聘社会上少量的且企业未来急需的人才，避免造成人才的缺乏。至于人员的培训内容，可包括以下四点。

（1）第二专长培训：有利于企业弹性运用人力。

（2）提高素质培训：帮助员工树立正确的观念，提高员工的办事能力，使之能承担更重要的工作任务。

（3）在职培训：让员工适应社会进步要求，以提高现有工作效率。

（4）高层主管培训：对高层主管进行管理能力、管理技术、分析方法、逻辑观念及决策判断能力方面的培训。

5. 制订人力资源使用计划

人力资源规划不仅要满足未来人力资源的需要，更应该对现有人力资源进行充分的运用。

人力资源运用涵盖的范围很广，其关键在于"人"与"事"的圆满配合，使事得其人、人尽其才。人力资源使用计划包括以下五点。

（1）职位功能及职位重组。

（2）工作指派及调整。

（3）升职及选调。

（4）职务丰富化。

（5）人力检查及调节。

> **相关链接**
>
> 人力资源规划的特点和目标。
>
> （1）特点：动态性、系统性、超前性、独特性。
>
> （2）目标：①得到和保持一定数量具备特定技能、知识结构和能力的人员；②充分利用现有人力资源；③能够预测企业组织中潜在的人员过剩或人员不足；④建设一支训练有素、运作灵活的劳动力队伍，增强企业适应未知环境的能力；⑤减少企业在关键技术环节对外部招聘的依赖性。

2.1.2 人力资源规划的方法

人力资源需求预测是企业编制人力资源规划的核心和前提条件,预测的基础是企业发展规划和企业年度预算。对人力资源需求预测要持动态的观点,要考虑到预测期内劳动生产率的提高、工作方法的改进及机械化、自动化水平的提高等变化因素。

1. 企业人力资源需求预测方法

(1) 经验估计法。经验估计法就是利用现有的情报和资料,根据有关人员的经验,结合本企业的特点,对企业员工需求加以预测。经验估计法可以采用"自下而上"和"自上而下"两种方式。"自下而上"的预测方式由直线部门的经理向自己的上级主管提出用人要求和建议,征得上级主管的同意;"自上而下"的预测方式由企业经理先拟定出企业总体的用人目标和建议,然后由各级部门自行确定用人计划。最好是将"自下而上"与"自上而下"两种方式结合起来运用,先由企业提出员工需求的指导性建议,再由各部门按企业指导性建议的要求,会同人事部门、工艺技术部门、员工培训部门确定具体用人需求;同时,由人事部门汇总确定全企业的用人需求,最后将形成的人力资源需求预测交由企业经理审批。

(2) 统计预测法。统计预测法是运用数理统计形式,根据过去的情况和资料,结合企业目前和预测期的经济指标及若干相关因素建立数学模型,并由此对未来趋势做出预测的一种非主观方法。常用的统计预测法有比例趋势分析法、经济计量模型法、一元线性回归预测法、多元线性回归预测法、非线性回归预测法。①比例趋势分析法通过研究历史统计资料中的各种比例关系(如管理人员与工人之间的比例关系),考虑未来情况的变动,并估计预测期内的比例关系,从而预测未来各类员工的需求量。这种方法简单易行,关键就在于历史资料的准确性和对未来情况变动的估计。②经济计量模型法先将企业的员工需求量与影响员工需求量的主要因素之间的关系用数学模型的形式表示出来,依此模型及主要变量因素,来预测企业的员工需求量。这种方法比较复杂,一般只在管理基础比较好的大企业里采用。③人力资源需求预测中,如果只考虑组织的某一因素对人力资源需求量的影响(如企业的产量),而忽略其他因素的影响,就可以采用一元线性回归预测法;如果考虑两个或两个以上因素对人力资源需求量的影响,就用多元线性回归预测法;如果历史数据显示,某一因素与人力资源需求量之间不是一种直线相关的关系,就用非线性回归预测法。一元线性回归预测法是在实践中用得比较多的一种方法。

(3) 德尔菲法。德尔菲法是有关专家对企业某一方面的发展的观点达成一致的结构性方法。使用该方法的目的是通过综合专家们各自的意见来预测某一方面的发展。德尔菲法应注意的地方有两点。①由于专家之间存在身份和地位上的差别及其他社会原因,有可能使其中一些人因不愿批评或否定其他人的观点而放弃自己的合理主张。要防止这类问题的出现,必须避免专家面对面地集体讨论,而是由专家单独提出意见。②对专家的挑选应基于其对企业内外部情况的了解程度。专家可以是一线的管理人员,也可以是企业高层管理人员或外请专家。例如,在估计企业未来对劳动力的需求时,企业可以挑选人事部门、市场部门、生产部门及销售部门的经理作为专家。

德尔菲法的基本原理按预测程序可简要概括为四步。第一步,做预测筹划。预测筹划工作包括:确定预测的课题及各个预测项目;设立负责预测组织工作的临时机构;选择若干名熟悉所预测课题的专家。第二步,由专家进行预测。预测机构把包含预测项目的预测表及有关背景材料寄送给各专家,各专家以匿名方式独自对问题做出判断或预测。第三步,进行统计与反馈。专家意见汇总后,预测机构对各专家意见进行统计分析,综合成新的预测表,并把它再分别寄送给各专家,由专家对新的预测表做第二轮判断或预测。如此反复几轮,通常为3~4轮,专家的意见逐渐趋于一致。第四步,表述预测结果。预测机构把经过几轮专家预测而形成的结果以文字或图表的形式表现出来。

相关链接

德尔菲法的特征:①请专家参与预测,能够充分利用专家的经验和学识;②采用匿名或背靠背的方式,能使每位专家独立自主地做出自己的判断;③预测过程经过几轮反馈,专家的意见逐渐趋同。德尔菲法的这些特征使它成为一种有效的判断预测法。

2. 企业员工供给预测方法

员工供给预测就是为满足企业对员工的需求,而对将来某个时期内,企业从其内部和外部所能得到的员工的数量和质量进行预测。

员工供给预测一般包括以下几方面内容。①分析企业目前的员工状况,如企业员工的部门分布、技术知识水平、工种、年龄构成等,了解企业员工的现状。②分析目前企业员工流动的情况及原因,预测将来员工流动的态势,以便采取相应的措施避免不必要的人员流动,或及时进行人员替补。③掌握企业员工提拔和内部调动的情况,保证工作和职务的连续性。④分析工作条件(如作息制度、轮班制度等)的改变和出勤率的变动对员工供给的影响。⑤掌握企业员工的供给来源和渠道。员工可以来自企业内部(如对富余员工的安排、员工潜力的发挥等),也可以来自企业外部。

对企业员工供给进行预测,还必须把握影响员工供给的主要因素,从而了解企业员工供给的基本状况。具体方法有以下几种。

(1)技能清单法。技能清单是体现员工工作能力的一览表,包含学习或工作经历、培训情况、已获证书及主管对其能力的评价等。员工技能清单如表2-1所示。

表2-1 员工技能清单

基本信息		姓名		年龄		性别		婚姻状况	
教育经历	高中								
	大学								
	硕士								
	博士								

续表

工作经历	时间	公司名称	职务及职责	薪资状况
培训经历（证书、特殊成就或贡献等）				
爱好及特长				

（2）现状核查法。对现有员工进行大排查，包括员工的数量和质量、素质结构及岗位分布情况。①对工作职位进行划分，划清不同职位的级别；②对每个职位的每个级别的人数进行确定。

（3）市场调查预测法。对组织外部进行员工供给预测，由人力资源管理人员组织或亲自参与市场调查，并在掌握第一手劳动力市场信息资料的基础上，经过分析和推算，预测劳动力市场的发展规律和未来趋势。

3．短期预测方法

对企业的人力资源需求的数量进行短期预测可以采用工作负荷分析法。工作负荷分析法的基本步骤是：由销售预测决定工作量，按工作量制定生产进程，然后决定所需人力的数量，再从工作力分析入手，明确企业实际工作力和需要补充的人力。短期预测法流程图如图2-2所示。

图2-2　短期预测法流程图

（1）销售预测。销售预测的一般方法有以下几种。①将企业过去的销售记录制成统计表，依次设计未来的销售形式。②由营销单位和销售人员对自己未来的销售情况进行预测或估计，然后将结果按地区和产品种类综合起来，形成一个总的销售预测数字。③对消费者购买力进行估计也是销售预测的一种方法。④对市场和经济趋势进行分析解释，也可以作为判断未来销售情况的重要因素。

企业在进行销售预测时，一般将上述方法交叉运用，即以营销单位和销售人员的估计为基础，比较过去的记录，然后在对消费者购买力的估计和对经济形势的解释的基础上加以调整。

（2）生产进程。一般来讲，企业大多数产品销售都是有波动的，但产品的生产必须在满足销售的原则下稳定地生产。企业生产进程除了要达到有效运用人力资源、充分利用设备效能的目的,还要适应企业销售的波动。如果企业销售波动较大,或者企业产品属于纯粹的季节性产品时,就要采用适时赶工加班或歇业的生产进程了。

所谓生产进程是指将计划生产的产品排定生产日期。根据产品设计与过去生产的实际记录,以及时间研究的结果,可以计算出各单位所需的人工时,各单位的人力之和就是企业总进程全部所需的劳动力。企业职能部门人员或非直接生产单位人员在企业业务性质和组织结构不变的情况下,一般是一个常数。因此,全部生产人员与全部非生产人员就构成企业总的资源,或称为企业的工作力。

（3）工作力分析。企业必须明确现有人力究竟有多少可以参与实际的工作,这就是工作力分析的内容。企业可以从人事各种考勤记录的统计中,明确事病假或缺勤的趋势;可以从退休人员和辞职的记录,以及各单位人员的动态记录中,明确企业近期离职的人数。在此基础上,确定企业实际的工作力。

4．替换单法

这种方法最早用于人力资源供给预测,后来也用于人力资源需求预测。替换单法就是在现有人员分布状况,以及未来理想人员分布和流失率已知的条件下,由待补充职位空缺所要求的晋升量和人员补充量可知道人力资源供给量。替换单法示例如图 2-3 所示。

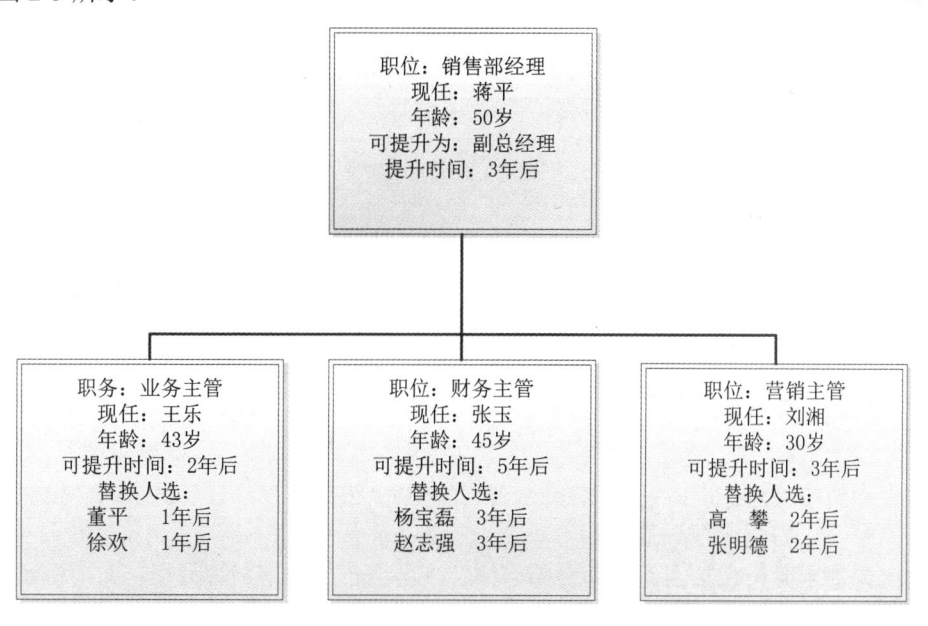

图 2-3　替换单法示例

2.1.3　人力资源规划的制定流程

人力资源规划的制定流程即人力资源规划的过程,一般可以分为以下几个步骤:收集有关信息资料、人力资源需求预测、人力资源供给预测、确定人力资源净需求、编制人力资源规划、实施人力资源规划、人力资源规划评估、人力资源规划反馈与修正。人力资源规划制定流程图如图 2-4 所示。

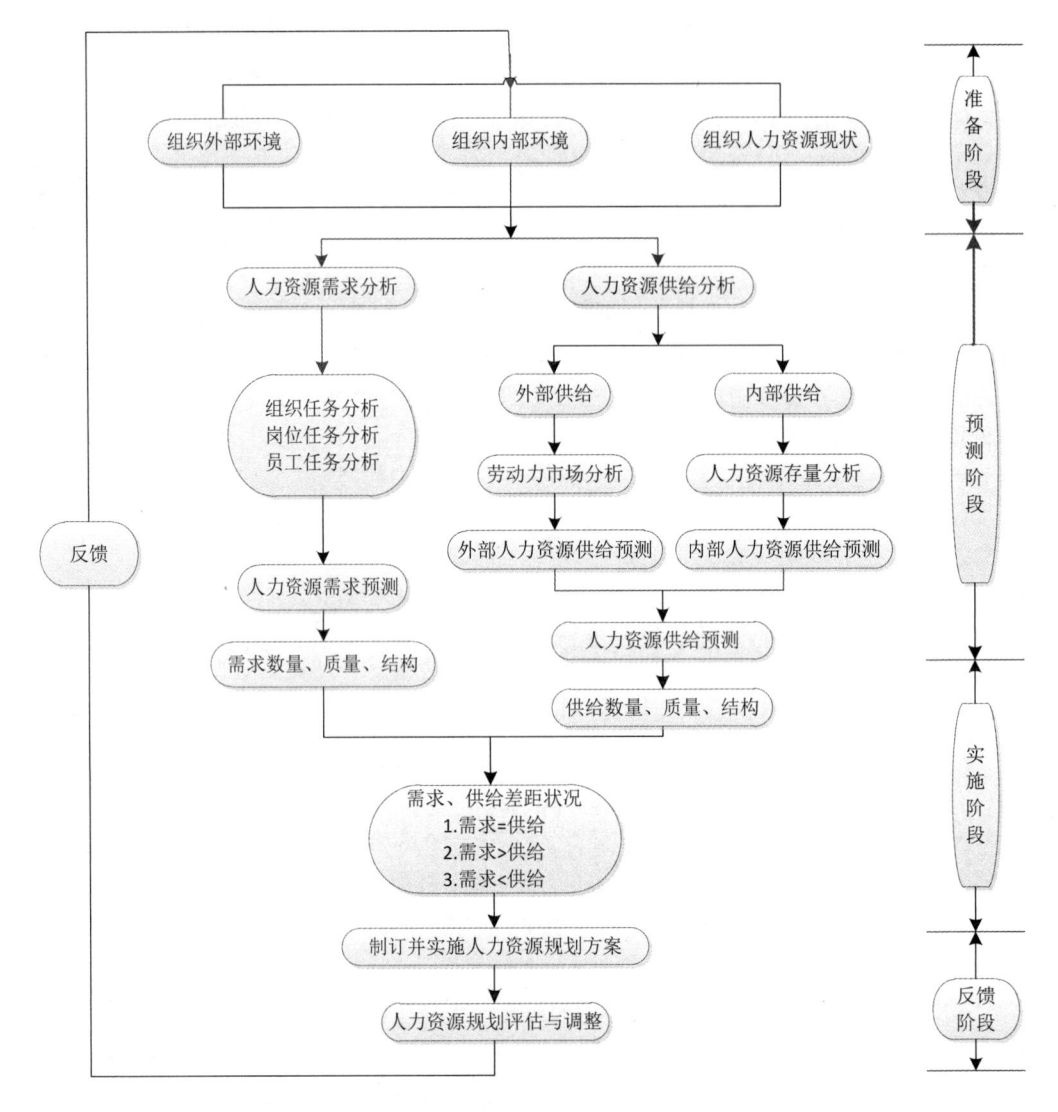

图 2-4 人力资源规划制定流程图

人力资源规划的准备阶段要对组织外部环境、组织内部环境、组织人力资源现状进行了解。人力资源规划的预测阶段要进行人力资源需求分析和人力资源供给分析。人力资源需求分析包括组织任务分析、岗位任务分析、员工任务分析；人力资源供给分析需要从外部供给和内部供给两方面进行。在此基础上进行人力资源需求预测和人力资源供给预测，并确定人力资源需求和供给的数量、质量、结构。人力资源规划的实施阶段是根据组织人力资源的需求、供给差距状况，制订并实施人力资源规划方案。人力资源规划的反馈阶段是组织进行人力资源规划评估与调整，并将结果进行反馈，有利于下一次人力资源规划的进行。

1. 人力资源规划的准备阶段

1）组织外部环境调查

组织生存的外部环境的变化对组织人力资源管理的影响较大，组织在制定人力资源规划时要适应外部环境的变化。外部环境是指组织活动所处的经济、法律、人口、社会等环境,包括政治、经济、社会文化、法律、人口、科技因素。

(1) 政治因素。任何组织都要受到政治的影响。政治体制、政府经济管理体制、政府与组织的关系、政府的产业政策、人才管理的方针政策等对组织人力资源管理都会产生直接影响。组织在制定人力资源规划时要考虑政府的最低工资标准、社会保障制度、人事管理制度等政治因素。

(2) 经济因素。经济制度和经济发展水平对人力资源管理具有重大影响。

不同的经济制度对人力资源管理的影响不同。自由竞争的经济制度追求的是效率和利润,在这种制度下,经济不景气时组织普遍采用减员增效来压低人力资源成本。而在我国,国有企业可能更多地要考虑社会稳定、收入公平等因素,因此人力资源管理倾向于减少裁员。另外,不同的经济制度下政府对组织的管理不同,进而对组织人力资源管理的影响也不同。

国家和地区的经济发展水平也会影响组织的人力资源规划。如果国家和地区经济发展水平高、经济发展良好、失业率低、员工就业率高,则组织裁员容易,赔偿压力和社会压力都较低。反之,如果国家和地区经济低迷、失业率高,则组织裁员难,且不利于组织人力资源的供需平衡及人员结构调整。此外,国家和地区的经济发展水平还会影响劳动力的供给。一般而言,经济发展良好,劳动力供不应求,否则劳动力供大于求。

(3) 社会文化因素。不同的国家和地区具有不同的社会结构、风俗习惯、宗教信仰、传统、价值观、行为规范、生活方式、文化水平等。如何管理社会文化差异给组织尤其是给跨国企业的人力资源管理带来了巨大的挑战,因此在制定人力资源规划时要充分考虑社会文化对员工的影响。

(4) 法律因素。人力资源管理的规章制度要遵守国家和地方的法律法规。组织在制定人力资源规划时要了解和熟悉并严格遵守国家和地方的法律法规,以减少人力资源管理的法律风险。我国对人力资源管理影响较大的法律法规有《中华人民共和国劳动合同法》《中华人民共和国就业促进法》《中华人民共和国劳动争议调解仲裁法》《中华人民共和国劳动合同法实施条例》等。

(5) 人口因素。人口因素对组织外部人力资源供给有重要影响,因此在做人力资源规划时要重点关注。人口因素主要包括:人口规模及年龄结构,其影响未来社会劳动力的供给;劳动力的质量,其影响未来社会是否能够提供符合要求的劳动力。

(6) 科技因素。科技因素是指一个国家和地区的科学技术水平、技术政策、新产品研制与开发能力,以及技术发展的新动向等。科学技术的应用水平会影响组织人力资源规划。例如,生产自动化水平的高低会影响组织人力资源的需求,"机器换人"减少了组织对人力资源数量的需求。另外,科学技术尤其是电子信息技术运用到人力资源管理中,有助于管理者对劳动力队伍的结构和动态进行分析,帮助组织制定人力资源规划。

2) 组织内部环境调查

组织内部环境主要包括组织经营战略、组织结构、组织文化、组织资源因素。

(1) 组织经营战略。人力资源规划是为组织战略服务的,不同的组织战略需要不同的人力资源规划与之相适应。美国管理学家弗雷德·R. 戴维把组织战略分为四大类、十三种，即一体化战略（前向一体化、后向一体化、横向一体化）、加强型战略（市场渗透、市场开发、产品开发）、多元经营战略（集中化多元经营、混合式多元经营、横向多元经营）、防御型战略（合资经营、收缩、剥夺、清算）。

（2）组织结构。组织结构是组织的全体成员为实现组织目标，在管理工作中进行分工协作，在职务范围、责任、权力方面所形成的结构体系。组织结构是组织在职、责、权方面的动态结构体系，其本质是为实现组织战略目标而采取的一种分工协作体系。组织结构必须随着组织的重大战略调整而调整。组织结构一般分为职能结构、层次结构、部门结构、职权结构四个方面。组织结构的制度形式主要包括直线制、职能制、直线职能制、事业部制、模拟分权制、矩阵制和多维立体制。不同的组织具有不同的组织结构，组织结构的不同使组织内的职、责、权划分不同，从而对人力资源的需求也不同。因此，在制定组织人力资源规划时一定要充分考虑组织结构的类型。

（3）组织文化。组织文化是组织在管理活动中所创造的由其价值观、信念、仪式、符号、行为习惯、处事方式等组成的特有的文化现象，主要包括价值观、文化观、组织精神、组织制度、道德规范、行为准则、历史传统等，其中价值观是组织文化的核心。组织文化由物质文化、制度文化、精神文化三个层次构成。

（4）组织资源。组织资源包括人、财、物、技术、信息等。资源是组织经营管理活动的基础，拥有资源的数量和质量，以及对资源的利用情况决定了组织经营管理活动的效率和规模。在制定人力资源规划时要对组织资源进行深入细致的分析。人力资源分析主要包括对人力资源数量、素质和使用状况进行分析；物力资源分析就是要研究组织生产经营活动所需物质条件的拥有情况及利用程度；财力资源分析包括分析组织资金的拥有情况、构成情况、筹措渠道和利用情况，具体包括财务管理分析、财务比率分析、经济效益分析等；技术资源分析主要分析组织的技术现状，包括设备和各种工艺装备的水平、测试及计量仪器的水平、技术人员和技术工人的水平等；信息资源分析主要分析现有信息渠道是否合理、畅通，各种相关信息是否掌握充分，组织现状、组织结构及其管理存在的问题及原因等。

3）组织人力资源现状分析

组织要对人力资源现状摸底清查，进行全面、深入的了解和认识，这样有助于制定具有针对性、特色鲜明的人力资源规划。组织人力资源现状分析主要包括数量分析、质量分析、类型分析、年龄结构分析、职位结构分析、员工离职率分析。

（1）数量分析。人力资源规划对人力资源数量分析的重点在于分析和了解现有人力资源数量是否与组织的业务量相匹配，即检查现有的人力资源配置是否符合行业内标杆组织一定业务量内的标准人力资源配置。为了更好地了解组织的人才配置是否合理，要对各方面人员构成进行分析，如人员的技术等级、学历层次、年龄分布、性别比例等。人力资源配置标准一般可采用动作研究、业务审查、工作抽样、相关与回归等方法核算。

（2）质量分析。质量分析也就是对员工的素质进行分析，即主要分析员工的工作知识、工作能力及受教育的程度和接受培训的状况。受教育的程度和接受培训的状况在一定程度上可反映员工的知识和能力水平。一般而言，高素质人才对组织贡献程度高，因此组织都希望提高员工的素质，但是组织不要盲目追求人才高素质，应遵循适才适用的原则，达到员工素质与岗位工作要求相匹配的目的。提高人力资源素质的方法有岗位轮换和教育培训。

（3）类型分析。分析组织人力资源的类型有助于了解组织人力资源需求的方向，缩小对外部人力资源的挑选范围，也可确定组织业务的重心。人力资源类型分析可分为工作功能分析和工作性质分析。按工作功能的不同，可把员工分为业务人员、技术人员、生产人员和管理人员四类。按工作性质的不同，可把员工分为直接人员和间接人员两类。通常直接参与生产的人员占较大的比重，约占60%，而间接参与生产的人员约占40%，甚至更少。

（4）年龄结构分析。通过年龄结构分析可了解组织各个年龄阶段员工的比例及员工的平均年龄。在个体方面，可按照员工的职位、学历、工作性质等，分析员工的年龄结构，以便更好地进行人力资源规划。员工合理的年龄结构应该为金字塔结构，平均年龄应该在34~36岁。通过对员工年龄结构的分析可了解员工年轻化或老龄化程度，以及工作职位或职务的性质与年龄的匹配要求。

（5）职位结构分析。根据管理幅度的要求，管理者职位的数量与被管理者职位的数量应保持适当的比例。职位结构分析就是运用管理幅度原理来判断和评估组织内高层、中层、基层的管理者职位与被管理者职位之间的比例是否合理。

（6）员工离职率分析。什么是员工离职率？英国特许人事发展协会给出了员工离职率的定义：分子是"离职人数"，分母是"平均在职人数"，即离职率=（离职人数/平均在职人数）×100%。英国特许人事发展协会的研究指出，员工离职率是负面工作态度、工作满意度不足、外部谋职能力等因素作用的综合结果。员工离职率偏高或者偏低，都不利于组织发展，组织必须识别最适合自己的员工离职率。员工离职会直接影响到人力资源存量，员工离职率表明了一个客观存在的人力资源总流出，通过对人力资源需求与供给的分析，可以计算出组织所允许的人力资源净流出。除此以外，还可用员工存活率、员工对半折损率、员工稳定指数、服务年资指标来表示员工离职率情况。员工存活率是指具有某种人资属性的员工群体经过一段时间之后，仍然在职的比例。一般而言，若初期存在较高的员工离职率，相关部门必须尽早采取相应措施。员工存活率也可用来推算先前应该招聘或培养的人数。员工对半折损率是指某种人资属性的员工群体的人数折损一半所需要的时间。员工稳定指数是指组织内部资深员工的比例。员工稳定指数=年资一年以上的人数/一年前总聘用人数。组织可对此指标按照不同职能、不同部门进行分析比较。服务年资指标可以用来辅助解释员工稳定指数。通过服务年资的分析获取更多的信息，来解释部门相对稳定或相对不稳定的原因。

员工离职指标可以比较准确地衡量出组织人力资源存量流出的情况。组织除进行员工离职率分析外，通常还需对员工离职原因进行分析。员工离职的常见原因：想要更高的工资；想要发展更好；想要更加有保障；想要磨炼机会多；想要工作环境好；与上级关系不好；与同事关系不好；组织中存在威胁或骚扰；个人生理或心理原因，如怀孕、生病和搬家等。

2．人力资源规划的预测阶段

1）人力资源需求预测

人力资源需求预测是根据组织发展的要求，对将来某个时期内组织所需员工的数量和质量进行预测，进而确定人员补充的计划方案并实施教育培训方案。

（1）组织任务分析。组织任务分析就是根据组织发展规划确定未来的发展目标，以及确定组织未来的工作任务总量。要预测组织人力资源需求就必须确定组织未来的工作任务总量。组织发展规划所确定的目标是计算组织工作总量的基础。工作总量=工作效率×工作时间×人数，组织所需要的人数=组织产品或服务的计划水平×生产率比率，由此可以预测组织未来需要多少员工，需要什么类型的员工。除此以外，组织预测人力资源需求时要考虑现行的组织结构、生产力水平等因素，还要预见未来由于组织目标调整而导致的一系列变化，如因组织结构的调整、产品结构的改变、生产工艺的改进、新技术的采用等而产生的人力资源需求在数量和技能两个方面的变化。

（2）岗位任务分析。组织任务确定后，组织将总任务分解到部门、岗位。岗位任务分析就是要确定每个岗位需要完成的工作总量。通过目标分解和岗位分析，组织可以了解岗位任务总量，通过岗位工作量调查可以了解岗位工作饱满度，这是预测岗位人力资源需求的关键。岗位任务分析首先从工作分析入手，明确岗位的具体工作职责，并将职责细化为日常的工作步骤，然后对这些工作步骤的完成时间进行统计，与预先设计好的岗位工作判定标准进行对比，结合岗位任职人员的能力素质，对各岗位的工作量进行评估判断，最后根据本单位的实际情况和未来经营目标，对岗位设置的合理性进行评判，提出相关岗位职责调整方案及岗位编制方案。

预测岗位人力资源需求最重要的是确定岗位工作量化判定标准。岗位工作量化判定标准是根据岗位工作量、岗位工作结构和岗位工作强度来确定相应标准，以此作为判断岗位设置是否充分、岗位是否需要调整的依据。岗位工作量化判定标准可分为岗位工作量标准和岗位工作结构标准。岗位工作量标准采用工作量百分比法，工作量饱满度=（岗位有效工作时间/平均正常工作时间）×100%，统计工作时间一般以日、周、月或年为单位。一般而言，工作量饱满度在90%以上是很饱满，在70%～90%是饱满，在50%～70%是基本饱满，在50%以下是不饱满。岗位工作结构标准是按照日常性工作、阶段性工作和临时性工作划分的，其中日常性工作是指依据现有组织目标和职能展开的工作。若日常性工作量占总工作量的50%以上，说明岗位设置依据充分，一般日常性工作量应占总工作量的60%以上。

（3）员工任务分析。通过员工任务分析可以了解每个员工的工作数量、工作质量、工作水平。组织可通过制定劳动定额来确定员工的工作量。劳动定额是在一定的生产技术、组织条件下，为生产一定量的产品或完成一定的工作所规定的劳动消耗量的标准。劳动定额有工时定额、产量定额、看管定额、服务定额几种形式。工时定额就是规定生产单位合格产品或完成某项工作必须消耗的时间；产量定额就是在单位时间内应完成合格产品的数量；看管定额就是在单位时间内一个工人或一组工人同时看管机器设备的台数；服务定额就是在规定单位时间内应完成服务项目的数量。

员工任务分析还应包括对出勤率、出勤时间利用率、制度工时利用率、加班加点比重等进行分析，以判断员工劳动时间利用是否合理。

组织通过组织任务分析、岗位任务分析、员工任务分析，可以预测未来对人力资源在数量、质量和结构上的需求。员工任务分析图如图2-5所示。

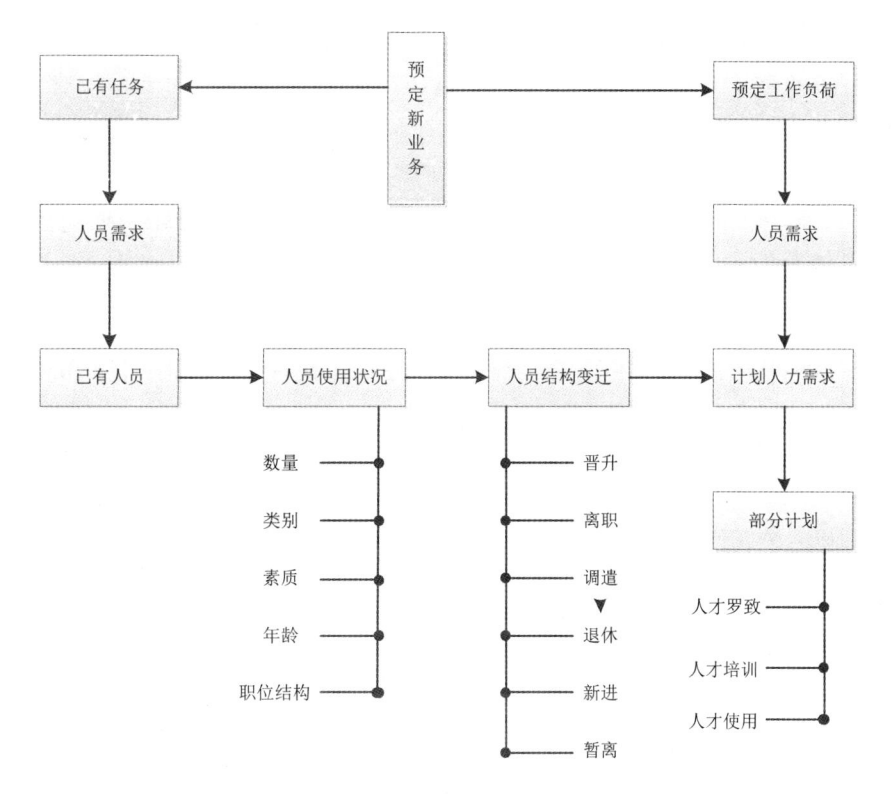

图 2-5 员工任务分析图

2）人力资源供给预测

组织人力资源供给来源于组织外部和组织内部两个渠道。对外部人力资源供给预测需要对外部劳动力市场进行分析研究，对内部人力资源供给预测需要对组织现有人力资源进行分析研究。

外部人力资源供给是组织发展壮大的主要人力资源来源。外部人力资源供给预测主要了解人力资源市场的供给状况及影响人力资源供给的因素。影响外部人力资源供给的因素主要有宏观经济状况、人口出生率、工会组织、法律法规、失业状况、各类相关学校符合劳动年龄的毕业生状况、组织所在地的环境、组织薪酬水平、劳动力的就业观念等。

内部人力资源供给预测主要是预测组织内部可使用的有知识、有能力、有潜力的员工数量，以及这些员工何时可以使用。

影响员工供给的因素可以分为两大类。

第一类是地区性因素，具体包括以下几点。①组织所在地和附近地区的人口密度；②其他组织对劳动力的需求状况；③组织当地的就业水平、就业观念；④组织当地的科技文化教育水平；⑤组织所在地对人们的吸引力；⑥组织本身对人们的吸引力；⑦组织当地临时工人的供给状况；⑧组织当地的住房、交通、生活条件。

第二类是全国性因素，具体包括以下几点。①全国劳动人口的增长趋势；②全国对各类人员的需求程度。

此外，还有组织人力资源管理策略和政策、员工的年龄和技能结构、员工流动频率等因素。

通过内外部人力资源供给预测，组织可了解未来外部劳动力市场和内部劳动力市场能够供给组织人力资源的数量、质量和结构。

3. 人力资源规划的实施阶段

人力资源规划的实施阶段包括制订人力资源规划方案和实施人力资源规划方案。

1）制订人力资源规划方案

在组织人力资源需求预测与人力资源供给预测的基础上，组织要根据需求与供给存在的差距，制定一个人力资源综合平衡的规划。组织人力资源综合平衡包括人力资源需求与供给平衡、人力资源各内部专项业务规划之间的平衡、组织需要与员工个人需要的平衡。

（1）人力资源需求与供给平衡。组织人力资源供求完全平衡这种情况极少见，甚至不可能，即使在供求总量上达到平衡，也会在层次、结构上发生不平衡。在组织中，高职务者需要从低职务者中培训晋升，新上岗人员需要进行岗前培训等，组织应根据具体情况制定供求平衡规划。

（2）人力资源各内部专项业务规划之间的平衡。人力资源各内部专项业务规划主要包括人员补充计划、人员配备计划、人员使用计划、人员培训与开发计划、人员接替与提升计划、绩效考评计划、薪酬激励计划、员工关系计划、团队建设计划、退休解聘计划、员工职业生涯规划等，它们之间密切联系，在制定人力资源规划时必须充分注意它们之间的平衡与协调。

（3）组织需要与员工个人需要的平衡。组织需要与员工个人需要存在差异，组织追求的是利润和效率，员工则比较注重物质和精神上的需求。如何使组织需要与员工个人需要达到平衡是组织人力资源规划的目的。

2）实施人力资源规划方案

人力资源规划方案的实施包括执行、检查、反馈、修正四个步骤。

（1）执行。人力资源规划方案确定以后，组织要制订执行人力资源规划的行动计划，并且严格按照计划执行。

（2）检查。检查能够提高执行的效果，检查最好由实施者的上级或无利害关系的第三方执行，避免实施者本人或其下级实施。通过检查发现执行不力、执行不到位、执行出现偏差的现象，并及时纠正，以保障人力资源规划方案的有效实施。

（3）反馈。反馈的信息要真实、及时、全面，有利于人力资源规划方案的修正。反馈主要通过实施者和检查者进行。

（4）修正。由于组织生存内外环境的变化，以及人力资源规划方案在实施中存在的问题，组织要根据检查和反馈的信息对人力资源规划方案进行及时修正。

4. 人力资源规划的反馈阶段

人力资源规划的反馈阶段就是通过对人力资源规划进行评价，找出人力资源规划实施的成果和事先确定的人力资源规划的预期目标之间的差距，发现造成差距的原因，提出完善、修正人力资源规划的意见、建议、方案。通过人力资源规划评估与调整可以保证组织指定的人力资源规划与实施过程中的环境相适应，确保人力资源规划的执行取得理想的效果。

组织可以从两个方面对人力资源规划进行评估：一是评估人力资源规划的目标、内容、方法与人力资源规划工作的发展程度是否相适应；二是评估人力资源规划的实施结果与预期目标是否一致。

人力资源规划的反馈阶段是人力资源规划的重要环节，为下一阶段人力资源规划的发展做好了准备。

相关链接

人力资源规划评估标准有以下三个方面。①管理层在人力资源费用变得难以控制或过度支出之前，是否采取措施来防止各种失衡，使劳动力成本降低。②组织是否有充裕的时间来发现人才。好的人力资源规划，在组织实际雇用员工前就已经预计或确定了各种人员的需求。③管理层的培训工作是否可以得到更好的规划。

人力资源规划评估方法可以采用目标对照审核法，即以原定的目标为标准进行逐项的审核评估；也可广泛地收集并分析研究有关的数据，如管理人员、专业技术人员、行政事务人员、营销人员之间的比例关系，在某一时期内各种人员的变动情况，员工的跳槽、旷工、迟到、报酬、福利、工伤与抱怨等。定期与非定期的人力资源规划审核工作，能及时引起公司高层领导的高度重视，使有关的政策和措施得以及时改进并落实，有利于调动员工的积极性，提高人力资源管理工作的效益。

2.1.4 人力资源规划的编制程序

由于各企业的具体情况不同，所以编制人力资源规划的步骤也不尽相同。下面是编制人力资源规划的具体步骤，在实际操作中可根据企业的具体情况进行删减。

1．制订职务编制计划

根据企业发展规划，结合职务分析报告的内容，来制订职务编制计划。职务编制计划阐述了企业的组织结构、职务设置、职务描述和职务资格要求等内容。制订职务编制计划的目的是描述企业未来的组织职能规模和模式。

2．制订人员配置计划

根据企业发展规划，结合企业人力资源盘点报告，来制订人员配置计划。人员配置计划阐述了企业每个职务的人员数量、人员职务变动、职务人员空缺数量等。制订人员配置计划的目的是描述企业未来的人员数量和素质构成。

3．预测人员需求

根据职务编制计划和人员配置计划，使用预测方法来预测人员需求。人员需求中应阐明职务名称、人员数量、希望到岗时间等，最好形成一个标有员工数量、招聘成本、技能要求、工作类别，以及为完成组织目标所需的管理人员数量和层次的列表。实际上，预测人员需求是整个人力资源规划中最困难和最重要的部分，因为它要求以富有创造性、高度参与的方法处理未来经营和技术上的不确定性问题。

4．制订人员供给计划

人员供给计划是人员需求的对策性计划，主要阐述了人员供给的方式（外部招聘、内部招聘等），人员内部流动政策，人员外部流动政策，人员获取途径和获取实施计划等。通过分析过去的人数、组织结构和构成、人员流动、年龄变化、录用等资料，就可以预测出未来某个特定时刻的人员供给情况。预测结果显示了企业现有人力资源状况，以及未来在流动、退休、淘汰、升职及其他相关方面的发展变化情况。

5．制订培训计划

为了提升企业现有员工的素质，适应企业发展的需要，对员工进行培训是非常必要的。培训计划包括培训政策、培训需求、培训内容、培训形式、培训考核等内容。

6．制订人力资源管理政策调整计划

人力资源管理政策调整计划中明确了计划期内人力资源政策的调整原因、调整步骤和调整范围等，该计划包括招聘政策、绩效考评政策、薪酬与福利政策、激励政策、职业生涯规划政策、员工管理政策等。

7．编写人力资源管理部门费用预算

人力资源管理部门费用预算主要包括招聘、培训、福利等费用预算。

8．关键任务的风险分析及对策

每个企业在人力资源管理中都可能遇到风险，如招聘失败、新政策引起员工不满等，这些事件很可能影响企业的正常运转，甚至会对企业造成致命的打击。风险分析就是通过风险识别、风险估计、风险驾驭、风险监控等一系列活动来防范风险的发生。人力资源规划编写完毕后，应先积极地与各部门经理进行沟通，根据沟通的结果进行修改，最后再提交企业决策层审议通过。

2.2 人力资源规划操作工具

人力资源规划是企业战略规划的重要组成部分，是实现人力资源管理职能的保证。在企业发展的过程中，企业对于人力资源的规划是企业发展的起点和关键。运用人力资源规划操作工具是企业做好人力资源规划工作的一种好方法。

2.2.1 企业年度人力资源规划表

企业年度人力资源规划表是对企业现有人员的统计及企业今后人员招聘发展计划的记录，是企业进行相应的人工成本核算的依据，具体内容如表2-2、表2-3所示。

表2-2 企业年度人力资源规划表（一）

序号	计划类别	第一年	第二年	第三年	……	备注
1	员工总人数计划					

续表

序号	计划类别		第一年	第二年	第三年	……	备注
2	各类职位人数计划	高层领导					
		中层领导					
		技术人员					
		一般员工					
3	各部门人数计划	综合办公室					
		计划调度部					
		经营管理部					
		工程部					
		财务部					
		人力资源部					
合计							

填表人：　　　　　审核人：　　　　　填表时间：　　　年　月　日

表 2-3　企业年度人力资源规划表（二）

级别			时间				学历			
			现在	2018年	2019年	2020年	硕士	本科	大专	其他
管理人员	高层	财经								
		营销								
		生产								
	中层	财经								
		营销								
		生产								
	基层	财经								
		营销								
		生产								
	小计									
技术人员	高工									
	工程师									
	助工									
	技术员									
	其他									
	小计									
基层员工	机工									
	电工									
	维修									
	环保									
	小计									

续表

级别	时间				学历			
	现在	2018年	2019年	2020年	硕士	本科	大专	其他
合计								

填表人：　　　　　　审核人：　　　　　　填表时间：　　　　年　月　日

2.2.2　企业人力资源需求预测表

企业人力资源需求预测表是帮助企业合理预测未来各部门、各类职位人员的需求情况，做好企业的定岗定编工作及人才储备工作的重要工具，具体内容如表2-4、表2-5、表2-6所示。

表2-4　企业人力资源需求预测表（一）

日期：　　年　月　日

部门	目前编制	人员配置情况			人员需求
		超编	缺编	不符合岗位要求	
总经理办公室					
财务部					
市场拓展部					
运营部					
工程部					
人力资源部					
行政部					
项目中心					
合计					

表2-5　企业人力资源需求预测表（二）

日期：　　年　月　日

职位	当前		第一年		第二年	
管理职位	现实人数		期初人数		期初人数	
	现实需求		需增加岗位和人数		需增加岗位和人数	
	总需求		流失人数预测		流失人数预测	
			总需求		总需求	
项目职位	现实人数		期初人数		期初人数	
	现实需求		需增加岗位和人数		需增加岗位和人数	
	总需求		流失人数预测		流失人数预测	
			总需求		总需求	

续表

职位	当前	第一年		第二年	
技术职位	现实人数	期初人数		期初人数	
	现实需求	需增加岗位和人数		需增加岗位和人数	
	总需求	流失人数预测		流失人数预测	
		总需求		总需求	
总计	现实人数	期初人数		期初人数	
	现实需求	需增加岗位和人数		需增加岗位和人数	
	总需求	流失人数预测		流失人数预测	
		总需求		总需求	

表 2-6 企业人力资源需求预测表（三）

日期：　年　月　日

类别（按主要管理层次划分）	现有人员	计划人员	余缺	调职	升迁	辞职	退休	辞退	其他	合计	人员净需求
核心成员											
高级管理层											
中级管理层											
初级管理层											
基层人员											
合计											

2.2.3 企业人力资源供给预测表

企业人力资源供给预测表是帮助企业进行科学的人力资源规划的一个基础性工具。该表主要包括预测范围、预测情况、人员类别、合计，主要由人力资源部填写，最终交由上级部门审批，具体内容如表 2-7 所示。

表 2-7 企业人力资源供给预测表

预测范围	预测情况	人员类别			合计
		经营管理人员	专业技术人员	专业技能人员	
内部供给	现有人员数量				
	未来人员变动量				
	规划期内人员拥有量	第一季度			
		第二季度			
		第三季度			
		第四季度			

续表

预测范围	预测情况	人员类别			合计
		经营管理人员	专业技术人员	专业技能人员	
合计					
外部供给	第一季度				
	第二季度				
	第三季度				
	第四季度				
合计					

2.3 人力资源规划书编制规范说明

人力资源规划书的制定是依据人力资源环境分析、人力资源需求与供给预测、人力资源供需平衡决策及人力资源规划目标，对人力资源的获取、配置、使用、保护等各个环节进行职能性策划，制订企业人力资源供需平衡计划方案，以确保组织在需要的时间和需要的岗位上，获得各种必需的人力资源。人力资源规划书编制规范说明的具体内容如下。

1. 人力资源规划书编制原则

（1）战略性原则。人力资源规划是企业在一定时期内指导和规范人力资源管理工作的纲领性文件。因此，人力资源规划的制定必须始终贯彻企业战略的思想，从战略高度思考和谋划人力资源队伍发展和人力资源管理工作的全局。人力资源规划通过进行劳动力的流入预测、劳动力的流出预测、员工的内部流动预测、社会人力资源供给状况分析、人员流动的损益分析等来有效保证对企业人力资源的供给。这就要求人力资源规划要具有长期的稳定性、科学的预见性和较强的适用性，把人力资源规划建立在对人力资源活动发展规律的正确把握和对企业内外环境发展变化的准确判断基础之上，使人力资源规划在执行过程中能最大限度地适应环境变化，及时做出调整。

（2）系统性原则。系统性原则要求把人力资源规划工作视为一项系统工程来看待，以企业整体目标的优化为目的，同时厘清各子系统之间具有的内在联系，协调整个人力资源规划方案中各个组成部分的相互关系，以保证后续人力资源管理各项工作能够顺利进行。因此，在制定人力资源规划时，应该将每个具体规划的特性放到大系统的整体中去权衡，从整体着眼，从部分着手，统筹协调，达到整体的最优化。

（3）服务性原则。人力资源规划本身是人力资源战略的具体文本化，而人力资源战略又是企业总体发展战略的一部分。因此，人力资源规划不能独立于企业总体发展战略之外，而要服从和服务于企业的总体发展要求和总战略，为实现企业既定的目标提供强有力的人力资源保障和支撑。如果说企业发展规划是一级规划，那么人力资源规划就是二级规划。企业要根据战略实施的路径和发展的不同阶段，分别制定出相应的人力资源具体规划和对策措施。

（4）人本性原则。人力资源规划不仅是面向企业的规划，还是面向员工的规划。人力资源规划既要考虑到企业的利益也要照顾到员工的利益，达到企业和员工共同发展的目的。人是管理对象中唯一能动的资源要素，是企业生存和发展的决定性因素。对人管理的成败关乎企业的命运。人本性原则就是要求在人力资源规划的制定和实施过程中，坚持以人为本的理念，在注重企业目标实现的同时，关注员工的全面发展。通过规划，加强对员工行为的规范、培训、引导和激励，把个人的成长目标和企业的目标统一起来。实现企业和员工双赢有四个要点。一要遵循人力资源个体成长规律、群体配置规律和人力资源市场交换规律。二要尊重员工个性，了解员工需求，调动员工积极性。三要激发员工的创造力，发挥员工的作用，实现其个人价值。四要营造良好的企业文化和民主管理的氛围，凝练共同的价值观，提升员工的认同度，增加员工的归属感，使企业与员工得到共同发展。

（5）动态性原则。面对不断变化的企业内外环境，必须果断放弃陈旧的静态规划观念，将人力资源规划看作一个动态的过程，加以动态性管理。人在不断成长，企业在不断发展，因此人力资源规划也要不断更新观念，不断充实和完善。这就要求人力资源规划的制定要在保证主体稳定的前提下，具有一定的灵活性和可扩展性，只有这样才能不断地促进企业和人的全面进步。

2．人力资源规划书内容结构及编制详解

规范的人力资源规划书的内容一般包括以下四个部分（撰写过程中，可多用图表方式予以呈现，过于复杂的图表或者论证性内容可以以附件形式体现），详细说明如下。

1）概述

对人力资源现状、人力资源环境分析、人力资源规划内容的概括性描述。

2）人力资源现状及人力资源环境分析

（1）人力资源现状主要依据现有人力资源核查，说明现有人力资源的数量、质量、结构及分布状况（可用表格、饼状图等形式呈现）。

（2）人力资源环境分析包括企业外部环境分析和企业内部环境分析（应突出企业战略，必要情况下也可以对企业战略重点进行说明）两个方面，主要阐述企业人力资源在未来发展中的优势和劣势、可能遇到的机会和威胁。同时，初步提出如何继续保持和增强企业人力资源的竞争优势的对策与建议，为后期企业人力资源战略的制定提供依据。这里可进行态势（Strengths Weaknesses Opportunities Threats，SWOT）分析并以图表形式呈现，分析结论应结合人力资源现状的内容予以阐述，因为人力资源现状本身也属于企业内部环境分析的内容之一。

3）人力资源需求与供给预测分析

阐述人力资源需求与供给预测分析的结论性内容，基于此确定规划期内的人员净需求，并提出可行性的人力资源供需平衡决策（分析的结论性内容可用图表方式呈现，详细的分析过程，必要情况下可以用附件形式予以补充）。

4）人力资源规划

人力资源规划为人力资源规划书的主体部分，可以分为两个层次展开描述。

（1）总体计划，即上述人力资源总体目标和配套政策，具体包括总体战略目标、策略与措施（或者核心策略、规划工作重点）、实施步骤及总的预算安排。

需要注意的是，人力资源规划的目标会随着企业所处的环境、企业战略、组织结构、企业文化与员工工作行为的变化而不断改变。因此，一定要基于科学、准确的人力资源环境分析，以及人力资源需求与供给预测，结合企业的战略规划、经营计划、年度计划来制定企业的人力资源规划目标，切忌仅凭管理者"拍脑袋"提出不切实际的规划目标。

（2）各项子系统业务计划。可将其细分为十项子计划，具体说明如下。

①职务编制计划。

职务编制计划包括企业的组织结构、职务设立、职务描述和职务资格要求、定员定编等内容。

②人员配置计划。

人员配置计划是指中长期内不同职务、部门或工作类型的人员的分布情况及配备计划。

③人员补充计划。

人员补充计划是指在中长期内使岗位职务空缺能从质量上和数量上得到合理的补充，要求明确补充人员的岗位、数量和对人员的要求，主要措施包括招聘、特殊人才引进等。

④人员使用和调整计划。

人员使用和调整计划能够提高人力资源利用效率，使内部人力资源流动。具体措施包括调岗、岗位轮换、晋升、辞退、退休、解聘等。该计划要求明确离职人员的离职原因及离职人员所在岗位情况、人员晋升政策和时间、轮换工作的岗位情况、人员情况、轮换时间。

⑤人员培训发展计划。

人员培训发展计划是指拟订人员培训计划、接班人培养计划、员工职业生涯规划等，为企业培养当前和未来所需的各类人才。人员培训计划要求明确培训对象、培训目的、培训内容、培训时间、培训地点、培训师资、培训管理制度等；接班人培养计划主要是指企业骨干人员的使用和培养方案；员工职业生涯规划主要是指帮助员工制定职业生涯规划，明确员工的职业发展通道。

⑥人员考核计划。

人员考核计划是指制定员工绩效考核标准、衡量方法、绩效考核管理制度、绩效考核流程与实施方案等。

⑦薪酬福利计划。

薪酬福利计划是指制定员工工资总额规划、薪酬政策、薪酬结构及水平规划、保险与福利规划等，薪酬福利计划通常与绩效考核规划紧密相关。

⑧员工关系计划。

员工关系计划是指促进员工关系沟通，加强员工关系管理，构建和谐劳动关系的计划。具体包括加强劳动合同管理、员工参与管理，提出合理化建议，建立员工沟通机制，促进服务与支持员工发展等。

⑨人力资源管理机制完善计划。

人力资源管理机制完善计划是指完善人力资源管理制度与流程，具体包括规划、招聘、培训、绩效、薪酬、员工关系等方面的各项管理制度与流程。

⑩预算费用与控制计划。

预算费用与控制计划是指制定合理的人力资源投入费用预算,并制订相应的成本控制方案。

3. 人力资源规划书编制注意事项

在编制前应完成人力资源环境分析、人力资源需求与供给预测、人力资源供需平衡决策分析等工作。由人力资源部组织召开"人力资源规划书制定"专项工作会议,就工作内容与工作进度安排进行集中性讨论,可以根据人力资源规划书的内容结构及人力资源管理的各项职能,将人力资源规划书制定工作任务进行分解,如分解为职务编制计划、人员配置计划、人员补充计划、人员使用和调整计划、人员培训发展计划、人员考核计划、薪酬福利计划、员工关系计划等,并分别安排专人完成相应的工作任务(一人完成多项亦可),然后由总负责人员进行统筹,并形成《××××年度人力资源规划书》,最后组织相关领导及全体参与人员集体讨论通过。

第 3 章
组织结构及岗位分析与设计

> **引导案例**
>
> **张勇时代阿里集团的组织结构变革**
>
> **1. 辞旧迎新,传承接班**
>
> 2014年,阿里集团(以下简称阿里)全面转型移动端,3月,马云发内部信宣布集团全年战略"All in 移动端",移动端负责人改为张勇。2018年9月10日,马云宣布张勇为接班人,一年之后将全面完成交接,并在公开信中盛赞自己的接班人。张勇,2007年在猎头的引荐下进入阿里,担任首席财务官,他在集团的三次卓越贡献分别为打造阿里商对客(Business-to-Customer,B2C)业务、完成移动端转型任务、为集团理顺长期发展战略。
>
> **2. "小前台,大中台"的组织架构革命**
>
> 2015年,张勇在集团内部信中宣布了新的组织架构,即"小前台,大中台"的新的组织形式。
>
> "小前台"即打破树状结构,改为敏捷小前台,主要表现为以下两点。
>
> (1)小前台下辖淘宝、手机淘宝、天猫三大部门,由张勇直接率领。
>
> (2)管理安排:实行"班委制",班委由年轻骨干担当,由7位"80后"组成。
>
> "大中台"即数据处理技术时代的大中台战略,主要表现为以下两点。
>
> (1)大中台下辖搜索、共享、数据、产品部,以及闲鱼、淘宝头条等创新业务。
>
> (2)人事安排:由张建锋担负"中台",他兼具技术、商业背景,是集团的总构架师。
>
> **3. 五新战略,从"树状"管理结构转型"网状"管理结构**
>
> (1)2017年,阿里全面拥抱"五新"战略:新零售战略、新金融战略、新制造战略、新技术战略、新能源战略。大数据、云计算成为新经济时代的石油和引擎,阿里要从过去自上而下的"树状"管理结构变成更加灵活高效的"网状"管理结构。
>
> (2)2017年,阿里大文娱事业部调整。樊路远(原蚂蚁金服集团支付宝事业群总裁、财富事业群总裁)出任阿里文娱新总裁,对各业务板块进行整合。
>
> 第一阶段整合:2017年年底,樊路远接替杨伟东担任新一届的轮值总裁。同时

管理大麦网、优酷，此前在蚂蚁金服任职期间，他带领团队成功创建了"快捷支付"和"余额宝"等产品。

第二阶段整合：2018 年 5 月张宇调回集团，原来管理阿里音乐、大麦网；阿里音乐划归轮值班长杨伟东，大麦网划归阿里影业首席执行官樊路远。

第三阶段整合：增持阿里影业，2018 年 12 月，集团以 12.5 亿港元注资阿里影业，控股比增加至 51%，成为阿里影业实控人。

4．重点打造阿里商业系统

（1）从阿里云到阿里云智能，全力打造"阿里商业操作系统"。

部门："中台"+"阿里云"="阿里云智能事业群"。

人事：张建锋任总裁。

战略：打造"商业操作系统"，发力商业对商业（Business-to-Business，B2B）市场。

（2）从天猫到大天猫（升级裂变）。

部门：升级为三大事业群，即天猫事业群、天猫超市事业群、天猫进出口事业群。

人事：总裁均为新人。

战略：组织"自我升级"，为未来 5～10 年的发展奠定人才基础。

（资料来源：根据阿里巴巴公司组织发展历程整理而成）

思考

你认为阿里的岗位设定有何特点？阿里的组织结构变革引起了你怎样的思考？

学习目标

1. 掌握组织结构及岗位分析与设计的基本流程；
2. 学会熟练使用组织结构及岗位分析与设计的操作工具；
3. 能够对岗位进行分析与判断，并进行岗位设计。

组织结构是表明组织各部分排列顺序、空间位置、聚散状态、联系方式，以及各要素之间相互关系的一种模式，是整个管理系统的"框架"。岗位分析是收集、分析及整理特定工作信息的系统性程序，它明确了每个员工的任务、工作环境，以及员工的任职资格。岗位分析的信息被用来规划和协调几乎所有的人力资源实践，是人力资源管理的基石。岗位设计问题主要是组织向其员工分配工作任务和职责的方式问题，岗位设计是否得当对于激发员工的积极性，增强员工的满意度，以及提高员工的工作绩效有很大影响。

3.1 组织结构及岗位分析与设计工作流程

3.1.1 组织结构设计的含义与内容

1. 组织结构设计的含义

组织结构设计是通过对组织资源（如人力资源）的整合和优化，确立组织某一阶段的最合理的管控模式，实现组织资源价值最大化和组织绩效最大化。通俗地说，也就是在人员有限的情况下，通过组织结构设计提高组织的执行力和战斗力。组织结构设计具体包含以下几层意思。

（1）组织结构设计是管理者在一定组织内建立最有效相互关系的一种有意识的过程。

（2）组织结构设计既涉及组织的外部环境要素，又涉及组织的内部条件要素。

（3）组织结构设计的结果是形成组织结构。

（4）组织结构设计的内容包括工作岗位的事业化、部门的划分，以及直线指挥系统与职能参谋系统的相互关系等方面的工作任务组合；职权的建立、控制和集权分权等人与人相互影响的机制；开发最有效的协调手段。

2. 组织结构设计的具体内容

1）劳动分工

劳动分工是指将某项复杂的工作分解成许多简单的重复性劳动（称为功能专业化），它是组织结构设计的首要内容。

（1）随着技术的发展和产品复杂性的提高，已经很少有人能独立完成一件复杂细致的工作。

（2）个人知识积累量的差别造成了人们能力上的不同。如果不进行劳动分工，一旦组织中需要高技术的人员过多，将会出现掌握全能技术的人员严重短缺的情况。另外，如果组织中每个人都从头到尾地完成整个工作，那么每个人既从事技术性工作，又从事非技术性工作。总体来看，员工在工作中的技术水平低于他们的实际技术水平，如果不进行劳动分工，就造成了资源的浪费。

（3）进行简单的重复性劳动可以提高员工的工作技巧，并大大减少由于改变操作而造成的时间浪费。

（4）劳动分工促进了工具和设备的专业化，这些都使工作效率得以提高。

2）部门化

部门化是指将专业人员归类成组织内相对独立的部门，它是对分割后的活动进行协调的方式。部门化主要有四种类型：功能部门化、产品或服务部门化、用户部门化、地区部门化。

（1）功能部门化，即按组织活动的功能划分部门。例如，组织可以按其功能划分为生产部门、营销部门、财务部门、工程部门和行政部门等。功能部门化以后的组织成员只从事某一项功能活动，从而提高处理复杂问题的能力。

(2) 产品或服务部门化，即根据组织的产出类型划分部门。例如，通用汽车公司将产品部门划分为大型车部门、小型车部门和电子器件部门。产品或服务部门化可以使同一部门中的人员更好地协调活动，提高部门的总体效率。

(3) 用户部门化，即按组织所服务的对象划分部门。用户部门化可以较快地积累有关用户的信息，并对用户的要求做出迅速反应。例如，多数银行将用户部门划分为民用部门、商业部门、农业部门。

(4) 地区部门化，即根据组织成员主要业务发生地区划分部门。例如，组织可以将其销售力量按地区分组。地区部门化使信息沟通渠道缩短，因此有利于组织成员之间进行直接交流。另外，许多大型国际化企业可以同时采取好几种部门化形式。

3）授权

授权是指确定组织中各类人员完成任务需要承担的责任范围，并赋予其使用组织资源所需要的权力。授权发生于组织中两个相互连接的管理层次之间，责任和权力都是由上级授予的。授权时应该注意以下几个方面。

(1) 责任和权力必须明确和相互适应。权责不明确容易产生问题，组织中会出现摩擦和不必要的对话、会议。权责不适应也是十分有害的，有权无责或权大责小容易造成滥用职权和不负责任的瞎指挥；有责无权或责大权小将打击下级的工作热情。因此，当上级给下级委派任务时，就应该授予其相应的权力，防止责权分离现象的出现。

(2) 应该避免双重隶属关系的授权。在纵向管理系统中，上下级之间应该形成单线性的指挥链，反映上下级的权限、责任及联系渠道。在授权过程中任何一个下级只能有一个上级，不能受到两个上级的直接授权，否则，很容易产生指挥的混乱，使下级陷入困境。同时，也不允许上级越级授权，否则，同样会产生指挥的混乱。

(3) 要培养授权者的民主作风。在授权过程中，上级要善于听取下级意见，要信任下级，大胆放手让下级在授权范围内创造性地开展活动。在存在风险的条件下，允许下级犯错误并勇于为其承担责任。

4）管理幅度和管理层次

管理幅度是指一位管理人员所能有效地直接领导和控制的下级人员数。管理层次是指组织内纵向管理系统所划分的等级数。一般情况下，管理幅度和管理层次成反比关系。扩大管理幅度，有可能减少管理层次。反之，缩小管理幅度，就有可能增加管理层次。越往上层，决策性和组织性的工作越多，需要更多的调查研究和分析思考，因而管理幅度可以小些。越往下层，执行性和日常性的工作越多，因而管理幅度可以大些。管理幅度受许多因素的影响，有领导者方面的因素，如领导者的知识、能力、经验等；也有被领导者方面的因素，如被领导者的素质、业务熟练程度和工作强度等；还有管理业务方面的因素，如复杂程度、所承担任务的绩效要求、工作环境及信息沟通方式等。因此，在确定管理幅度时，必须对上述各方面因素予以综合考虑。

确定管理层次应该考虑下列因素。

(1) 训练。凡受过良好训练的员工，不但所需要的监督较少，而且与主管接触的次数也较少。基层人员的工作分工较细，所需要的技能比较容易训练，因而主管监督人数可以较多一些。

（2）计划。良好的计划使工作人员能够知晓自己的目标与任务，可以节省主管监督指挥的时间，可以减少组织层次。

（3）授权。适当的授权可以节省主管的监督时间及精力，使监督人数增加，减少组织层次。

（4）变动。企业变动较少，其政策较为固定，各阶层监督的人数可以较多一些，组织层次可以较少一些。

（5）目标。目标明确，可以减少主管人员指导工作及纠正偏差的时间，促成组织层次的简化。

（6）意见交流。意见的有效交流，可以使上下级距离缩短，减少组织层次。

（7）接触方式。主管同员工接触方式的改变，也可以使组织层次减少。

在早期的管理组织结构中，通常管理幅度较窄而管理层次较多（高层结构），其优点是分工明确，便于实施严格控制，上下级关系容易协调；缺点是管理费用较高，信息沟通较困难，不利于提高下级人员的积极性。随着管理组织结构不断革新和发展，采用管理幅度较宽、管理层次较少的结构（扁平结构）的企业越来越多，其优点是管理费用较低，信息沟通方便，有利于提高下级的积极性；缺点是不易实施严格控制，下级人员的相互协调较困难。

> **相关链接**
>
> 组织结构的分类有以下四种。①职能结构：指实现组织目标所需要的各项业务工作，以及比例和关系。其考量维度包括职能交叉（重叠）、职能冗余、职能缺失、职能割裂（或衔接不足）、职能分散、职能分工过细、职能错位、职能弱化等方面。②层次结构：指管理层次的构成及管理者所管理的人数（纵向结构）。其考量维度包括管理人员分管职能的相似性、管理幅度、授权范围、决策复杂性、指导与控制的工作量、下属专业分工的相近性。③部门结构：指各管理部门的构成（横向结构）。其考量维度主要是一些关键部门是否缺失或优化，从组织总体形态，各部门一、二级结构进行分析。④职权结构：指各层次、各部门在权力和责任方面的分工及相互关系。其考量维度主要是一些部门、岗位之间的权责关系是否对等。

3.1.2 岗位分析的含义与内容

岗位分析也称职务分析或工作分析，是一种系统地收集和分析与岗位有关的各种信息的方法，也是企业开展人力资源管理活动的基础。简单来说，就是人力资源管理在短时间内用来了解有关工作信息与情况的一种科学手段；具体来说，就是一种活动或过程，它是分析者采用科学的手段与技术，直接收集、比较、综合有关工作的信息，就工作岗位的状况、基本职责、资格要求等做出规范的描述与说明，为企业特定的发展战略、企业规划、人力资源管理及其他管理行为提供基本依据的一种管理活动。广义的岗位分析包括企业分析、机构分析和岗位分析三个层次，而狭义的岗位分析就是指岗位分析，本节重点讨论的就是狭义的岗位分析。

在岗位分析活动中，包括分解、比较与综合。其中，分解是基础，比较是关键，综合是结果。下面详细说一下分解。所谓分解，就是对一定事物进行分割，把它的组成部分拆开，研究它们是如何组成这个事物的。当待分解的事物是较大的系统时，不仅要研究该系统内部的组成关系，还要弄清每个构成部分是如何为整体服务的。这些分析研究有助于找到系统与构成部分之间不断变化的关系。这种解析思想在岗位分析中的运用是典型的，即把工作看作企业的构成部分，进而研究工作内部构成要素之间的关系。任何复杂的工作系统都是从产出、投入、过程及关联因素四个层面进行分析的。

1）产出

对一项工作而言，什么是其规范化、标准化的物化产品与服务产品？它们在哪些方面不同于企业内其他工作的产品或服务？

2）投入

完成这项工作需要具备哪些知识、品性、技能和能力？这项工作的运作需要哪些材料、资本和其他非人工成本的参与？

3）过程

资源是怎样变成令人满意的产品和服务的？在这种转变过程中，需要使用哪些生产程序、技术和工艺方法？哪些靠机器来完成，哪些单纯靠人来完成？这项工作中包括员工的哪些行为与联系？

4）关联因素

这项工作能在企业结构图中的哪一部分找到？它的责任与权力是什么？员工对这项工作的工作环境有何要求？心理承受力如何？员工是在什么样的时限与环境下操作的？这项工作在工作环境方面有哪些法律规定或其他法定要求？

岗位分析作为一种活动，其主体是工作分析者，客体是整个企业体系，对象是工作，包括战略目标、企业结构、部门职能、岗（职）位的工作内容、工作责任、工作技能、工作强度、工作环境、工作心理、工作方法、工作标准、工作时间及工作在企业结构中的运作关系。

研究成果表明，岗位分析对一个特定的企业在特定时期内解决特定的工作问题，起着至关重要的作用。例如，一个企业为了弄清一系列特定的职位的具体职责与任务，往往会召开一系列会议进行讨论。岗位分析通过对具体的工作环节乃至行业状况的全面分析来制定岗位说明书。因此，岗位分析被认为是现代企业中一种重要的管理手段。

相关链接

岗位分析的内容一般可以概括为两大方面：一是岗位描述，即确定岗位的具体特征，包括岗位内容、岗位地点、岗位时间、怎样操作、为何要做、服务对象，它明确了岗位的内容、职责和环境；二是岗位规范，即说明完成该项岗位的人员应该具备的知识、技能、能力和其他任职资格，即责任者的任职资格条件。

3.1.3 岗位分析流程

企业进行岗位分析首先要选择恰当的时机。一般而言，岗位分析主要在以下情况下发生：新企业建立；新工作增加；新技术、新方法、新工艺或新系统出现而使工作发生变化；企业变革处于转型期等。另外，岗位分析过程中要做到遵守规则，按流程办事。

岗位分析的过程中要解决两个方面的问题：一是岗位分析的操作程序；二是这些操作程序与企业人事管理活动的关系。

岗位分析是一个细致而全面的评价过程，影响岗位分析的因素有很多，如企业的结构、企业的业务类型等，但是岗位分析的程序基本相同。首先，明确企业结构设计、部门设置原则、职责与职权划分、信息与命令传播途径；其次，选择适当的岗位分析工具，收集并分析、整理工作信息，制定岗位说明书并检验评价。

一般企业的岗位分析包括以下几个阶段。

1．准备阶段

这一阶段包括以下六项内容。

（1）确认岗位分析的目的，这对于选择分析的方法、确定分析的规模、确定信息收集的范围等有重要意义。

（2）选择要分析的岗位，即确定时有代表性、典型性的岗位进行分析，还是对全部岗位进行分析。

（3）确定所要收集的信息类型和收集方法，以节约时间、精力和费用。

（4）建立岗位分析小组，分配进行分析活动的责任和权限，以保证分析活动有序进行。

（5）制定岗位分析规范，该规范主要包括：岗位分析的规范用语、岗位分析活动的进度、岗位分析活动的层次、岗位分析活动的经费。当岗位分析活动规模很大时，注意分批、分期、有阶段地进行。

（6）做好必要的准备，通过宣讲岗位分析活动的目的，达成与岗位信息提供者的合作，以获得真实、可靠的信息。

2．设计阶段

这一阶段主要考虑如何进行岗位分析活动，具体包括以下三项内容。

（1）选择信息来源。信息来源于工作执行者、管理监督者、顾客、岗位分析人员、相关的岗位分析资料、职业分类辞典信息文件等。选择信息来源时应注意：不同层次的信息提供者提供的信息存在不同程度的差别；岗位分析人员应该站在公正的角度听取不同信息，不要事先存有偏见；使用各种职业信息文件，要结合实际，不可照抄照搬。

（2）选择岗位分析人员。岗位分析人员应该具有一定的经验和学历，同时应该保证岗位分析人员进行活动的独立性。

（3）选择收集信息的方法。根据所分析企业的实际情况及各种分析方法的优劣性选择适合的分析方法。

3. 收集分析阶段

岗位信息的收集、分析、综合阶段是岗位分析的核心阶段，包括以下三个相关的活动。

（1）按选定的方法和程序收集信息。

（2）对各种工作信息进行分析。主要包括信息描述、信息分类和信息评价。

（3）综合活动。将所获得的分类信息进行解释、转换和组织，使之成为可供使用的数据。

4. 结果表达阶段

岗位分析结果的表达形式可以分为两类：一类是岗位说明书，它综合了岗位描述和任职者说明两部分内容；另一类是心理图示法，内容侧重于分析任职者的具体特性，这种方式适用范围窄，不经常使用，故不再赘述。

5. 运用阶段

本阶段的核心问题在于如何使用岗位分析的结果。运用阶段包括两方面的具体活动：一方面是制作各种应用文件，如岗位招聘的条件、工作手册、考核标准等；另一方面是培训岗位分析人员，增强管理活动的科学性和规范性。

6. 反馈调整阶段

本阶段贯穿于全部岗位分析的过程。组织的生产经营是不断变化的，这些变化会直接或间接地引起组织分工协作体制发生相应的调整。在调整过程中，一些原有的岗位会消失，一些新的岗位会产生，而且原有岗位的性质、内涵、外延也会发生变化。因此，及时对岗位分析文件进行调整和修订就成为必然。岗位分析文件的适用性只有通过反馈才能得到确认，并根据反馈来修改其中不适应的部分。

3.1.4 岗位设计的含义与内容

岗位设计又称工作设计，是指根据组织需要，并兼顾员工需要，规定每个岗位的任务、责任、权力，以及组织中与其他岗位关系的过程。它是把工作的内容、工作的资格条件和报酬结合起来，目的是满足组织需要和员工需要。岗位设计问题主要是组织向员工分配工作任务和职责的方式问题，岗位设计是否得当对于提高员工的积极性、增强员工的满意度，以及提高工作绩效都有重大影响。

岗位设计主要包括工作内容的设计、工作职责的设计和工作关系的设计三个方面。

1. 工作内容的设计

工作内容的设计是岗位设计的重点，一般包括工作的广度、工作的深度、工作的完整性、工作的自主性及工作的反馈性五个方面。

（1）工作的广度，即工作的多样性。工作设计过于单一，容易使员工感到枯燥和厌烦，因此设计工作时应尽量使工作多样化，这样员工在完成任务的过程中能进行不同的活动，保持对工作的兴趣。

（2）工作的深度。工作设计应该具有从易到难的一定层次，对员工工作的技能提出不同程度的要求，从而增加工作的挑战性，激发员工的创造力和克服困难的能力。

（3）工作的完整性。保证工作的完整性能使员工有成就感，即使是流水作业中的一个简单程序，也要保证过程的完整，让员工见到自己的工作成果，感受到自己工作的意义。

（4）工作的自主性。适当的自主权力能增加员工的工作责任感，使员工感受到自己被信任和重视。认识到自己工作的重要，能够使员工工作的责任心增强，工作的热情提高。

（5）工作的反馈性。工作的反馈包括两方面的信息：一是同事及上级对自己工作意见的反馈，如对自己工作能力、工作态度的评价等；二是工作本身的反馈，如工作的质量、数量、效率等。工作反馈信息使员工对自己的工作效果有了全面的认识，能正确引导和激励员工，对工作精益求精。

2．工作职责的设计

工作职责的设计主要包括对工作责任、工作权力、工作方法，以及工作中的相互沟通和协作等方面的设计。

（1）工作责任。工作责任设计就是员工在工作中应该承担的职责及压力范围的界定，也就是工作负荷的设定。责任的界定要适度，工作负荷过低、无压力，会导致员工行为轻率和低效；工作负荷过高、压力过大又会影响员工的身心健康，导致员工的抱怨和抵触。

（2）工作权力。权力与责任是对应的，责任越大权力越大，如果二者脱节，就会影响员工的工作积极性。

（3）工作方法。工作方法设计包括领导对下级的工作方法设计，组织和个人的工作方法设计等。工作方法的设计具有灵活性和多样性，不同性质的工作根据其工作特点的不同采取的具体方法也不同，不能千篇一律。

（4）相互沟通。沟通是一个进行信息交流的过程，是整个工作流程顺利进行的信息基础，包括垂直沟通、平行沟通、斜向沟通等形式。

（5）协作。整个组织是有机联系的整体，是由若干个相互联系、相互制约的环节构成的，每个环节的变化都会影响其他环节和整个组织的运行，因此各环节之间必须相互合作、相互制约。

3．工作关系的设计

组织中的工作关系表现为协作关系、监督关系等各个方面。

以上三个方面的岗位设计，为组织的人力资源管理提供了依据，保证事（岗位）得其人、人尽其才、人事相宜；优化了人力资源配置，为员工提供能够发挥自身能力、提高工作效率、进行有效管理的环境保障。

3.1.5 岗位设计流程

岗位设计是在岗位分析的基础上，研究和分析工作如何做才能促进组织目标的实现，以及如何使员工在工作中感到满意从而调动员工的工作积极性的一个过程。为了提高岗位设计的效果，在进行岗位设计时应该按以下几个步骤来进行。

1. 需求分析

岗位设计的第一步就是对原有工作状况进行调查诊断，以决定是否应该进行岗位设计、应该着重在哪些方面进行改进。一般来说，员工工作满意度下降、积极性降低、工作情绪消沉，都是需要进行岗位设计前的现象。

2. 可行性分析

在确认岗位设计之后，还应该进行可行性分析。首先，应该考虑该项工作是否能够通过岗位设计改善工作特征，从经济效益、社会效益上看，是否值得投资；其次，应该考虑员工是否具备从事新工作的心理与技能准备，如有必要，可先让员工进行相应的培训学习。

3. 评估工作特征

在可行性分析的基础上，正式成立岗位设计小组负责岗位设计。岗位设计小组成员应该包括岗位设计专家、管理人员和一线员工。岗位设计小组负责调查、诊断和评估原有工作的基本特征，通过分析比较，提出需要改进的方面。

4. 制订岗位设计方案

根据工作调查和评估的结果，由岗位设计小组提出可供选择的岗位设计方案。岗位设计方案中包括工作特征的改进对策，以及新工作体系的工作职责、工作流程与工作方式等方面的内容。在方案确定后，可选择相应部门与人员进行试点，检验效果。

5. 评价与推广

根据试点情况及进行研究岗位设计的效果进行评价。评价主要集中于三个方面：员工的态度和反应、员工的工作绩效、企业的投资成本和效益。如果岗位设计效果良好，应该及时在同类型工作中进行推广应用，在更大范围内进行岗位设计。

> **相关链接**
>
> 岗位设计的方法有很多种，其中心思想是工作丰富化，而工作丰富化的核心是激励的工作特征模型。①工作轮换。工作轮换是岗位设计的内容之一，是指在组织的不同部门或在某一部门内部调动员工的工作。目的在于让员工积累更多的工作经验。②工作扩大化。工作扩大化的做法是扩展一项工作包括的任务和职责，但是这些工作与员工之前的工作内容非常相似，只是一种工作内容在水平方向上的扩展，不需要员工具备新的技能，所以并没有改变员工工作的枯燥和单调。③工作丰富化。所谓的工作

> 丰富化是指在工作中赋予员工更多的责任、自主权和控制权。工作丰富化与工作轮换、工作扩大化都不同，它不是水平地增加员工的工作内容，而是垂直地增加员工的工作内容。这样员工会承担更重的任务、更大的责任，员工有更大的自主权和更高程度的自我管理，还有对工作绩效的反馈。

3.2 组织结构及岗位分析与设计操作工具

组织结构及岗位分析与设计是合理配置生产力、顺利进行生产经营活动的必要手段，是维护和发展生产关系的必要工具，是实现企业使命和目标、提高企业经济效益的重要保证。只有组织结构合理，企业的员工才能得到有效的评估和激励，企业内不同部门间的分工与协作才能保持企业活动的高频率的运转，企业经营过程中不同层次间的信息交换才能够顺利进行。组织结构及岗位分析与设计是当前人力资源从业者最基础也是最重要的工作，做好这些工作的关键还是对组织结构及岗位分析与设计的操作工具能够正确运用。

3.2.1 组织机构职权范本

组织机构是指组织发展、完善到一定程度，在其内部形成的结构严密、相对独立，并彼此传递或转换能量、物质和信息的系统。根据不同的组织与部门，组织机构职权也呈现出不同的特征。具体职权范本如表3-1～表3-18所示。

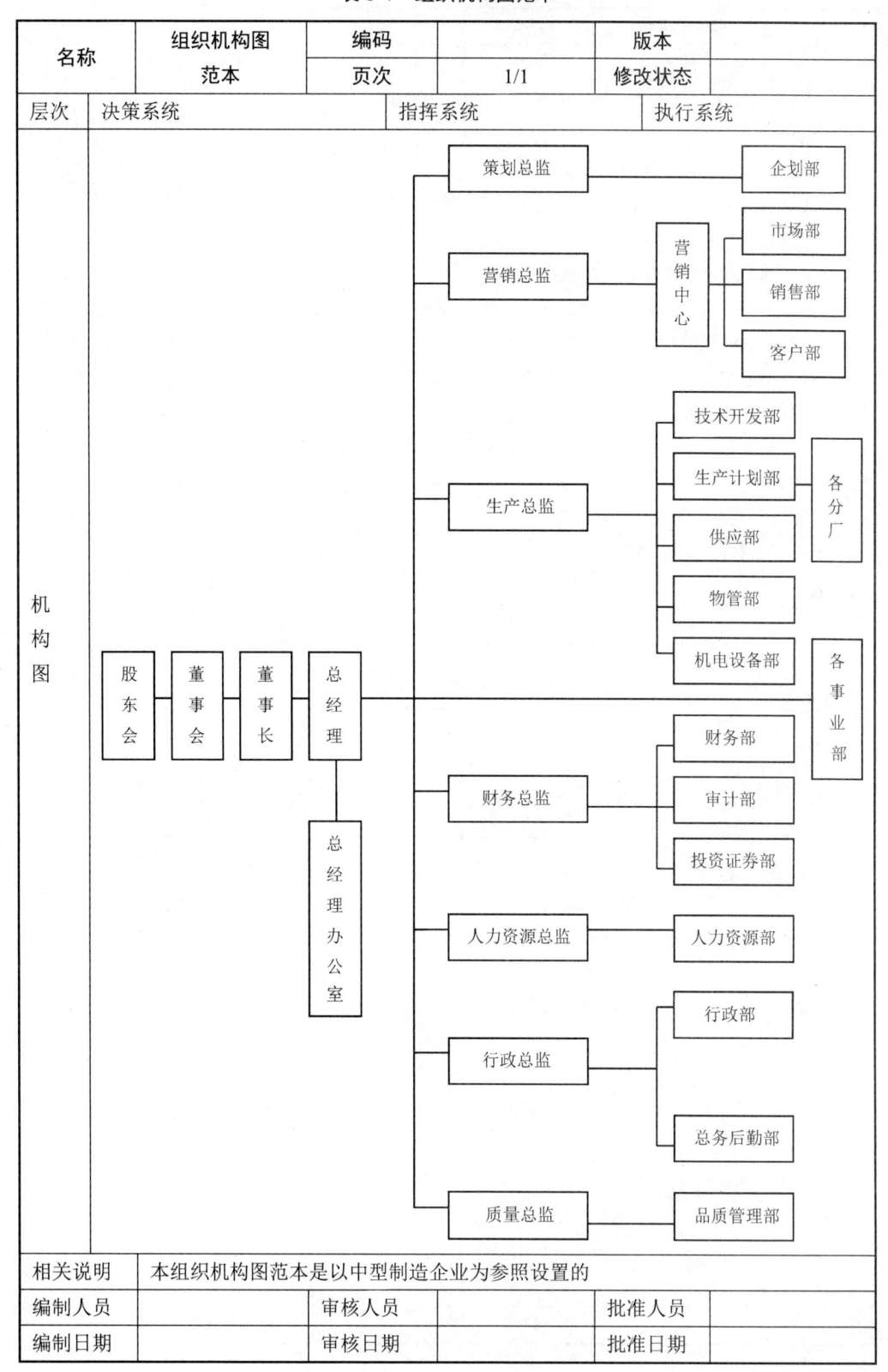

表 3-1　组织机构图范本

名称	组织机构图范本	编码		版本	
		页次	1/1	修改状态	
层次	决策系统		指挥系统		执行系统
机构图	股东会 — 董事会 — 董事长 — 总经理 — 总经理办公室		策划总监 — 企划部 营销总监 — 营销中心（市场部、销售部、客户部） 生产总监 — 技术开发部、生产计划部（各分厂）、供应部、物管部、机电设备部（各事业部） 财务总监 — 财务部、审计部、投资证券部 人力资源总监 — 人力资源部 行政总监 — 行政部、总务后勤部 质量总监 — 品质管理部		
相关说明	本组织机构图范本是以中型制造企业为参照设置的				
编制人员		审核人员		批准人员	
编制日期		审核日期		批准日期	

表 3-2 股东会职权范本

名称	股东会职权范本	编码		版本	
		页次	1/1	修改状态	
\multicolumn{6}{l}{股东会是由公司全体股东组成的有限责任公司的权力机构，依照《中华人民共和国公司法》行使以下职权}
\multicolumn{6}{l}{（1）决定公司的经营方针和投资计划}
\multicolumn{6}{l}{（2）选举和更换非由职工代表担任的董事、监事，决定有关董事、监事的报酬事项}
\multicolumn{6}{l}{（3）审议批准董事会的报告}
\multicolumn{6}{l}{（4）审议批准监事会或者监事的报告}
\multicolumn{6}{l}{（5）审议批准公司的年度财务预算方案、决算方案}
\multicolumn{6}{l}{（6）审议批准公司的利润分配方案和弥补亏损方案}
\multicolumn{6}{l}{（7）对公司增加或者减少注册资本做出决议}
\multicolumn{6}{l}{（8）对发行公司债券做出决议}
\multicolumn{6}{l}{（9）对公司合并、分立、解散、清算或者变更公司形式做出决议}
\multicolumn{6}{l}{（10）修改公司章程}
\multicolumn{6}{l}{（11）公司章程规定的其他职权}
相关说明	\multicolumn{5}{l}{本职权源自《中华人民共和国公司法》，以有限责任公司为例}
编制人员		审核人员		批准人员	
编制日期		审核日期		批准日期	

表 3-3 董事会职权范本

名称	董事会职权范本	编码		版本	
		页次	1/1	修改状态	
\multicolumn{6}{l}{董事会对股东会负责，行使以下职权}
\multicolumn{6}{l}{（1）召集股东会会议，并向股东会报告工作}
\multicolumn{6}{l}{（2）执行股东会的决议}
\multicolumn{6}{l}{（3）决定公司的经营计划和投资方案}
\multicolumn{6}{l}{（4）制订公司的年度财务预算方案、决算方案}
\multicolumn{6}{l}{（5）制订公司的利润分配方案和弥补亏损方案}
\multicolumn{6}{l}{（6）制订公司增加或者减少注册资本以及发行公司债券的方案}
\multicolumn{6}{l}{（7）制订公司合并、分立、解散或者变更公司形式的方案}
\multicolumn{6}{l}{（8）决定公司内部管理机构的设置}
\multicolumn{6}{l}{（9）决定聘任或者解聘公司经理及其报酬事项，并根据经理的提名决定聘任或者解聘公司副经理、财务负责人及其报酬事项}
\multicolumn{6}{l}{（10）制定公司的基本管理制度}
\multicolumn{6}{l}{（11）公司章程规定的其他职权}
相关说明	\multicolumn{5}{l}{本职权源自《中华人民共和国公司法》，以有限责任公司为例}
编制人员		审核人员		批准人员	
编制日期		审核日期		批准日期	

表 3-4　监事会职权范本

名称	监事会职权范本	编码		版本	
		页次	1/1	修改状态	
监事会行使以下职权 （1）检查公司财务 （2）对董事、高级管理人员执行公司职务的行为进行监督，对违反法律、行政法规、公司章程或者股东会决议的董事、高级管理人员提出罢免的建议 （3）当董事、高级管理人员的行为损害公司的利益时，要求董事、高级管理人员予以纠正 （4）提议召开临时股东会会议，在董事会不履行本法规定的召集和主持股东会会议职责时召集和主持股东会会议 （5）向股东会会议提出提案 （6）依照本法第一百五十一条的规定，对董事、高级管理人员提起诉讼 （7）公司章程规定的其他职权					
相关说明	本职权源自《中华人民共和国公司法》，以有限责任公司为例				
编制人员		审核人员		批准人员	
编制日期		审核日期		批准日期	

表 3-5　总经理办公室职权范本

名称	总经理办公室职权范本	编码		版本	
		页次	1/1	修改状态	
总经理办公室主要是协助总经理及各位总监的工作 **1. 部门职责** （1）负责国家政策研究，并向总经理、总监提供研究信息 （2）负责总经理办公会的组织、会议记录、整理归档等工作 （3）参与草拟企划战略方案，经企划总监审核后交总经理办公会议审议 （4）负责经济发展趋势和行业发展趋势信息的收集、整理、研究，并将研究成果报告总经理及各位总监，供决策使用 （5）定期组织公司召开经济形势分析会和行业经济形势分析会 （6）协助总经理组织公司整体经济活动的运行，监督总经理办公会决议的执行 （7）协助总经理和各位总监草拟公司级规章制度 （8）协调总经理、各位总监之间的工作 （9）做好总经理办公室接待工作 （10）做好总经理及各位总监的后勤服务工作 （11）监督公司执行国家经济法规，规范公司经营活动 （12）做好总经理、总监交办的其他相关工作 **2. 部门权力** （1）有权参与公司重大生产、经营决策 （2）对不符合国家政策和法规的经营行为，有提出终止的权力 （3）有对部门内部员工考核的权力					

续表

(4) 有对部门内部员工聘任、解聘的建议权

(5) 有对部门内部工作开展的自主权

(6) 有要求相关部门配合相关工作的权力

(7) 其他相关权力

相关说明					
编制人员		审核人员		批准人员	
编制日期		审核日期		批准日期	

表 3-6　企划部职权范本

名称	企划部职权范本	编码		版本	
		页次	1/1	修改状态	

企划部受策划总监领导，直接向策划总监报告工作

1. 部门职责

(1) 参与公司发展规划工作，并对规划方案提出意见和建议

(2) 下达实施经审议批准的发展规划方案

(3) 制定公司经营战略，并报总经理办公会批准后实施

(4) 负责公司形象策划与实施

(5) 进行公司文化建设

(6) 配合营销中心实施营销企划、促销企划、广告企划、服务企划

(7) 配合技术开发部实施产品企划

(8) 负责 CI 策划、CI 手册制作和实施

(9) 其他相关职责

2. 部门权力

(1) 有权参与公司重大生产、经营决策

(2) 对不符合公司发展规划、战略策划的经营决策，有建议修订的权力

(3) 有对破坏公司形象的员工提请处罚的权力

(4) 有权要求修正不符合公司文化理念、形象设计的各种行为

(5) 有对部门内部员工考核的权力

(6) 有对部门内部员工聘任、解聘的建议权

(7) 有对部门内部工作开展的自主权

(8) 有要求相关部门配合相关工作的权力

(9) 其他相关权力

相关说明					
编制人员		审核人员		批准人员	
编制日期		审核日期		批准日期	

表 3-7　市场部职权范本

名称	市场部职权范本	编码		版本	
		页次	1/1	修改状态	

市场部受营销总监领导，直接向营销总监报告工作

1. 部门职责

全力做好市场开发与市场研究工作，为公司销售目标的实现提供帮助
（1）围绕公司销售目标拟订市场开发计划
（2）进行现有市场分析和未来市场预测
（3）进行营销信息库的建立和维护
（4）进行消费者心理和行为调查
（5）进行消费趋势预测
（6）进行品牌推广、消费引导
（7）进行竞争对手分析与监控
（8）进行通路调研
（9）会同企划部制订营销、产品、促销、形象等企划案，并与销售部、客户部共同实施
（10）进行现有产品研究和新产品市场预测
（11）为公司新产品开发提供市场资料
（12）其他相关职责

2. 部门权力

（1）有权参与公司营销政策的制定
（2）有权参与公司年度、季度、月度营销计划的制订，并提出意见和建议
（3）有对破坏公司形象的员工提请处罚的权力
（4）有对部门内部员工考核的权力
（5）有对各办事处销售经理、销售人员考核的参与权
（6）有对部门内部员工聘任、解聘的建议权
（7）有对部门内部工作开展的自主权
（8）有要求相关部门配合相关工作的权力
（9）其他相关权力

相关说明					
编制人员		审核人员		批准人员	
编制日期		审核日期		批准日期	

表 3-8　销售部职权范本

名称	销售部职权范本	编码		版本	
		页次	1/1	修改状态	

销售部受营销总监领导，直接向营销总监报告工作

1. 部门职责

全力负责公司销售工作，完成公司销售目标

续表

（1）围绕公司下达的销售目标拟写营销方针和策略计划 （2）组织货物发运 （3）组织货款催收 （4）受理退货 （5）指导和监督各驻外办事处的工作 （6）考核各驻外办事处的业绩 （7）负责产成品存量控制，提高存货周转率 （8）开展销售员营销技能培训 （9）配合市场部实施促销方案 （10）收集销售信息并反馈给市场部 （11）其他相关职责 　**2．部门权力** （1）有权参与公司营销政策的制定 （2）有权参与公司年度、季度、月度营销计划的制订，并提出意见和建议 （3）有对部门内部员工考核的权力 （4）有对各办事处销售经理、销售员考核的权力 （5）有对部门内部员工聘任、解聘的建议权 （6）有对部门内部工作开展的自主权 （7）有要求相关部门配合相关工作的权力 （8）其他相关权力	
相关说明	

编制人员		审核人员		批准人员	
编制日期		审核日期		批准日期	

表 3-9　客户部职权范本

名称	客户部职权范本	编码		版本	
		页次	1/1	修改状态	

客户部受营销总监领导，直接向营销总监报告工作

1．部门职责

建立与客户良好的合作关系，为公司销售目标的实现提供帮助。

（1）围绕公司销售目标，拟写客户开发计划
（2）进行客户分析与行为调查
（3）负责客户资料库的建立与维护
（4）负责售后服务
（5）负责客户联谊与客户访问
（6）进行客户需求调查
（7）受理客户投诉
（8）进行代理商和经销商管理
（9）进行客户信用分析与调查

续表

（10）负责新客户开发
（11）收集客户信息并反馈给市场部
（12）其他相关职责

2．部门权力

（1）有权参与公司营销政策的制定
（2）有权参与公司年度、季度、月度营销计划的制订，并提出意见和建议
（3）有对破坏客户关系和有过失行为的员工提请处罚的权力
（4）有对部门内部员工考核的权力
（5）有对各办事处销售经理、销售员考核的参与权
（6）有对部门内部员工聘任、解聘的建议权
（7）有对部门内部工作开展的自主权
（8）有要求相关部门配合相关工作的权力
（9）其他相关权力

相关说明					
编制人员		审核人员		批准人员	
编制日期		审核日期		批准日期	

表 3-10　技术开发部职权范本

名称	技术开发部职权范本	编码		版本	
		页次	1/1	修改状态	

技术开发部受生产总监领导，直接向生产总监报告工作

1．部门职责

（1）参与新产品开发，负责产品工艺设计
（2）负责成本定额的制定和修订、标准工时的制定和修订、标准用料的制定和修订
（3）负责现有产品在设计上的研究与改良
（4）负责客户原样蓝图（定制或委托加工）的研究与保管
（5）负责工厂布置、生产线布置
（6）负责工艺流程设计与改善
（7）负责样品制造进度控制
（8）负责新产品使用说明与使用跟踪
（9）负责各项操作规范的制定与检查（含样品制造）
（10）负责一线工人作业方法的设计、改善、简化、策划与推行
（11）负责订单标准用量的制定和修订
（12）会同企划部做好产品企划
（13）参与产品推广方案的制订
（14）会同财务部实施定额考核
（15）其他相关职责

2．部门权力

（1）有权参与公司生产政策的制定

续表

(2) 有权参与公司产品开发战略的制定					
(3) 有权参与公司月度、季度、年度生产计划的制订，并提出意见和建议					
(4) 有对违反操作工艺和有过失行为的员工提请处罚的权力					
(5) 有对部门内部员工考核的权力					
(6) 有对各分厂厂长考核的参与权					
(7) 有对部门内部员工聘任、解聘的建议权					
(8) 有对部门内部工作开展的自主权					
(9) 有要求相关部门配合相关工作的权力					
(10) 其他相关权力					
相关说明					
编制人员		审核人员		批准人员	
编制日期		审核日期		批准日期	

表 3-11 生产计划部职权范本

名称	生产计划部职权范本	编码		版本	
^	^	页次	1/1	修改状态	

生产计划部受生产总监领导，直接向生产总监报告工作。生产计划部下属单位为各分厂

1. 部门职责

(1) 组织生产计划的制订，并经批准后实施

(2) 进行生产任务的调配，订单的审核、登记和分发

(3) 制订并实施生产日程计划

(4) 完成生产计划的检查和进度控制工作

(5) 受理、分析生产报表

(6) 进行生产预算的控制与管理

(7) 进行生产效率的管理与改善

(8) 进行制造方法的改善

(9) 实施标准生产作业方法

(10) 进行制造成本控制

(11) 负责生产现场管理

(12) 负责生产现场财产管理

(13) 进行生产负荷统计和产销平衡调度

(14) 负责用料管理与控制

(15) 进行产品质量控制、质量自检

(16) 负责各个分厂的协调工作

(17) 进行安全生产检查与处理

(18) 与营销各部门沟通、联系、协调

(19) 其他相关职责

2. 部门权力

(1) 有权参与公司生产政策的制定

续表

（2）有权参与公司产品开发战略的制定	
（3）有权参与公司月度、季度、年度生产计划的制订，并提出意见和建议	
（4）有对部门内部员工、分厂厂长、副厂长违规行为处罚的权力	
（5）有对部门内部员工考核的权力	
（6）有对分厂厂长、副厂长考核的权力	
（7）有对部门内部员工、分厂厂长、副厂长聘任、解聘的建议权	
（8）有对部门内部工作开展的自主权	
（9）有要求相关部门配合相关工作的权力	
（10）有对影响生产的其他部门人员提请处罚的权力	
（11）其他相关权力	

相关说明					
编制人员		审核人员		批准人员	
编制日期		审核日期		批准日期	

表3-12 供应部职权范本

名称	供应部职权范本	编码		版本	
		页次	1/1	修改状态	

供应部受生产总监领导，直接向生产总监报告工作

1. 部门职责

（1）根据市场与生产需求，负责制订采购计划，经批准后组织采购实施

（2）进行供应商的选择与考评

（3）负责采购合同的签订和实施

（4）负责采购预算的编制，经批准后实施

（5）负责采购成本控制

（6）受理各类购入申请

（7）认真做好市场供求信息调查，保质、优质采购，确保生产所需

（8）认真进行物料消耗分析，在保证生产的前提下降低资金占用，提高存货周转率

（9）负责物料的初加工工作

（10）参与公司生产计划的制订工作

（11）与物管部协调开展工作

（12）进行采购结算

（13）其他相关职责

2. 部门权力

（1）有权参与公司生产政策的制定

（2）有权参与公司产品开发战略的制定

（3）有权参与公司月度、季度、年度生产计划的制订，并提出意见和建议

（4）有对部门内部员工考核的权力

（5）有对部门内部员工聘任、解聘的建议权

（6）有对部门内部工作开展的自主权

续表

（7）有要求相关部门配合相关工作的权力					
（8）其他相关权力					
相关说明					
编制人员		审核人员		批准人员	
编制日期		审核日期		批准日期	

表 3-13　物管部职权范本

名称	物管部职权范本	编码		版本	
		页次	1/2	修改状态	

物管部受生产总监领导，直接向生产总监报告工作

1．部门职责

1）物料管理

（1）做好与技术开发部、生产计划部、供应部、机电设备部的协调工作，确保物料需求和消耗信息链畅通

（2）负责退货处理

（3）负责材料、辅料、部件、机械、工具等的库存调查

（4）负责现场物料消耗调查、研究、分析、报告

（5）制定并实施标准存量，实施存量控制

（6）进行呆料、滞料、废料的报表编制，并经批准后处理

（7）进行物料补充计划的编制，并传递给供应部

（8）进行物料入库办理、物料检查、入库记账核算

（9）进行物料入库日报、周报、月报、季报的编制

（10）进行物料出库办理、出库记账核算

（11）进行物料出库日报、周报、月报、季报的编制

（12）进行退货的记账核算

（13）进行物料盘存、盘存报表及核算

（14）其他相关职责

2）成品管理

（1）做好与生产计划部、营销各部门的协调工作，确保成品需求和销售信息链畅通

（2）负责成品退库处理

（3）进行成品、半成品库存调查

（4）实施成品、半成品存量控制

（5）进行滞销品、次品、废品报表的编制，并经批准后处理

（6）进行成品、半成品存量表的编制，并传递给生产计划部和营销各部门

（7）进行成品、半成品入库办理、检查和记账核算

（8）进行成品、半成品入库日报、周报、月报、季报的编制

（9）进行成品、半成品出库办理和出库记账核算

（10）进行成品、半成品出库日报、周报、月报、季报的编制

（11）进行退库成品的记账核算

续表

（12）进行成品、半成品盘存、盘存报表及核算
（13）其他相关职责

相关说明					
编制人员		审核人员		批准人员	
编制日期		审核日期		批准日期	
名称	物管部职权范本	编码		版本	
		页次	2/2	修改状态	

3）运输管理

（1）负责运输计划的编制与实施

（2）负责运输作业与运送管理

（3）负责包装作业与包装物料管理

（4）负责外运机构的联系及合同洽谈、签订和费用结算

（5）负责运输车辆管理

（6）负责车辆油耗管理

（7）负责运输保险与运输事故处理

（8）负责作业报表的编制与报送

（9）与营销各部门、各办事处沟通协调，确保货品安全、完整

（10）其他相关职责

4）异地成品库存管理

（1）做好与生产计划部、营销各部门的协调工作，确保成品需求和销售信息链畅通

（2）负责成品退库处理

（3）进行成品库存调查

（4）实施成品存量控制

（5）进行滞销品、次品、废品报表的编制，并经批准后处理

（6）进行成品存量表的编制，并传递给物管部，由物管部处理

（7）进行成品入库办理、检查、记账核算，成品入库日报、周报、月报、季报的编制

（8）进行成品出库办理，出库记账核算，成品、半成品出库日报、周报、月报、季报的编制

（9）进行退库成品的记账核算

（10）进行成品盘存、盘存报表及核算

（11）其他相关职责

2．部门权力

（1）有权参与公司生产政策的制定

（2）有权参与公司产品开发战略的制定

（3）有权参与公司月度、季度、年度生产计划的制订，并提出意见和建议

（4）有对部门内员工考核的权力

（5）有对部门内部员工聘任、解聘的建议权

（6）有对部门内部工作开展的自主权

续表

(7) 有要求相关部门配合相关工作的权力				
(8) 其他相关权力				
相关说明				
编制人员		审核人员		批准人员
编制日期		审核日期		批准日期

表3-14 财务部职权范本

名称	财务部职权范本	编码		版本	
		页次	1/2	修改状态	

财务部受财务总监领导，直接向财务总监报告工作，下属部门为各分厂、各办事处、各事业部财务科

1. 部门职责

财务部具有财务管理、会计核算、计划统计管理等职能

1) 财务管理

(1) 拟定并执行公司各项财务管理制度

(2) 进行财务预算和各项财务计划的制订、分解、落实

(3) 进行财务定额、费用开支标准的制定与调整修订

(4) 负责内部控制制度的制定与实施

(5) 参与内部价格的制定

(6) 负责融资

(7) 负责资金配置与调度

(8) 负责税收筹划

(9) 负责成本控制与管理

(10) 负责财务活动控制，保障财务计划的执行和完成

(11) 负责财务考核与奖惩

(12) 其他相关职责

2) 会计核算

(1) 负责会计核算制度的拟定和执行

(2) 进行会计核算、报表编制和报表分析

(3) 负责现金的存、取、转、结等日常管理

(4) 负责公司一级核算单位（总部）会计核算凭证填制、审核、日常账务处理的报表编制，以及公司内部的业务结算

(5) 负责公司二级核算单位（各分厂、各办事处）会计核算业务的指导和监督

(6) 负责对部门报表进行审核，公司汇总报表的编制与报送

(7) 进行定期财务报表的分析

(8) 其他相关职责

3) 计划统计管理

(1) 负责公司计划统计制度的拟定和执行

续表

相关说明					
编制人员		审核人员		批准人员	
编制日期		审核日期		批准日期	
名称	财务部职权范本	编码		版本	
		页次	2/2	修改状态	

(2) 负责日常统计、统计分析与统计预测，提供统计报表、统计分析报告和统计预测报告

(3) 负责对外统计报表的编报工作

(4) 负责定额的制定和调整

(5) 负责公司生产经营状况预测

(6) 负责公司经营目标的提出、修改和制定

(7) 负责公司经营预算的编制

(8) 负责公司生产经营计划的制定、分解和执行监督

2．部门权力

(1) 有权参与公司重大经营决策，为决策提供财务数据和信息

(2) 有权参与公司月度、季度、年度生产计划的制订，并提出意见和建议

(3) 有权参与公司月度、季度、年度销售计划的制订，并提出意见和建议

(4) 有权参与公司月度、季度、年度采购计划的制订，并提出意见和建议

(5) 有对公司预算汇总平衡的权力

(6) 有对违反财务制度的单位和个人给予处罚的权力

(7) 有对其他部门实施财务考核的权力

(8) 有对部门内部员工考核的权力

(9) 有对部门内部员工聘任、解聘的建议权

(10) 有对部门内部工作开展的自主权

(11) 有要求相关部门配合相关工作的权力

(12) 其他相关权力

相关说明					
编制人员		审核人员		批准人员	
编制日期		审核日期		批准日期	

表3-15 人力资源部职权范本

名称	人力资源部职权范本	编码		版本	
		页次	1/3	修改状态	

人力资源部受人力资源总监领导，直接向人力资源总监报告工作

1．部门职责

1）人力资源规划管理

(1) 制订人力资源规划，并经批准后实施

(2) 组织拟定公司机构人员编制，并经批准后实施

续表

（3）负责增编、缩编等申请的受理、调查、执行 （4）负责人力资源支出预算编制，成本控制 （5）其他相关职责 　2）人力资源规章制度管理 （1）负责人力资源管理制度的制定、修订、更正和废止 （2）执行经批准的人力资源管理制度 （3）负责人力资源管理制度的发放、管理 （4）负责人力资源管理制度的解释和运用 （5）负责各单位职责、权限划分原则和方法的拟定 （6）负责各单位职责、权限划分的草拟，并经批准后执行 （7）负责各单位职责、权限划分的更改和修正草案的拟定，并经批准后实施 （8）负责其他相关职责 　3）人事管理 （1）负责新进、在职、临时、兼职人员人事管理办法的拟定 （2）负责人事管理办法的分析研究 （3）负责人事管理办法的修正、实施、废止 （4）负责人事管理办法的解释 （5）负责人事问题的解决处理 （6）负责人事关系的协调 （7）其他相关职责 　4）人事档案管理 （1）负责人事档案的汇集、整理、存档 （2）负责人事档案的调查、分析、研究					
相关说明						
编制人员		审核人员		批准人员	
编制日期		审核日期		批准日期	
名称	人力资源部职权范本	编码		版本	
^	^	页次	2/3	修改状态	
（3）负责人事资料及报表的检查、督办 （4）负责人事报表的汇编、转呈和保管 （5）负责职务说明书的编写、报批、签办 （6）负责职务说明书的编号、核发、存档 （7）负责人事统计资料的汇编与管理 （8）负责人事异动的调查、分析、研究、记录 （9）负责劳动合同管理 （10）负责对外提供人事资料 （11）其他相关职责					

续表

5）任免迁调管理				
（1）负责新进人员的录用				
（2）负责新进人员聘用手续的办理和合同签订				
（3）负责在职人员迁调计划的编制，并经批准后实施				
（4）负责在职人员迁调的办理，迁调事项通知的下发、登记				
（5）负责迁调人员赴任工作情况的查核、跟踪				
（6）负责人员停职、复职及停薪留职的办理				
（7）负责人员解聘、解雇等事项的办理				
（8）其他相关职责				
6）薪酬管理				
（1）拟定薪酬制度，并经批准后执行				
（2）负责薪酬管理制度和方法的研究、改进				
（3）负责薪酬调整事项的办理				
（4）其他相关职责				
7）勤务管理				
（1）负责人员请假、勤务事件登记办理				
（2）负责人员请假、勤务资料汇编事项				
（3）负责员工动态管理				
（4）负责人员辞职手续的转办				
（5）负责各种例假、办公时间的通知、变更等事项办理				
（6）其他相关职责				
相关说明				
编制人员		审核人员		批准人员
编制日期		审核日期		批准日期
名称	人力资源部职权范本	编码		版本
^	^	页次	3/3	修改状态
8）劳务管理				
（1）负责劳动合同的签订				
（2）负责劳动公共关系的建立和维护				
（3）负责劳动安全方针、制度的拟定、修订、研究和改进				
（4）其他相关职责				
9）考评奖惩管理				
（1）负责考评制度的拟定，并经批准后实施				
（2）负责考评工作的开展				
（3）负责考评结果的审核、签办				
（4）负责奖惩制度的研究、修订、改进				
（5）负责奖惩分析、报告				
（6）其他相关工作				

续表

10）教育培训管理	
（1）负责培训制度的拟定，并经批准后实施	
（2）负责培训计划的编制与实施	
（3）负责职前培训、进修等	
（4）负责培训考试	
（5）进行培训效果评估	
（6）其他相关职责	
2．部门权力	
（1）有权参与公司人力资源战略规划	
（2）对违反人力资源管理制度的单位和个人，有提请处罚的权力	
（3）有对各单位员工工作绩效实施考核及奖惩的权力	
（4）有对各级管理人员任免的建议权	
（5）有对部门内部员工聘任、解聘的建议权	
（6）有对部门内部工作开展的自主权	
（7）有要求相关部门配合相关工作的权力	
（8）其他相关权力	

相关说明					
编制人员		审核人员		批准人员	
编制日期		审核日期		批准日期	

表 3-16　行政部职权范本

名称	行政部职权范本	编码		版本	
		页次	1/2	修改状态	

行政部受行政总监领导，直接向行政总监报告工作

1．部门职责

（1）负责各职能部门的关系协调

（2）建立各项规章制度并检查实施情况，促进各项工作规范化管理

（3）负责公司资料、信息等的管理，以及宣传报道工作，协助内外联系和上下联系

（4）负责公司会议组织、记录及记录归档工作

（5）负责公司印章管理

（6）负责公司证照管理

（7）负责员工入职、离职过程中与行政相关的手续办理

（8）负责公司各类档案的整理、归档、保管、借阅等

（9）负责员工考勤、出勤统计、报表分析等

（10）负责员工暂住证、就业证等事项的办理

（11）进行保健管理

①员工保健规章的制定

②定期保健体检的实施

③特约或定点医院的选择

续表

④特约或定点医院的联络
⑤办理工伤事故
（12）进行福利管理
①员工福利制度的制定，并经批准后实施
②福利制度的研究、修订、改进等事项
③福利事项的办理
④福利工作总结、分析和改进
⑤退休、抚恤制度的制定及办理
（13）进行文件控制
①发文制度及行文程序的拟定和实施
②公司文件发放
③文件与资料登记、编号、发行、保管、维护等
④过期文件的处理
⑤文件汇编
⑥文件与资料的有效性控制
（14）负责公司公共关系维护和改善工作
①内部公共关系的建立和维护
②外部公共关系的建立和维护，包括政府、同行、社区、新闻等公共关系

相关说明					
编制人员		审核人员		批准人员	
编制日期		审核日期		批准日期	
名称	行政部职权范本	编码		版本	
		页次	2/2	修改状态	

③行政稽查
④行政开支预算的编制
⑤行政开支成本控制
⑥其他相关职责

2. 部门权力

（1）依照制度，对稽查中发现的问题有实施处罚的权力
（2）依照制度，按规定程序，实施其他单位提请的处罚建议
（3）有对部门内部员工考核的权力
（4）有对部门内部员工聘任、解聘的建议权
（5）有对部门内部工作开展的自主权
（6）有要求相关部门配合相关工作的权力
（7）其他相关权力

相关说明					
编制人员		审核人员		批准人员	
编制日期		审核日期		批准日期	

表 3-17　总务后勤部职权范本

名称	总务后勤部职权范本	编码		版本	
		页次	1/1	修改状态	
总务后勤部受行政总监领导，直接向行政总监报告工作 **1. 部门职责** （1）进行基本建设管理 　①基本建设规划的拟定，并经批准后实施 　②基本建设预算编制 　③基本建设招标、监理、进度控制、结算、造价审计等事项办理 　④基本建设支出控制 （2）负责房产、房屋管理，产权事项办理 （3）负责公司绿化与公司环境管理 （4）负责环境保护与职业健康安全体系运行和认证 （5）负责清洁用品、办公用品、电器配件等物资管理 （6）负责固定资产管理（机电设备部管理部分除外）与实物核算 （7）负责厂区、宿舍财产及员工安全的保障 （8）负责房屋、道路等的维修 （9）负责清洁卫生维护 （10）负责宿舍管理 （11）负责宿舍分配、水电管理等 （12）负责伙食供应及管理 （13）负责休闲、文化娱乐设施管理 （14）负责车辆、人员进出管理 （15）负责安全保卫管理、消防管理、安全检查 （16）负责公务车管理 （17）负责灾害及其他突发事件处理 （18）负责配电系统的建立、检查、维护等 （19）其他相关职责 **2. 部门权力** （1）有对安全事故责任单位和个人依据程序和制度实施处罚的权力 （2）有对环境破坏行为依程序和制度实施处罚的权力 （3）有对部门内部员工考核的权力 （4）有对部门内部员工聘任、解聘的建议权 （5）有对部门内部工作开展的自主权 （6）有要求相关部门配合相关工作的权力 （7）其他相关权力					
相关说明					
编制人员		审核人员		批准人员	
编制日期		审核日期		批准日期	

表 3-18　品质管理部职权范本

名称	品质管理部职权范本	编码		版本	
		页次	1/1	修改状态	
品质管理部受质量总监领导，直接向质量总监报告工作 **1．部门职责** （1）制定质量准则，经批准后实施 （2）负责原料入厂质量检验的执行及异常情况处理 （3）负责生产过程中质量的检查与记录 （4）负责成品检查与记录 （5）负责外协件质量检验 （6）负责成品各项功能测验 （7）负责检验器具的使用与保管 （8）负责质量异常处理与追踪 （9）协同处理质量投诉 （10）执行质量管理的各种活动 （11）进行质量问题分析、报告 （12）进行质量体系的推行 （13）进行质量体系的认证组织 （14）其他相关职责 **2．部门权力** （1）有对质量事故依据程序和制度提请处罚的权力 （2）有对部门内部员工考核的权力 （3）有对部门内部员工聘任、解聘的建议权 （4）有对部门内部工作开展的自主权 （5）有要求相关部门配合相关工作的权力 （6）有重大质量事故越级汇报的权力 （7）其他相关权力					
相关说明					
编制人员		审核人员		批准人员	
编制日期		审核日期		批准日期	

3.2.2　岗位分析调查表

岗位分析调查是以工作岗位为对象，采用科学的调查方法，收集各种与岗位有关的信息的过程。岗位分析调查必须采用科学的方法，确保材料的真实性、可靠性和完整性。岗位分析调查表主要包括被调查者的姓名、职务、所属部门、直接上司，以及常规性和临时性的工作等内容。岗位分析调查表范本如表 3-19 所示。

表 3-19　岗位分析调查表范本

名称	岗位分析调查表范本	编码		版本	
		页次	1/4	修改状态	

NO·1 说明

岗位分析是人力资源管理的基础工作之一，它的目的有两个：一个是明确公司每个职位的工作内容，另一个是明确每个职位对从事它的员工有什么要求。这项工作有时也被称为"职务分析"，它是编写"职务说明书"的前提工作之一。

岗位分析有观察法、调查法和面谈法等，其中较为简便、投入较少，并且非人力资源专家也可以采用的方法是调查法。在此，我们提供了一套适用于调查法的岗位分析调查表范本。

相关说明					
编制人员		审核人员		批准人员	
编制日期		审核日期		批准日期	

名称	岗位分析调查表范本	编码		版本	
		页次	2/4	修改状态	

NO·2 范本

岗位分析调查表

要求：请如实填写下表，不得有任何隐瞒。

姓　　名：　　　　　　　　　　　职　　务：

所属部门：　　　　　　　　　　　直接上司：

（1）请准确、简洁地列举你的常规性工作内容（超出 10 项可以另附纸填写，下同）：

①

②

③

（2）请准确、简洁地列举你的临时性工作内容：

①

②

③

（3）请列举你的经常性的决策项目：

①

②

③

（4）请列举你工作范围内涉及的，但你没有决策权的项目：

①

②

③

（5）请描述一下你的上司在工作中是如何对你实施监督的：

续表

（6）你的哪些工作是不被你的直接上司监督的：

（7）请叙述你在工作中因为何种原因接触到哪些职务的员工：

相关说明					
编制人员		审核人员		批准人员	
编制日期		审核日期		批准日期	
名称	岗位分析调查表范本	编码		版本	
		页次	3/4	修改状态	

（8）请列举需要作为公司档案留存的文件和资料中，有哪些出自你的手：

①

②

③

（9）完成你的工作，需要使用哪些办公设备和办公用品：

（10）你在人事方面具有哪些权限：

（11）你在财务方面具有哪些权限：

（12）你认为胜任你现在这项工作，需要什么文化程度：

（13）你认为胜任你现在这项工作，需要几年相关工作经验：

（14）你认为胜任你现在这项工作，需要接受哪些培训：

（15）你认为什么性格的人，适合胜任你现在这项工作：

（16）你认为胜任你现在这项工作的人，最重要的能力是哪些：

相关说明					
编制人员		审核人员		批准人员	
编制日期		审核日期		批准日期	

续表

名称	岗位分析调查表范本	编码		版本	
		页次	4/4	修改状态	

（17）你认为胜任你现在这项工作，最重要的知识是哪些：

（18）你认为胜任你现在这项工作的人，应该具备什么样的心理素质：

（19）请描述你现在的工作环境，并说出你现在这项工作应该具备什么样的工作环境：

（20）请描述你的工作关系（包括与上司、下属、平级合作者等）：

（21）你对现任职务的总体评价是什么：

（22）如果有其他需要说明的，请写在下面：

被调查者签名：
年　月　日

相关说明					
编制人员		审核人员		批准人员	
编制日期		审核日期		批准日期	

3.2.3　岗位体系设计范本

根据公司战略，为了经营目标能够顺利有效的实施，公司设置了相匹配的岗位。为了规范及统一管理公司各类岗位，形成了公司岗位体系，它把工作的内容、工作的资格条件和报酬结合起来，目的是满足员工和组织的需要。岗位体系设计根据职位及部门的不同分为高层管理岗位设计、营销系统岗位设计、财务系统岗位设计等，具体设计范本如表 3-20～表 3-27 所示。

表 3-20 高层管理岗位设计范本

名称	高层管理岗位设计范本	编码		版本	
		页次	1/1	修改状态	

金字塔图	人数
董事长	1 人
总经理 —— 总经理助理	2 人
总经办主任 / 策划总监 / 营销总监 / 生产总监 / 财务总监 / 人力资源总监 / 行政总监 / 质量总监	8 人（或视情况而定）

相关说明					
编制人员		审核人员		批准人员	
编制日期		审核日期		批准日期	

表 3-21 策划管理系统岗位设计范本

名称	策划管理系统岗位设计范本	编码		版本	
		页次	1/1	修改状态	

金字塔图	人数
策划总监	1人
企划部经理	1人
战略策划主管 / 形象策划主管 / 发展规划主管	3人
经济分析师、战略调研员 / 策划师、宣传干事、平面设计师 / 规划专家、区域事业发展专员	视情况而定

相关说明			
编制人员		审核人员	批准人员
编制日期		审核日期	批准日期

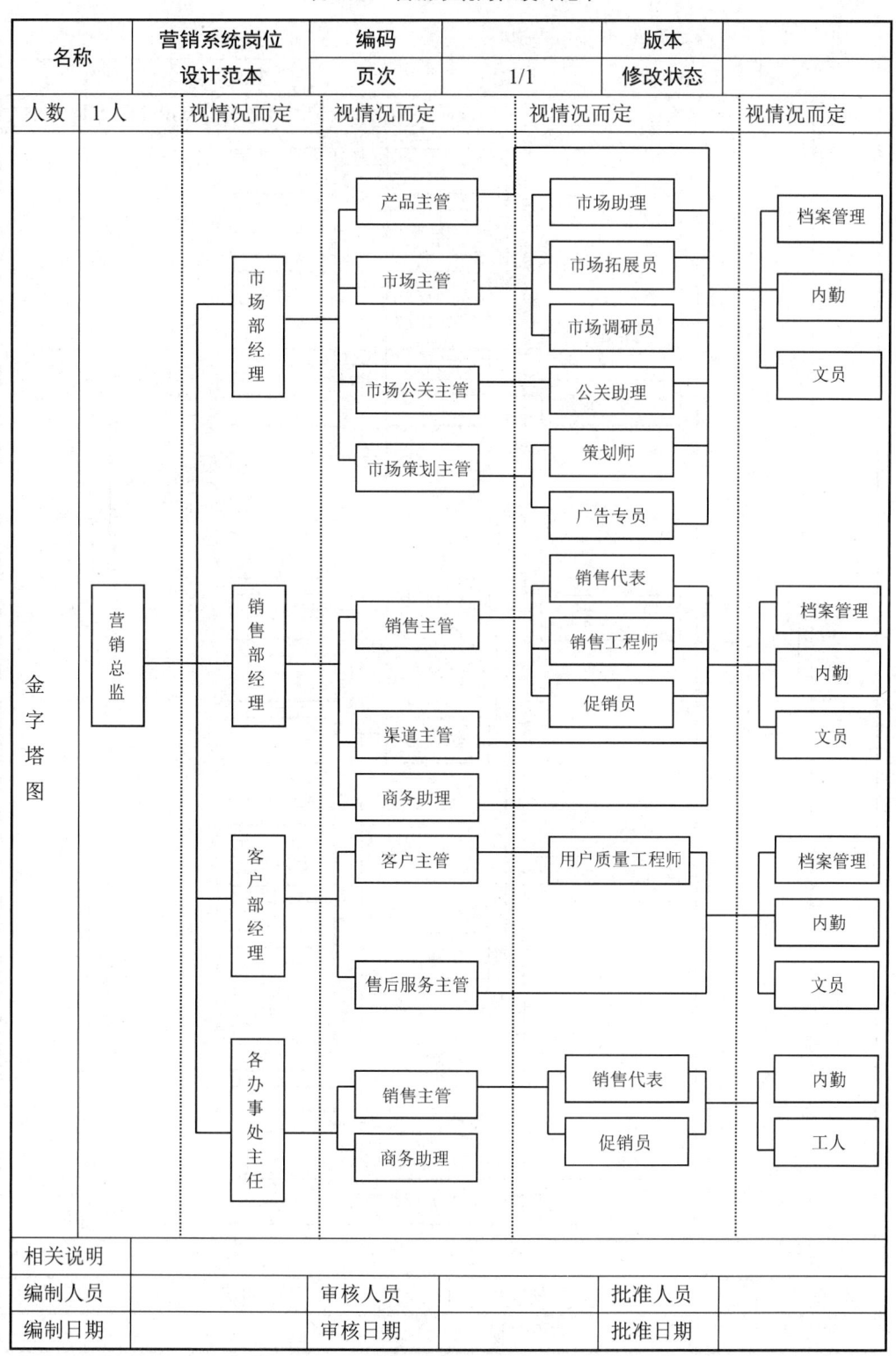

表 3-22 营销系统岗位设计范本

名称	营销系统岗位设计范本		编码		版本	
^	^	^	页次	1/1	修改状态	
人数	1人	视情况而定	视情况而定		视情况而定	视情况而定
金字塔图	营销总监	市场部经理	产品主管 市场主管 市场公关主管 市场策划主管	市场助理 市场拓展员 市场调研员 公关助理 策划师 广告专员	档案管理 内勤 文员	
^	^	销售部经理	销售主管 渠道主管 商务助理	销售代表 销售工程师 促销员	档案管理 内勤 文员	
^	^	客户部经理	客户主管 售后服务主管	用户质量工程师	档案管理 内勤 文员	
^	^	各办事处主任	销售主管 商务助理	销售代表 促销员	内勤 工人	
相关说明						
编制人员		审核人员		批准人员		
编制日期		审核日期		批准日期		

表 3-23 生产系统岗位设计范本

名称	生产系统岗位设计范本	编码		版本	
		页次	1/1	修改状态	
人数	1人	5人	视情况而定	视情况而定	视情况而定	视情况而定

金字塔图：

- 生产总监（1人）
  - 技术开发部经理
    - 开发主管 — 设计员
    - 工艺主管 — 工艺员
    - 定额主管 — 定额员
  - 生产计划部经理
    - 计划主管 — 生产调度
    - 生产主管 — 分厂厂长
    - 车间主管 — 生产工人 / 安全技工 / 叉车司机
  - 供应部经理
    - 采购主管 — 采购工程师 / 采购分析员 / 采购员
  - 物管部经理
    - 仓储主管 — 保管员
    - 物流主管 — 物品调度员 / 商品押运 / 储运员 / 理货员 / 物流分析师 / 报关员
  - 机电设备部经理
    - 机电设备主管 — 设备维护工程师

相关说明				
编制人员		审核人员		批准人员	
编制日期		审核日期		批准日期	

表 3-24 财务系统岗位设计范本

名称	财务系统岗位设计范本		编码		版本	
			页次	1/1	修改状态	
人数	1人	3人	视情况而定		视情况而定	
金字塔图	财务总监	财务部经理	财务助理		会计员	
			债权主管		统计员	
			预算主管		出纳	
			现金流量主管		簿记员	
			投标主管		预算员	
			成本控制主管			
			统计主管		预算分析师	
			财务分析主管		分支机构财务主管	
			税务主管		分支机构会计员	
			资本运作主管		分支机构出纳员	
					各事业部收银员	
		证券投资部经理	投资主管		投资分析师	
		审计部经理	审计主管		审计员	
相关说明						
编制人员			审核人员		批准人员	
编制日期			审核日期		批准日期	

表 3-25　人力资源系统岗位设计范本

名称	人力资源系统岗位设计范本	编码		版本	
		页次	1/1	修改状态	
人数	1人	1人	视情况而定		视情况而定
金字塔图	人力资源总监 — 人力资源部经理 — { 人力资源助理 —{员工动态记录员；招聘专员}；培训主管 — 培训专员；人力资源信息系统主管 — 人力资源信息系统分析师；绩效主管；员工关系主管；薪酬主管 —{薪酬专员；薪酬分析师} }					
相关说明					
编制人员		审核人员		批准人员	
编制日期		审核日期		批准日期	

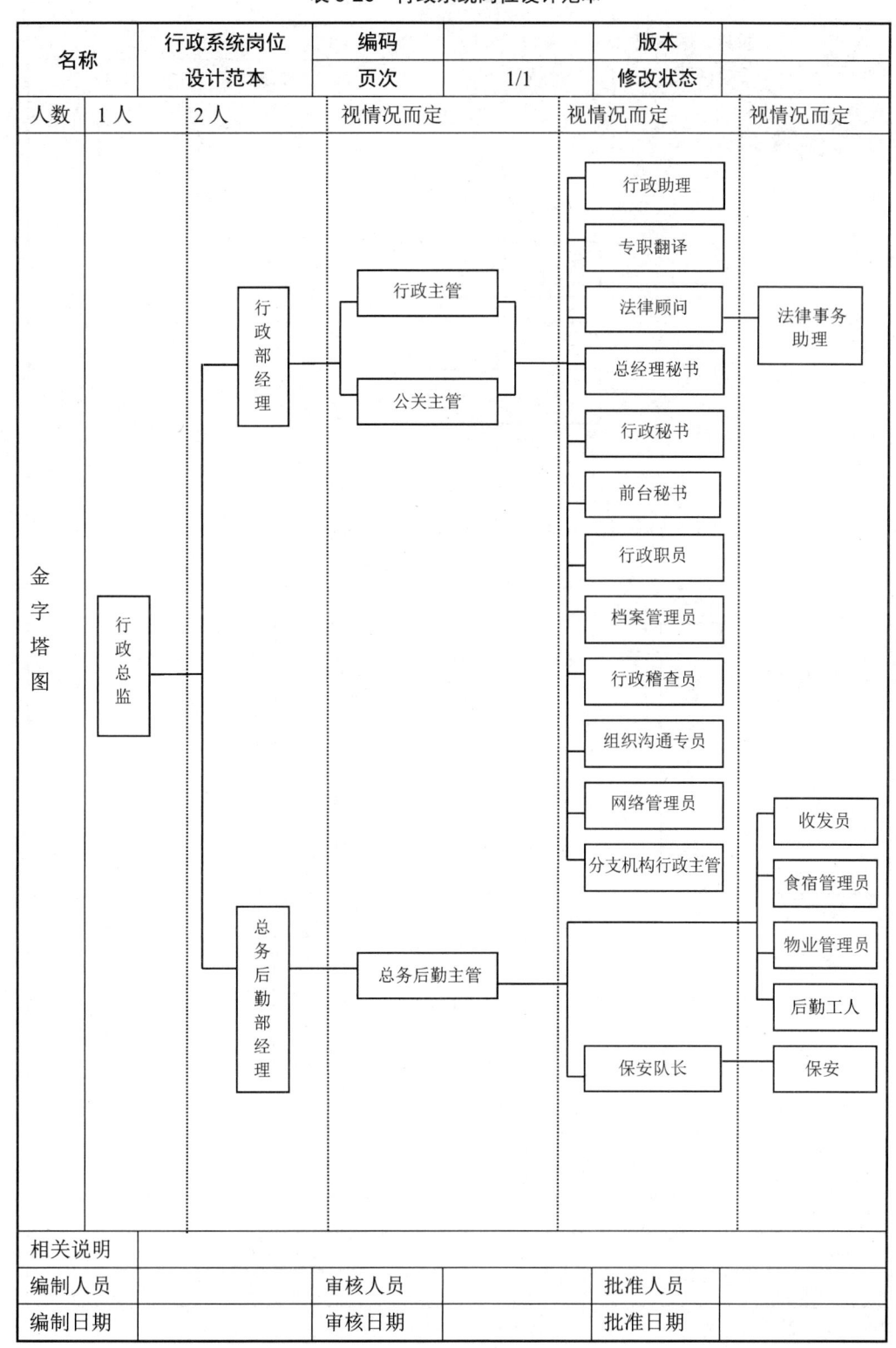

表3-26 行政系统岗位设计范本

名称	行政系统岗位设计范本	编码		版本		
		页次	1/1	修改状态		
人数	1人	2人	视情况而定	视情况而定	视情况而定	
金字塔图	行政总监	行政部经理	行政主管	行政助理		
				专职翻译		
				法律顾问	法律事务助理	
				总经理秘书		
			公关主管	行政秘书		
				前台秘书		
				行政职员		
				档案管理员		
				行政稽查员		
				组织沟通专员		
				网络管理员		
				分支机构行政主管		
		总务后勤部经理	总务后勤主管		收发员	
					食宿管理员	
					物业管理员	
					后勤工人	
				保安队长	保安	
相关说明						
编制人员		审核人员		批准人员		
编制日期		审核日期		批准日期		

表 3-27 质量管理系统岗位设计范本

名称	质量管理系统岗位设计范本	编码		版本	
		页次	1/1	修改状态	
金字塔图					人数
质量总监					1人
品质管理部经理					1人
来料检验主管　　制程检验主管　　成品检验主管					3人
质检员　　质检员　　质检员					视情况而定
相关说明					
编制人员		审核人员		批准人员	
编制日期		审核日期		批准日期	

3.3　岗位说明书编制规范说明

岗位说明书是对岗位名称、岗位上下级关系、岗位编制、岗位职责、岗位权限、工作协调关系、任职资格、岗位工作环境等的详细说明，是人力资源管理的基本文件之一。岗位说明书编制规范规定了公司范围内岗位说明书编制审批的管理规定，适用于公司部门人员的岗位变动，以及由此产生的对岗位说明书的编制与调整。

1．编制岗位说明书的一般原则

1）统一性
（1）统一模板：统一使用人力资源部下发的岗位说明书模板。
（2）统一页面：岗位说明书都是一页，不允许跨页的情况出现。（如果填写过程中出现跨页情况，应对表述过长的内容进行精简）
（3）统一字体、字号：所有需要填写的栏目均使用"宋体"字体，字号为"11"。
2）准确性
描述要准确，语言要精练，要一岗一书，不可以"千岗一面""一岗概全"。
3）实用性
任务明确好执行，责任明确好考核，权限明确好决策，资格明确好选人。
4）完整性
职责任务的完整对培养员工的成就感具有非常重要的意义。

2．编制内容说明

（1）岗位名称是指对应的岗位名称。
（2）所属部门是指本岗位属于哪个部门，具体到车间。
（3）直接上级是指本岗位的直接上级岗位名称。
（4）直接下级是指直接向本岗位报告工作完成情况的下级岗位名称。
（5）管辖人数是指同一部门内，直接和间接向本岗位报告工作完成情况的人数总和。
（6）岗位定员是指某一部门内该岗位的定编人数。
（7）晋升方向是指本岗位的直接上级岗位名称，与直接上级相同。
（8）岗位职责是指该岗位所担负的工作或责任，它是由一项或多项相互联系的任务组成的。对岗位职责的描述一般控制在 8 项以内，最多不超过 10 项，最少不少于 6 项。

在一个部门内，同类岗位只需要提交一份统一的岗位说明书。对于职责过多的情况，可以概括程度高一些，将类似的职责放在一条职责里表述，或者以"；"的形式在一条职责分开表述；对于职责偏少的情况，可以概括程度低一些，甚至将一个主要职责分成 2~3 条职责进行详细表述。

撰写岗位职责最重要的原则是简洁明了，最关键的是让每个人，即使是没见过这种工作的人，也可以看懂并知道做什么、如何做，以及这样做的原因。为了达到这一要求，岗位职责描述的方法有以下几个。

①用主动性的功能动词描述职责和任务。

在撰写岗位职责时,直接用功能性动词,尽量避免使用"负责""协助"等动词。决策层、管理层、专业执行层常用动词表如表 3-28 所示。

表 3-28 决策层、管理层、专业执行层常用动词表

层次功能		决策层	管理层	专业执行层
决策功能		决策 裁决		
管理功能	组织计划	主持 制订 筹划 预测	拟定 提交 制订 安排 主管	策划 设计 提出 协调 参与
	指挥控制	指挥 听取 提出 督导 协调 控制 掌握	听取 督促 控制 布置 协调 监督 提出	
	人事行政	授权 委派 处置 签发 检查 考核 交办 派遣	评估 发掘 宣布 分配 考核 调动	
业务功能		审核 审批 批准 签署 审阅	编制 开发 鉴定 考察 分析 综合 研究 处理 解决 推广	编制 依照 根据 提供 请示 收集 整理 调查 研制 统计 填报 履行 核对 办理 解答 维护 遵守 接受 维修 记录 发送 呈报 接待 保管 核算 汇总 安装 打印 校对 编写 调试 登记 记录 送达
执行功能		贯彻执行 完成	完成 执行 协助	

② 使用专业术语。

尽可能避免使用含义模糊的术语,用一些可以明确表达工作步骤的术语组成短语。措辞要求专业、准确,不能过于口语化。类似于遵守国家法律、劳动纪律等原则性、一般性要求,这是对一个合格公民或劳动者的基本要求,不能算作岗位职责;类似于安排卫生值日、积极参加文体活动等与工作关联程度不高的日常活动,也不能算作岗位职责。

③ 注意任务排序。

注意岗位职责的排序,其中最简单的方法是按时间顺序;或者按该岗位职责的重要性排序;或者按产品制作过程排序,以一种逻辑的、可以理解的方式描述该岗位的职责。

(9) 岗位考核是指在明确界定岗位职责的基础上,对如何衡量每项职责的完成情况做出的规定。例如考核生产产量。

(10) 岗位权限是指对相关工作的决策权、否决权、监督权、建议权等。例如,领导对员工的任免权、考核权、奖惩权;领导对一定限额内资金的处理权。

（11）岗位关系分为汇报关系和协作关系。汇报关系是纵向关系，是指在本部门内部上下级之间的工作关系；协作关系是横向关系，是指在业务上与本部门、其他部门，以及与外部政府、组织等之间的工作关系。

（12）岗位设备是指在该岗位的工作场所，如办公室、生产车间等，在具体的工作过程中使用的主要设备。

（13）任职资格是指胜任本岗位工作需要具备的基本条件，是对某一特定岗位来说的，不是针对目前在岗人员来说的，不能人为地提高条件，也不能故意降低要求。任职资格包括以下几方面。

①教育背景：任职者必须具备相应的专业及学历。例如对几个不同岗位的任职者的教育背景要求分别为机械制造专业，本科以上学历；会计专业，大专以上学历；本科以上学历，无专业要求。

②资格证书：任职者需要具备相应的专业技术职称、特种作业资格证书。

③年龄要求：根据各岗位的实际情况，确定年龄要求。

④工作经验：进入本岗位工作所要求具备的工作经验。工作经验一般分为三种情况，第一种是进入本岗位工作时需要具备其他岗位的工作经验；第二种是进入本岗位工作时应该具备本岗位低级的岗位工作经验；第三种是本岗位不需要具备工作经验，但需要经过上岗培训。

⑤技能要求：经过反复训练才能够掌握，并且可以用于完成岗位职责或者达成岗位目标的技巧和方法。例如计算能力、沟通能力、解决问题的能力、计算机操作能力、外语应用能力等。

（14）岗位危险因素主要包括以下方面。

①环境状况：是否接触有毒、有害物质，如氯化物、高温、辐射、磁场等。在办公室工作一般填写：不接触有毒、有害物质，具有较舒适的工作环境。

②危险性：指岗位具有多大的危险性，包括无害、较小危害、中等危害、严重危害四个等级，需要根据具体情况进行选择。

> **相关链接**
>
> 岗位危险因素对个人造成的危害有四个方面。①无危害。对个人健康不存在危害，无须特殊的防护。②较小危害。存在某些刺激物，是由该岗位的环境特性决定的固有危害，如高分贝噪音、照明不足、强光照射、工作环境污染等，受尘埃、烟雾等影响。③中等危害。包括高温、粉尘、磁场、有毒有害气体、高分贝噪音、高空作业等工作环境，需要特定防护，即穿戴防护服、安全眼镜、防坠落、电击等防护装置。④严重危害。频繁暴露于有害环境且会造成严重伤害，所受伤害需专业治疗或住院治疗，需要全天候做好防护措施，即佩戴面罩、安全眼镜等。

3．编制注意事项

（1）岗位名称应规范、易懂。

（2）需要制定或修改岗位说明书时，相关部门、人员需要按标准格式制定或修改岗位说明书，同时向行政人事部提交备案。

（3）行政人事部负责组织、指导相关部门编制部门岗位的岗位说明书。岗位说明书的编制对象为公司所有岗位。直接上级负责调查、编制下级的岗位说明书；间接上级负责审核；副总经理及以上级别的岗位说明书由行政人事部负责编制，并经过董事会审核通过。

（4）公司招聘、人才选拔等工作，必须以岗位说明书的相关要求为依据。

（5）员工上岗时，必须认真完成岗位说明书所要求的各项工作任务。

第 4 章
岗位评价与能力评估

引导案例

惠普的员工岗位考评制度

惠普是一家信息科技公司，由威廉·休利特、戴维·帕卡德于1939年在美国帕罗奥多联合创立。惠普旗下设有信息产品集团、打印及成像系统集团和企业计算机专业服务集团。在惠普，无论是老员工还是新招进来的员工，都会有一份非常清晰的岗位责任书。

岗位责任书是参照岗位描述制定的。在惠普，岗位描述是一份框架性文件，是针对某一类工作设计的，而岗位责任书的内容则要具体到特定的人和这个人下一年在特定部门要做的工作。比如，所有的市场工程师都有同样的岗位描述，但是具体到某一个工程师而言，他们的岗位责任就不同了，这要看他在哪个部门、从事什么具体的工作、部门经理希望他下一年重点做什么，这就是岗位责任书。总之，岗位描述是通用的，岗位责任书是专用的。

考评人的组成决定了员工对什么人负责，如果员工的考评人只有他的上级，那么他只要对上级负责就可以了。但在惠普不是这样，考评人是由上级、下级、同级的相关部门人员共同组成的。比如员工满意度的评分，就是由下级评估上级得出的。在员工满意度评估中，大约有十来条与上级领导有关的问题，如你的上级是否公平、公正地对待部下？你的上级是否与你保持良好的沟通？

有了这样一份岗位责任书，员工马上就明白了：我不仅要对上级负责，还要对很多人负责。在这样的制度约束下，每个人都会逐渐明白帮别人其实就是帮自己。这样一来，团队合作就成了员工自觉的行为，大家都会好好配合，把每件事情做好。惠普员工只有如此，才能得到别人的认同，在评估时得高分，也不会投机取巧了。

新进公司并转正的员工，其考评每6个月一次，公司会对照岗位责任书对其进行评估。一年之后会每年进行一次评估，具体的评估过程就是把员工的岗位责任书拿出来，由具体的考评人对照其中每条对员工的表现打分，分值最高5分，最低1分，最后得出一个总的加权平均分。如果员工总分为5分，那么他就是超群，得到这个分数的人在整个公司所占的比例不能超过5%。

一位在惠普工作差不多有15年的员工回忆，他一共只得到过两次5分，更多时候得到 4 分或 3 分，一旦晋升到新的级别，通常会得到 2 分或 3 分，因为各个级别的 5 分的标准是不同的，级别越高要求也越高。这种评分方法能起到不断鞭策优秀员工的作用。当一个员工晋升到一线经理，或者一线经理晋升到二线经理的时候，他在之后的两年内很难得到 5 分，得 4 分就不错了。如果一个员工表现出色，每两年晋升一级，那得到 5 分的机会就非常小，因为新的岗位有着新的、更高的要求。这是很正常的，公司支付的工资高了，员工也就必须表现出相应的水平来，如果做不到，分数就会下降。这样一来，员工必须不断地充实自己，提升各方面的能力，在新的岗位上发挥出水平；否则级别上去了，综合评估的分数下来了，工资未必能提高。

在惠普，让员工明白自己的岗位职责是管理者的首要工作，根据岗位责任书每年给员工进行业绩评估是管理者的天职。

员工综合业绩评估结束后，每个员工都会得到一份书面文件——业绩评估报告，它由员工的直接上级来写。公司允许每个管理者每年可以抽出一天来专门为一个下属写业绩评估报告。如果一位经理管着 10 个员工，那么他一年可以有 10 天的时间专门来写这 10 份报告，既可以在办公室写，也可以在家里写。这是惠普各级管理者非常重要的工作，需要拿出专门的时间去做。在惠普看来，如果管理者不认真写这个报告，员工就会有被忽视和被愚弄的感觉，就会认为上级是在应付公事。

管理者在给员工写考评时，不能用一些含糊的语言来表达，必须举出实际的例子来证明员工掌握了某种技能，表现出了怎样的态度和水平。例如某位员工某年某月某日做了什么事情，表现出了某种水平；或者某位员工某年某月某日做了什么事情，证明了他在某个方面还有欠缺。

如果上级对员工观察不够仔细，就很难在一天内写出这份业绩评估报告，即使写出来，员工可能也会觉得针对性不强——出色的地方上级没有写出来，薄弱的地方上级也没有写上去，没法心服口服。因此，对于员工的很多微小事情，管理者平常都要做到心中有数，如今天谁做了一件什么好事，今天谁犯了一个什么错误，在给员工明确指出来的同时还要记下来，作为将来评估该员工的素材。

（资料来源：本案例根据惠普的岗位考评资料整理而成）

思考

本案例引起了你怎样的思考？

学习目标

1. 了解岗位评价与能力评估概述，了解岗位评价方法；
2. 熟悉岗位评价与能力评估流程；
3. 熟练使用岗位评价与能力评估操作工具；
4. 掌握岗位评价与能力评估制度规范说明。

岗位评价是一种系统地测定每个岗位在单位内部工资结构中所占位置的技术，以岗位任务在整个工作中的相对重要程度的评估结果为标准，以具体岗位在正常情况下对工人的要求进行的系统分析和对照为依据，而不考虑个人的工作能力或在工作中的表现。能力评估可以预测一个人在一般的、常见的情境下和在一个持续的、特定的时期内的行为方式和思维方式，是以提高实际业绩为目标，以现实事件为问题原型，以行为分层模式为判断依据，通过测评个人的各项能力素质指标，进而预测个人绩效的方法。在一个企业里，人们常常需要确定一个职位的价值，比如想知道一名财务经理和一名销售经理相比，究竟谁对企业的价值更大，谁应该获得更好的报酬。那么，究竟如何确定某个职位在企业里的地位？对不同岗位之间的贡献价值又该如何进行衡量比较？这就需要进行岗位评价与能力评估。

4.1 岗位评价与能力评估工作流程

岗位评价与能力评估是人力资源管理的一项重要职能和手段，是一项系统工程，从整个评价系统来看，由评价指标、评价标准、评价技术方法和数据处理等若干个系统构成，是一个完整的工作体系。这些子系统相互联系、相互衔接、相互制约，从而构成具有特定功能的有机整体。岗位评价与能力评估是人力资源管理中操作难度比较大，同时又非常重要的一项基础工作。由于评估代表了一个企业对劳动价值的衡量标准，所以在实施时应非常慎重。

4.1.1 岗位评价概述

岗位评价也叫职务评价或工作评价，是在岗位分析的基础上，采用一定的岗位评价方法对企业所设岗位的难易程度、责任大小、工作强度、所需资格条件及岗位价值做出评定。岗位价值就是岗位的贡献度，即一个岗位对企业贡献的大小。不同的岗位对企业贡献的大小是不同的，有的贡献大，有的贡献小，通常我们根据岗位对企业贡献的大小来判定岗位价值的高低。岗位评价的过程，实际上就是通过对员工劳动状况的多种因素测定，将各种因素的作用和重要程度予以综合，得到体现不同岗位劳动量和价值量差别且具有可比性的评价数值的过程。岗位评价最主要的目的是为企业内部的薪酬公平提供依据。

1. 岗位评价的特点

1）岗位评价以企业内部任职者的岗位为评价对象

岗位评价的中心是客观存在的"事"，而不是现有的员工。以"人"为对象的评比、衡量、估价，属于人事考核或员工素质测评的范畴。岗位评价虽然也会涉及员工，但它是以岗位为对象的，即以岗位所担负的工作任务为对象所进行的客观评比和估价。岗位的"事"是客观存在的，是企业工作的一个组成部分。由于岗位的工作是由承担的，虽然岗位评价是以"事"为中心的，但它在研究中也离不开对员工的总体考察和分析。

2）岗位评价是对岗位价值进行衡量的过程

在岗位评价的过程中，根据事先规定的能够系统、全面反映岗位现象本质的岗位评价指标体系，对岗位的主要影响因素逐一进行评比、估价，由此得出各个岗位的量值。这样，各个岗位之间也就有了对比的基础，最后按评定结果对岗位划分出不同的等级。

3）岗位评价需要运用多种技术和方法

要准确评价出企业每个岗位的价值并不是一件容易的事情。岗位评价需要综合运用劳动组织、劳动心理、劳动卫生、环境监测、数理统计知识和计算机技术，选用科学的评价方法，对多个报酬要素进行准确的评定或测定，最终做出科学评价。

2. 岗位评价的原则

为了保证各项实施工作的顺利开展，提高岗位评价的科学性、合理性和可靠性，在组织实施中应该注意遵守以下原则。

1）系统原则

岗位评价系统是由相互作用、相互依赖，有区别又相互依存的若干要素构成的具有特定功能的有机整体。岗位评价系统中的各个要素也可以构成子系统，而子系统本身又从属于一个更大的系统。系统的基本特征包括整体性、目的性、相关性、环境适应性、开放性等。岗位评价并不是孤立进行的，从大系统来说，岗位评价是岗位分析与薪酬设计之间的桥梁；从小系统来说，岗位评价自成一个系统，评价的各个环节环环相扣，相辅相成。

2）实用性原则

岗位评价必须从目前企业生产和管理的实际出发，选择能促进企业生产和管理工作发展的评价因素。岗位评价要选择目前企业劳动管理基础工作需要的评价因素，使评价结果能直接应用于企业劳动管理实践中，特别是用在企业工资、福利、劳动保护等基础管理工作中。同时，要结合企业的实际情况，如企业的人员、资金、时间等实际承受能力，选择最实用有效的岗位评价技术和方法，以提高岗位评价的应用价值。

3）标准化原则

岗位评价的标准化就是衡量劳动者所耗费的劳动大小的依据，对岗位评价的技术方法和特定的程序或形式做出统一规定，在规定范围内，作为评价工作中共同遵守的准则和依据。岗位评价的标准化具体表现在评价指标的统一性，以及各评价指标的统计评价标准、评价技术方法的统一规定和数据处理的统一程序等方面。

4）能级对应原则

在管理系统中，各种管理功能是不相同的。根据管理的功能把管理系统划分级别，把相应的管理内容和管理者分配到相应的级别中去，各占其位，各显其能，这就是管理的能级对应原则。一个岗位能级的大小，是由它在企业中的工作性质、难易程度、责任大小、任务轻重等因素所决定的。功能大的岗位能级就高，反之越低。各种岗位有不同的能级，人也有各种不同的才能。现代科学化管理必须使具有相应才能的人处于相应的能级岗位，这就叫作人尽其才、才尽其用。

5）优化原则

优化原则是指按照规定，在一定的约束条件下寻求最佳方案。上至国家、民族，下至企业、个人都要讲究最优化发展。任何企业在现有的社会环境中生存，都会有自己的发展条件，只要充分利用各自的发展条件，每个工作岗位、每个人都会得到最优化发展，整个企业也会得到最佳的发展。因此，优化原则不但要体现在岗位评价各项工作环节上，还要反映到岗位评价的具体方法和步骤上，甚至落实到每个人身上。

6）及时反馈原则

对各岗位评价的结果应及时反馈，让参与评价的人员及时了解该岗位评价的情况、产生偏差的原因及其他人的观点，并及时调整思路。

7）一致性原则

一般来说，在一个企业内部，所有岗位必须通过同一套评价体系进行评价，如果岗位特征差别不大，可以选择一种体系；如果岗位特征差别比较大，选择多种体系比选择一种体系更有说服力，也更加科学。岗位评价本身是一种相对价值的排序，不存在岗位决定价值量的问题，用同一种尺度对应所有岗位本身体现的就是一种公平，即使出现部分岗位价值被低估，那也是种折中；如果需要根本性地解决这一问题，可以考虑建立多种薪酬体系。例如，营销人员的薪酬不是根据岗位贡献计算的，研发人员也有自己独特的薪酬体系，这样就不存在岗位差别的问题。

如果选择了多种体系，那么如何保证多种体系之间的一致性和公平性还有待研究。企业内部价值排序如果存在多种尺度，那么可能出现尺度标准不一致的问题，如何平衡企业也需要思考。企业内部不同类别职位的价值比较问题通常会采用外部市场来处理，如外部市场认定人力资源类别比事务类别的人员价值高，那么在企业内部要遵守这一原则；但是在我国缺乏有效的外部市场机制，而且企业与外部市场之间的沟通渠道也不是很畅通，所以常常用内部逻辑来处理。目前可以采用的处理办法是在对岗位进行评价之前，先根据企业战略和发展对岗位类别进行评价，再对岗位类别内部进行评价，分两次评价以保证公平性。在做基本薪酬的岗位评价时，建议选择一种体系。

3. 岗位评价的作用

1）确定岗位等级的手段

岗位等级常常被企业作为划分工资级别、福利标准、出差待遇、行政权限等的依据，甚至被作为内部股权分配的依据，而岗位评价则是确定岗位等级的最佳手段。

2）薪酬分配的基础

在工资结构中，很多企业都有岗位工资这个项目。在通过岗位评价得出岗位等级之后，就便于确定岗位工资的差异了。当然，这个过程还需要薪酬调查数据做参考。国际化的岗位评价体系由于采用的是统一的岗位评价标准，因此不同企业之间、不同岗位之间在岗位等级确定方面具有可比性。在薪酬调查时使用统一标准的岗位等级，为薪酬数据的分析比较提供了方便。

3）员工确定职业发展和晋升路径的参照系

员工在企业内部跨部门流动或晋升时，也需要参考各岗位等级。透明化的岗位评价标准，便于员工理解企业的价值标准，知道该怎样努力才能获得更高的岗位。

4.1.2 岗位评价方法

岗位评价是人力资源管理中操作难度较大且非常重要的一项基础工作。岗位评价方法发展至今已有上百种，常见的岗位评价方法有以下四种。这些方法的具体内容如表 4-1 所示。

表 4-1 岗位评价方法

方法	内容
岗位分类法	首先，决定企业岗位等级的数量（根据技巧、职能、责任、决策层次、知识、使用的装备、教育程度及必要的训练等因素来决定岗位等级）；然后，评价者再将各个岗位放置到合适的岗位等级中
排序法	比较对象是岗位整体，而不是对岗位的个别层面进行评估。首先，列出企业内的所有岗位；然后，按照类似高矮个站队排序的方式逐一比较两个岗位间的重要性，排列出各岗位的相对位置
评分法	首先，将岗位构成的因素及主要成分划分，对各个因素予以量化打分，确定每个岗位在每个因素项上的得分；然后，把各个因素的各项得分汇总，得出每个岗位的总分；最后，按照一定的归级标准得出每个岗位的具体等级。
要素比较法	先决定岗位比较因素（如技能、职责、工作条件等），在规划各个因素的等级时，将每个因素赋予金钱的价值，再将构成岗位价值的各个因素进行相互比较

相关链接

岗位分类法的优点有以下几点。①比较简单，所需经费、人员和时间相对较少。在工作内容不太复杂的部门，能在较短时间内得到满意的结果。②因岗位等级的制定遵循一定依据，其结果比排序法准确、客观。③出现新工作或工作变动时，根据岗位等级能迅速确定目前所在的等级。④应用灵活，适应性强，为劳资双方谈判及争端解决留有余地。

岗位分类法的缺点有以下几点。①岗位等级的划分和界定存在一定难度，带有一定主观性。②较粗糙，只能将岗位归级，但无法衡量岗位间价值的量化关系，难以直接运用到薪酬体系中。

岗位评价可以从两个维度进行划分，根据所使用的分析方法分为定性和定量两种。定性的方法主要针对工作间的比较，而不考虑具体的岗位特征，如职位分类法和排序法；定量的方法侧重于对岗位特征的分析，需要设计岗位评价要素及其分级定义，并进行详细说明，以此来对每个岗位进行评价，获得评价分值后再来进行比较，如评分法和要素比较法。根据岗位比较对象这一维度也可以将岗位评价方法分为两类。岗位分类法和评分法将岗位用某些尺度（如等级尺度和工资尺度）比较，从而形成岗位序列；排序法和要素比较法直接将岗位与岗位进行比较来确定岗位价值。岗位评价种类划分如图 4-1 所示。

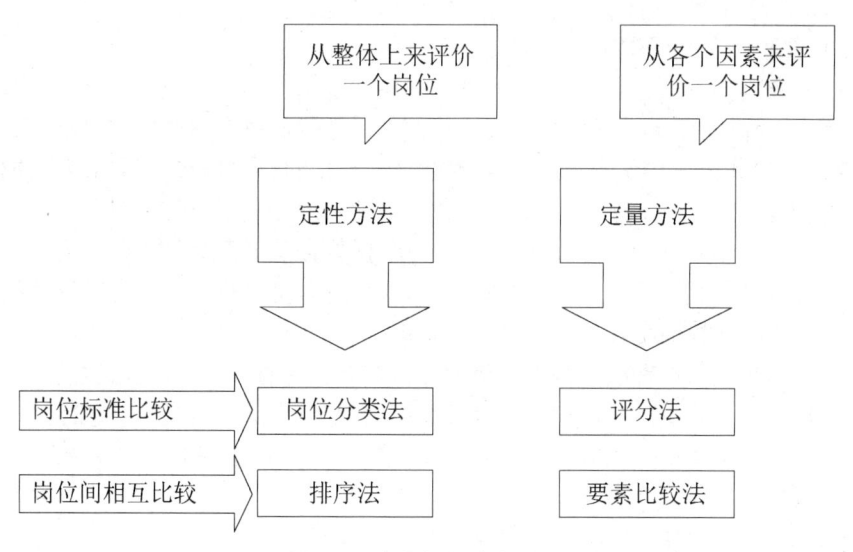

```
         ┌──────────────┐         ┌──────────────┐
         │ 从整体上来评价 │         │ 从各个因素来评 │
         │   一个岗位    │         │  价一个岗位   │
         └──────┬───────┘         └──────┬───────┘
                ↓                        ↓
         ┌──────────────┐         ┌──────────────┐
         │   定性方法    │         │   定量方法    │
         └──────┬───────┘         └──────┬───────┘
                ↓                        ↓
┌──────────┐  ┌──────────┐         ┌──────────┐
│岗位标准比较│→│ 岗位分类法 │         │   评分法  │
└──────────┘  └──────────┘         └──────────┘
┌──────────┐  ┌──────────┐         ┌──────────┐
│岗位间相互比较│→│  排序法  │         │ 要素比较法│
└──────────┘  └──────────┘         └──────────┘
```

图 4-1 岗位评价种类划分

4.1.3 岗位评价的流程和具体步骤

1．岗位评价的流程

（1）岗位分类。按照工作性质，将企业的全部岗位分为若干大类。

（2）收集并汇总有关岗位的信息和资料。在进行岗位评价之前，一定要通过岗位调查和岗位分析获取岗位评价的基础信息资料。这些资料包括岗位名称和编码，岗位所属单位、上级单位、下级单位，岗位上下级领导关系，岗位的内容、职责和权力，岗位任职条件，岗位劳动条件与环境，以及岗位对员工素质的综合要求。

（3）建立评价小组。建立专门的组织，配备专门的人员，系统掌握岗位评价的基本理论和实施办法。

（4）因素分析。在广泛收集资料的基础上，找出与岗位有直接联系的、密切相关的各种因素。

（5）规定统一的评价指标和衡量标准。不同的企业有不同的薪酬理念和实际情况，同一薪酬因素在不同企业的等级划分不同。评价小组只有在对薪酬因素及等级划分的理解充分一致的情况下进行岗位评价，评价工作才能保证其客观性。

（6）总结经验，及时调整。评价小组对评价标准的制定可能有差距，所以需要进行平衡。评价小组将掌握的相关信息移交给负责薪酬设计的部门，作为基础资料。

2．岗位评价的具体步骤

（1）建立岗位评价委员会。

（2）制定、讨论、通过岗位评价标准体系。

（3）制定岗位评价表。

（4）岗位评价委员会集体讨论岗位清单，并充分交流岗位信息。

（5）集体讨论：按照评价要素及其分级定义，逐一确定每个岗位的等级（要求每个要素讨论一轮）。

（6）进行代表性岗位试评，交流试评价信息。

（7）评价委员打点：每位评价委员根据岗位说明书和日常观察掌握的岗位信息，按照岗位评价标准体系，逐一对岗位进行评价，并得出每个岗位的评价总点数。

（8）制定岗位评价汇总表，汇总各个评价委员的评价结果，得出每个岗位的平均岗位点数。

（9）根据汇总计算出的平均岗位点数，将岗位按从低到高的顺序排列。

（10）根据点数情况，确定岗位等级数目，并制定岗位等级划分点数幅度表。

（11）根据点数幅度表，划岗归级，制定初评岗位等级序列表。

（12）将初评岗位等级序列表反馈给评价委员，对有争议的岗位进行复评。

（13）将复评结果汇总，形成岗位等级序列表，至此岗位评价委员会工作结束。

（14）将岗位等级序列表提交工资改革决策委员会讨论并通过，形成最终的岗位等级序列表。

4.1.4　能力评估概述

能力评估是目前国际前沿使用的人才选拔工具之一，目前被世界500强绝大部分的企业所应用。其核心不同于人们通常意义上理解的"性格测试"，而更聚焦于"能力表现"。

1．能力评估的作用

1）有效工具

通过对新员工的能力评估，了解其基本的工作能力，以安排最合适的岗位，达到人与岗的最佳配置，同时提高招聘效率。

2）自我了解

人才资源能力评估是通过一定的技术设计，使人对自己的能力有科学化和标准化的认识，通过创设一定的情境让一个人的潜能得到充分的开发，从而达到自我了解、自我设计、自我开发与成才的目的。

3）员工培训的依据

对员工进行能力评估，发现其欠缺的方面，进行有针对性的培训；发现其擅长的方面，给予肯定和晋升。

4）企业人才资源规划的依据

人才资源能力评估是企业人才资源规划的依据，传统的人力资源能力评估通过了解人的学历、工作经历来确定整体的人才资源状况，这在当今是远远不够的，还需要对人的潜能、未来发展方向进行详细了解才能制定出企业人才资源规划。

2．能力评估的原则

能力评估的原则主要有标准化原则、定性分析与定量分析相结合原则、全面客观公正原则、素质绩效结合原则，这些原则的具体内容如表4-2所示。

表 4-2 能力评估原则

原则	内容
标准化原则	标准化是人才资源能力评估的重要条件之一，它是指评估的一致性，在同一条件下能够对评估中无关因素加以控制，从而使误差减至最小。标准化的过程包括统一内容、统一条件、统一指导语、统一时限、统一评分标准、统一分数解释等
定性分析与定量分析相结合原则	定性分析是指依靠感觉、印象和经验，对评估对象各方面工作能力进行如"高或低""强或弱"的价值判断；定量分析则是指运用数学方法，对评估对象能力评估的数据进行计算与分析。只有把定性分析与定量分析相结合，才能提高评估结果的信度与效度
全面客观公正原则	全面、客观、公正是人才资源能力评估的伦理学原则，是对人才资源评估者的基本道德要求，是人才资源能力评估结果科学可靠的前提和保证
素质绩效结合原则	人才资源能力评估的目的是要了解被评估者的能力状况，但是单纯进行素质评估或者绩效评估都有片面性，因此人才资源能力评估既要看素质，又要看绩效

4.1.5 能力评估的流程

1. 确定评估要素

1）德能

德能包括五个方面的能力。①道德修养能力（或自我改造能力）；②道德实践能力（把自身修得的"道"付诸实际行为的能力）；③道德影响能力（自身道德品质对社会成员的感召、影响能力）；④道德选择能力（对道德规范及行为的识别、判断与选择能力）；⑤道德创造能力（对道德原则、行为规范的改造和创新能力）。

2）智能

智能包括观察力、记忆力、思维能力、想象力、创新能力等。

3）知识、技能

一般指基础知识和专业知识、工作经验及工作中所需要的专业技能和特殊技能。

4）逻辑思维能力

一般指对岗位工作内容的理解，对上级下达的指示的理解，分析、归纳和总结能力，洞察能力，以及判断事物的能力。

5）创新能力

一般指管理创新能力和技术创新能力，思想内容方面的创新体现在工作的过程中合理化建议被采纳的次数。

6）人际沟通能力

一般指与上下级、同事之间的沟通能力，以及部门与部门之间的沟通能力。

7）表达能力

一般指口头表达能力（包括即席发言、向领导汇报工作等，是一种直接的交际方式）和文字表达能力（包括书信、计划、通知、报告、总结等）两种。

2．选择适当的评估类型与评估方法

1）评估类型

在实施人才资源能力评估时，要根据人才选拔的目标和功能，选择相应的评估类型。按照评估目标、评估工具及评估结果是否经过标准化处理来划分，有标准化评估与非标准化评估两种类型。按照具体标准和反映分数的方法，又可将标准化评估划分为常模参照性评估与目标参照性评估。人员选拔录用多属于常模参照性评估，日常考核则属于目标参照性评估。按评估用途划分有选拔型评估、配置型评估和诊断型评估等。

2）评估方法

目前流行的评估方法包括素质图示法、问卷调查法、个案研究法、面谈法、经验总结法、多元分析法。通常采用的评估方法有笔试、面试和操作测试等，三者各有优势和不足。

3．组织命题

评估是一项十分复杂的社会实践活动。成功的评估不仅需要有周密的计划、科学的方法、精心的组织、严格的管理，还需要有融科学性与技术性为一体的组织命题。组织命题是评估过程的中心环节，是提高评估信度和效度的决定性因素。

4．将评估项目评分录入评估系统

根据各评估项目的占比，将评估项目评分录入系统。

5．对评估结果进行审核与公示

评估组长对评估结果进行审核，若无问题，将评估结果予以公示，公示期一般为7～14天。

6．复评

被评估人若对评估结果有异议，可在规定日期内要求进行复评。

4.2　岗位评价与能力评估操作工具

岗位评价从方案的设计、评价、加工整理到分析，是一个完整的工作体系，评价结果的分析研究工作是对整个评价工作的综合和分析，分析质量的好坏直接影响评价结果的合理运用。人才资源能力评估是一种特殊复杂的认知活动，其主体包括评估者和评估对象，都是现实生活中的人，这就决定了人才资源能力评估不同于其他方面的评估活动，岗位评价与能力评估操作工具具体如下。

4.2.1 岗位评定表

在人力资源管理发展的过程中，产生了很多岗位价值评估的方法。常用的方法有岗位分类法、岗位排序法（简单排序法、配对比较法、交替排序法）、岗位参照法、因素比较法、评分法。岗位分类法、岗位排序法、岗位参照法属于定性评价，而因素比较法、评分法、属于定量评价。具体评定内容如表 4-3～表 4-5 所示。

表 4-3 岗位评定表（岗位排序法）

岗位	A	B	C	D	E	F	G
甲评定结果	1	3	4	2	5	6	7
乙评定结果	2	1	4	3	—	5	—
丙评定结果	1	—	2	3	6	4	5
评定序数和（Σ）	4	4	10	8	11	15	12
参加评定人数	3	2	3	3	2	3	2
平均序数	1.3	2	3.3	2.7	5.5	5	6
岗位相对价值序数	1	2	4	3	6	5	7

表 4-4 岗位评定表（因素比较法）

工作种类	体力要求	智力要求	技能要求	责任	工作条件
焊工	4	1	1	1	2
起重工	1	3	3	4	4
冲床工	3	2	2	2	3
保卫人员	2	4	4	3	1

表 4-5 岗位评定表（评分法）

评价因素		程度划分	最高分数/分	合计/分	百分比
责任	1. 风险控制	5	80	400	40%
	2. 成本控制	6	40		
	3. 指导监督	6	40		
	4. 内部协调	5	30		
	5. 外部协调	4	30		
	6. 工作结果	6	40		
	7. 组织人事	5	40		
	8. 法律责任	5	70		
	9. 决策的层次	5	30		

续表

评价因素		程度划分	最高分数/分	合计/分	百分比
个人条件	1. 最低学历	6	30	300	30%
	2. 知识多样性	4	30		
	3. 熟练期	5	20		
	4. 工作复杂性	5	40		
	5. 工作灵活性	5	40		
	6. 工作经验	7	40		
	7. 语文知识	4	25		
	8. 数学知识	5	25		
	9. 综合能力	4	50		
劳动强度	1. 工作压力	4	40	200	20%
	2. 精力集中度	5	40		
	3. 体力要求	4	10		
	4. 创新与开拓	4	40		
	5. 工作紧张度	4	40		
	6. 工作均衡性	4	30		
工作环境	1. 工作时间性	4	30	100	10%
	2. 工作危险性	4	30		
	3. 职业病	4	15		
	4. 环境舒适性	6	25		
总计		—	—	1000	100%

4.2.2 职务分类表及职能等级分类表

岗位评价时,重点是"岗位",而不是岗位上的"人怎样"或"做得怎么样"。当岗位等级确定以后,通过对各任职者和岗位等级要求的整体扫描,对企业内部各个岗位任职者的现状有了统一的认识,并可以对不同情况进行不同的处理。职务分类表如表 4-6 所示、职能等级分类表如表 4-7 所示。

表 4-6 职务分类表

职系	职种	职系	职种	职系	职种	职系	职种
营业职系	油脂售卖职种 油料售卖职种 化妆品售卖职种 玉米粉售卖职种 食品包装职种	事务职系	经营企划职种 总务职种 会计职种 物流职种 原料职种	技能职系	电脑职种 制造技能职种 保养职种 环境整理职种	技术研究职系	生产技术职种 设备技术职种 研究开发职种 试验检查职种

表4-7 职能等级分类表

资格等级	职系			
9级	管理职系	专门职系		
8级				
7级				
6级				
5级	监督职系			
4级	事务职系	技术职系	技能职系	特殊职系
3级				
2级				
1级				

4.2.3 相互评价表

为使评价更加公平、公正,岗位评价还需要进行相互评价,具体内容如表4-8所示。

表4-8 相互评价表

项目	计分者与分数								平均分数	5分	4分	3分	2分	1分
1. 生活是否规律														
2. 情绪是否安定														
3. 是否讨厌推销工作														
4. 服装、仪容是否整齐														
5. 耐力够不够														
6. 是否具有积极性														
7. 谈话是否粗俗														
8. 是否有自我启发														
9. 能否遵守时间														
10. 是否遵守约定														
11. 对工作是否热心														
12. 目标意识高不高														
13. 是否努力达成目标														
14. 是否欠缺计划性														
15. 行动日数、行动时间是否恰当														
16. 行为举止是否合宜														
17. 是否有丰富的商品知识														

续表

项目	计分者与分数								平均分数	5分	4分	3分	2分	1分
18. 是否具备与客户洽谈的技巧														
19. 与客户的关系是否良好														
20. 团队默契是否良好														

4.2.4 能力和态度表

工作能力主要考核组织协调能力、语言表达能力、创新能力。工作态度主要考核工作纪律性、工作主动性、工作责任感和工作合作性。依据一定的考核等级与评价标准对工作能力和工作态度分别进行评定，具体内容如表 4-9、表 4-10 所示。

表 4-9　工作能力评定量表

考核要素	考核等级与评价标准		评估者			
			下级	同事	自评	领导
组织协调能力	差（0分）	工作杂乱无章，下属之间不能进行很好的协作				
	一般（1分）	能对一线生产工人进行简单的任务分配和调配				
	好（2分）	能进行复杂任务的分配和协调，并取得他人对自己工作上的支持和配合				
	良（3分）	能很好地安排和协调周围的资源，较好地领导他人有效展开工作				
	优秀（4分）	能合理、有效地安排和协调周围的资源，并得到他人的信任和尊重				
语言表达能力	差（0分）	语言含糊不清，表达的意思不清楚				
	一般（1分）	能较清晰流利地表达自己的观点或意见，但过于刻板、生硬				
	好（2分）	掌握一定的谈话技巧，自己的意见或建议能得到他人的认可				
	良（3分）	能有效地与他人进行交流和沟通，并有一定的说服能力				
	优秀（4分）	语言清晰、幽默，有出色的谈话技巧				

续表

考核要素	考核等级与评价标准		评估者			
			下级	同事	自评	领导
创新能力	差（0分）	没有创新精神，工作因循守旧				
	一般（1分）	工作中有一定的创新和独到的见解				
	好（2分）	能开动脑筋对工作进行改进，但取得的成果较小				
	良（3分）	借鉴他人的经验，将其运营到生产过程中的某些工艺改进与创新上面，并取得一定成果				
	优秀（4分）	善于思考和研究，能经常提出新点子、新想法，并对提高企业生产效益做出重大贡献				

表4-10 工作态度评定量表

考核要素	考核等级与评价标准		评估者			
			下级	同事	自评	领导
工作纪律性	差（0分）	经常迟到、早退，且不服从领导工作上的安排				
	一般（1分）	较少情况下迟到、早退，基本服从领导工作上的安排				
	好（2分）	偶尔迟到、早退，服从领导工作上的安排				
	良（3分）	从不迟到、早退，服从领导工作上的安排				
	优秀（4分）	经常加班，积极听从领导工作上的安排				
工作主动性	差（0分）	工作懈怠且工作业绩不能达到工作要求				
	一般（1分）	在别人的监督下能较好地完成工作				
	好（2分）	工作主动，能较好地完成自己的本职工作				
	良（3分）	积极主动地完成自己的本职工作				
	优秀（4分）	除了做好自己本职工作，还经常主动承担一些分外的工作				

续表

考核要素	考核等级与评价标准		评估者			
			下级	同事	自评	领导
工作纪律性	差（0分）	工作敷衍，当工作出现失误时，极力推卸责任				
	一般（1分）	工作上满足于基本完成任务，当工作出现失误时，能意识到自己的错误				
	好（2分）	工作中主动承担责任				
	良（3分）	工作中主动承担责任且积极寻求解决问题的办法				
	优秀（4分）	对他人起到榜样的作用				
工作主动性	差（0分）	缺乏合作精神				
	一般（1分）	经协调能与他人合作				
	好（2分）	能主动与他人合作				
	良（3分）	积极与他人合作且乐于帮助同事解决问题				
	优秀（4分）	能够与他人一起积极有效地工作并共同完成本组织的工作目标				

4.2.5　能力考核表

对不同人员或不同部门的能力考核表如表 4-11～表 4-14 所示。

表 4-11　员工管理能力考核表

姓名		年龄				到职日期	
所属部门		职位				担任本职位开始日期	
管理才能	项目	优异		良好	平常	欠佳	本项目的评估
	领导能力						
	处事能力						
	协调能力						
	责任感						
	总评						

续表

培植建议	
派职建议	

上级主管：　　　　　　　　直接主管：

表4-12　经理人员综合能力考核表

考核项目	考核内容	考核得分/分
领导能力	率先示范，受部属信赖	5　4　3　2　1
计划性	能以长期的展望拟订计划	5　4　3　2　1
先见性	能预测未来，拟定对策	5　4　3　2　1
果断力	能当机立断	5　4　3　2　1
执行力	朝着目标执行	5　4　3　2　1
交涉力	关于公司内外的交涉	5　4　3　2　1
责任感	有强烈的责任感，可信赖	5　4　3　2　1
利益感	对利益有敏锐的感觉	5　4　3　2　1
数字概念	有数字概念	5　4　3　2　1
国际意识	有国际意识、眼界广阔	5　4　3　2　1
自我启发	经常努力地自我启发、革新	5　4　3　2　1
人缘	受部属、同事尊敬与敬爱	5　4　3　2　1
协调性	与其他部门的协调联系密切	5　4　3　2　1
创造力	能将创造力应用于工作	5　4　3　2　1
情报力	对情报很敏锐，有卓越的收集能力	5　4　3　2　1
评价		

评分标准：

65分以上为"能力超强"

60~65分为"能力强"

55~60分为"能力较强"

50~55分为"能力一般"

50分以下为"能力差"

表 4-13 经理人员能力考核表

分类		评价内容	满分/分	1次	2次	3次
工作态度	1	经营计划的立案、实施是否有充分的准备	5			
	2	是否以长期的展望探索公司的未来	15			
	3	是否以负责人的眼光注意到全体	5			
	4	是否重视经营理念	5			
	5	是否有敏锐的利益感觉	5			
基本能力	6	为了达成目标，是否站在最前线指挥	15			
	7	是否能节约成本，早日、确实地达成目标	5			
	8	是否重视长期目标的实施	5			
	9	是否能严守期限、达成目标	5			
	10	是否能随机应变，修改目标值的同时也能达成目标	5			
业务熟练程度	11	是否能以全公司的立场发言、提议	5			
	12	是否能以长期的观点制订企划方案	5			
	13	是否能就公司的观点收集情报	10			
	14	是否能与其他部门交流情报	5			
	15	是否积极地与其他部门协调	5			
责任感	16	是否切实把握部属的优缺点	5			
	17	是否能与其他部门协调	5			
	18	是否适材适所	10			
	19	是否热心培育后继者	5			
协调性	20	是否仔细地聆听部属的意见	5			
	21	是否注意身体健康	5			
	22	是否谨慎地使用金钱	10			
	23	是否热心于小组内部意见的沟通	10			
	24	是否引起异性问题	5			
自我启发	25	是否与顾客勾结	5			
	26	对社会及时代的变迁是否敏锐	5			
	27	是否热心于吸取新技术与知识	10			
	28	站在国际的视野上是否能自我革新	5			
	29	为了改善现状，是否可以抛弃前例	10			
	30	是否不怠于对未来的预测	5			
评价分数合计						

评分标准：

180 分以上为"优秀"

150 分以上为"良好"

120 分以上为"中等"

100 分以上为"及格"

未满 100 分为"不及格"

表 4-14 生产部门业务能力考核表

项目	评分/分	指导
是否严守生产计划	5　4　3　2　1	
是否遵从生产方针	5　4　3　2　1	
人数分配是否适当	5　4　3　2　1	
是否适材适所	5　4　3　2　1	
整顿力如何	5　4　3　2　1	
机械设备是否万全	5　4　3　2　1	
材料管理是否万全	5　4　3　2　1	
安全管理是否万全	5　4　3　2　1	
安全训练是否万全	5　4　3　2　1	
事故报告是否迅速	5　4　3　2　1	
品质管理是否完善	5　4　3　2　1	
是否热衷于技术的提升	5　4　3　2　1	
是否严守交货期限	5　4　3　2　1	
评分统计	分数越多越优秀	

4.3 岗位评价与能力评估制度规范说明

现代企业的发展需要建立一套符合企业发展要求的人力资源管理体系，需要建立一套高效、合理的机制和规范。岗位评价与能力评估是企业人力资源管理的重要工作内容，作为一项重要的人力资源管理技术，岗位评价与能力评估在企业人力资源管理工作中发挥着十分重要的作用。科学合理的岗位评价与能力评估制度能够为企业的培训与开发、绩效考评、薪酬福利制度设计提供可靠的依据和支持，在确保公平、合理方面发挥着十分重要的作用。

1.岗位评价制度规范说明

1）名词解释

（1）试用期的员工：指已被企业录用但尚未正式转正的员工。

（2）生产一线的员工：产品车间或工具车间或洁净车间生产操作岗位的员工、质量管理部的质检人员、成品配送部的库房管理员、司机、行政后勤等非管理岗位人员。

（3）一般管理人员：企业各部门主管级以下人员，即助理、专员等。

（4）中层以上管理人员：企业各部门主管级以上人员，即主管、主任、部长、经理、总监等。

（5）关键、特殊工序的员工：根据国家相关医疗器械生产企业管理规定在产品生产的特殊过程参与关键、特殊工序的员工，包括生产车间的机加工，打磨抛光、喷涂的员工，以及洁净车间的清洁包装员工。

2）评价内容

（1）考核周期。考核分为不定期考核和定期考核两种形式。

①不定期考核：适用于转岗、新上岗的人员，在正式上岗后的两个月内进行。

②定期考核：每年年末，企业对生产部门负责人、技术质量部门负责人、检验员，以及关键岗位、特殊过程的操作人员进行考核和评价，以确定上述岗位人员是否胜任本职工作。

（2）评价人员组成。

①生产部门负责人、技术质量部门负责人、检验员等管理人员的考核和评价由管理者代表组织人员实施。

②对管理者代表的相关考核，由企业法人亲自或指定相关人员进行。

③操作人员的考核由生产部门、技术质量部门负责。

（3）考核、评价内容。

①中层管理人员的考核、评价内容：个人素质、工作能力、合作能力、工作态度等。

②关键岗位、特殊岗位人员考核、评价内容：个人素质、操作技能、理论知识、执行能力、合作能力、工作态度等。

③检验员的考核、评价内容：专业知识、专业技能等。

（4）考核记录和评价结果的处理。

考核记录和评价结果由技术部门负责存入员工的个人档案，作为评价企业员工具备所需能力和确定培训需求的依据。

3）评价的方式与方法

（1）员工评价的方式：以员工个人为主体，采取汇报或考试（笔试或实际操作）的方式，由部门直接领导、上级领导及人力资源部人员参与进行。

（2）员工评价的方法：提交工作总结或报告、实际操作、演讲或汇报等。

4）员工评价的实施

员工评价按员工的工作内容、工作性质、任职时间与职务，以及在企业生产过程中的重要特性进行划分，可以分为试用期的员工评价，生产一线的员工评价，一般管理人员的评价，中层以上管理人员的评价，关键、特殊工序的员工评价。

（1）试用期的员工的评价组织者为试用员工所在部门或人力资源部。评价的时间为每月一次，直至员工转正。评价的形式：技术岗一般为实际操作或书面的形式；非技术岗一般为口头或书面的形式；管理岗一般为面对面交流或书面的形式。评价结果：一周内以书面形式递交人力资源部存查备档。

（2）生产一线的员工的评价组织者为员工所在中心或部门。评价的时间为半年一次，一年两次，分别为当年的7—8月和次年的1—2月。评价的形式：技术岗一般为实际操作或书面的形式；非技术岗一般为口头或书面的形式。评价结果：一周内以书面形式递交人力资源部存查备档。

（3）一般管理人员的评价组织者为员工所在部门或人力资源部。评价的时间为每年一次，在每年的11—12月。评价的形式：一般为口头汇报或演讲，同时提交书面述职报告。评价结果：一周内以书面形式递交人力资源部存查备档。

（4）中层以上管理人员的评价组织者为人力资源部。评价的时间为每年一次，在每年的11—12月。评价的形式：一般为口头汇报或演讲，同时提交书面述职报告。评价结果：一周内以书面形式递交人力资源部存查备档。

（5）关键、特殊工序的员工的评价组织者为员工所在中心或部门。评价的时间为半年一次，一年两次，分别为当年的 7—8 月和次年的 1—2 月。评价的形式：一般为实际操作、口头或书面的形式。评价结果：一周内以书面形式递交人力资源部存查备档。

5）评价等级、评价结果

正式员工可分为 4 等，即 A—优秀；B—良好；C—合格；D—不合格。

试用员工可分为 4 等，即 A—完全胜任；B—基本胜任；C—待观察；D—不能胜任。

评价结果为"不合格"或"不能胜任"的员工，可调岗、调职、解除或终止劳动合同、结束试用等。

6）再评价

每年年末，对上年度已经通过考核评价的部门管理人员、关键工作岗位人员，企业会根据本年度上述人员的工作业绩进行再评价，以确定上述人员是否能继续胜任本部门工作，是否需要提出新的培训要求。年度岗位评价的结果可作为每年管理评审的人力资源需求的输入。

7）员工进行再评价的几种情况

（1）岗位人员再评价工作应在岗位人员正式上岗后的一年以后进行，以确认岗位人员是否具有承担本职工作的能力，为验证岗位人员能持续胜任工作，再评价应每年不少于一次。

（2）经常出现加工或工作质量问题。

（3）出现操作等严重质量问题，造成重大损失。

（4）长时间（6 个月以上）不从事本岗位工作的人事调整。

（5）计划从事特殊岗位操作的人员。

8）评价结果的存档和查阅

（1）人力资源部将评价结果存入员工档案，进行保管。

（2）评价结果的查阅：在工作中需要查阅员工个人评价结果，要经分管领导审批同意之后，到人力资源部进行查阅。

9）员工评价与再评价结果的应用

（1）**培训开发**：管理者在开展工作时，应把员工评价的结果作为参考资料，借此掌握培训、开发、利用能力工作的关键。

（2）**调动调配**：管理者在进行人员调配、岗位或工作调动时，应该参考员工评价的结果，把握员工适应工作和环境的能力。

（3）**晋升**：在依据职能职级制度进行晋升晋级工作时，应参考员工评价的结果。

（4）**提薪及奖金**：评价结果将作为年度优秀员工奖金发放的参照依据。

（5）**转正**：评价结果作为试用员工转正的依据。

2．能力评估制度规范说明

（1）**评价周期**：每半年进行一次，每年 1 月 1 日—6 月 30 日、7 月 1 日—12 月 31 日分批次进行，定岗未满 6 个月的人员不参加评审。

（2）**评审项目**：理论能力评价、实践能力评价、员工绩效考核、岗位能力民意测评、综合评价为主要评审依据。

①理论能力评价：由企业考评组根据岗位知识点（包括安全、质量、设备、技能、"5S"）出题，以试卷形式组织员工进行集中考试，试卷实行百分制，答题时间限制在 90 分钟。

②实践能力评价：由企业考评组根据岗位操作流程和应急预案出题，从中选取 2~4 个题目，对员工进行模拟操作考试，满分为一百分。

③员工绩效考核：根据企业考评组制订的员工绩效考核方案，每季度考评期结束后，汇总平均成绩。

④岗位能力民意测评：民意测评应该包括班组全体员工互评、班组长和机台长对每位员工进行测评，测评采取对应打分和岗位层级确认两种形式。为保证评价的公正性，企业考评组应在不公布绩效分数的情况下，先进行民意打分测评。

⑤综合评价：主要是企业考评组意见。

（3）各项评审项目所占权重如下。

理论考试占 25%、实践考试占 35%、岗位民意测评占 25%、企业考评组意见 15%。其中，岗位民意测评中各项权重：自我评价占 15%、班组互评占 15%、机台长评价占 30%、企业领导评价占 40%。

（4）评价过程中的优先项和否决项：当两人或多人得分相同时，根据优先项和否决项进行排名。

优先项：在管理创新、技术创新、质量控制等获奖的人员；参加企业及以上的技术比赛获奖的人员；相比较理论和实践能力评价综合得分高的人员。否决项：曾发生企业内部事故的责任人员；曾发生重大违纪行为的人员；相比较理论、实践考试分数低的人员。

（5）岗位能力不足人员在评价过程中的否决项：在考核期发生下列情况之一的直接退出岗位。

①待岗人员。

②连续两个周期绩效最低的人员。

③工作绩效得分相比较最低的人员。

（6）评价结果的确认及公示。

按照以上程序将评价结果经全体员工签字确认后在各班组、机台内部公示三天，无异议后，经分管领导审核，企业主管领导批准后在整个企业范围内公示三天。如果在公示过程中员工对评价结果有不同意见应通过企业分管领导予以书面反馈，公示期结束后反馈将视为无效。

（7）评价结果的应用。

①结合企业经济责任制实施员工岗位基础工资。

②岗位能力不足人员因暂时不能胜任岗位要求而应接受培训学习，其工资待遇执行企业经济责任制中的相关条款。培训期结束后重新考评合格后调整上岗。

3. 岗位评价与能力评估制度规范注意事项

（1）应本着公开、公正的原则，对岗位和员工个人实际能力进行科学有效的评价。

（2）对于评价出的岗位能力不足人员，需要让其退出工作岗位，接受企业培训，期满后重新调整岗位，从而对后进人员起到督促和鞭策的作用。

（3）企业岗位能力评价工作，由企业管理者进行组织，企业考评组组织定期开展实施。

（4）各班组组织班组内评价，企业分管领导负责审核，主管领导批准，如果在此过程中发现徇私舞弊的行为，将对企业各级除企业领导管理者以外的人员进行降职或免职。

（5）经理级以上人员的评价必须以演示文稿的形式进行讲解与汇报。

（6）总监级及以上高层管理人员的评价由董事会直接负责。

（7）对于关键、特殊工序，因工作需要可增加员工评价的频次。

（8）经常出现加工及质量问题的，可随时增加员工评价的频次。

（9）出现操作等严重质量问题，造成重大损失的，应及时组织员工评价。

（10）对于调岗或转岗的人员，要进行员工评价。

（11）岗位人员再评价后能够胜任本职工作的，应纳入该岗位日常绩效管理。如果岗位人员再评价后仍不能够胜任或不适应本岗位工作，企业应对其采取在岗培训与学习、调岗、离岗培训等方式，在其符合上岗条件后，并经过考核合格，恢复该岗位人员的工作。培训学习后仍不能胜任或不适合本职工作的人员，可以与其终止劳动合同。

第5章
招聘、甄选与录用

引导案例

腾讯的招聘之道

2020年11月12日,腾讯公布第三季度财报,截至第三季度,腾讯有77592名员工,第三季度总酬金成本为177亿元。按此推算,腾讯员工平均月薪为7.6万元,年薪为91万元,超过了华为70万元的平均年薪。具有如此高竞争力的薪酬水平,腾讯成为高层次人才心中的"最佳"雇主。但是,作为一个集通信、游戏等多种产业于一身的高科技互联网公司,腾讯对人才需求程度同样也很高,为了招聘到大批量的高质量人才,招聘方法也会更加严格。

腾讯的招聘一般会采用三大渠道。第一,自己推荐。这种方式主要用于美术、程序方面的人才招聘,在2019年自己推荐的成功率大概是5%。第二,猎头推荐。2019年猎头经过筛选后推荐的成功率大概是70%。第三,内部员工选拔或者内部员工举荐。这种方式推荐的成功率几乎达到了100%。

腾讯基于内部培养的人才获取采取的措施有两点。①始于2002年的校园招聘一直是腾讯最重要的获取人才的渠道,腾讯通过校园招聘进行人才培养符合腾讯未来发展的需要。高校毕业生可塑性强、创造力强、忠诚度高等优势也是腾讯选择通过校园招聘来获取人才的重要原因。②快速培养优秀人才甚至是未来互联网的领军人物必须先选对人,相比学习成绩那些硬性指标,腾讯更看重毕业生的"内驱力",如果一个人热爱互联网,自身又有很高的自我成就要求,就算你不推动他,他也会自己寻求途径来学习和提升。

关键岗位员工采用外部引进策略。①腾讯一方面大力培养研发队伍,另一方面对于来不及培养的关键岗位的员工则直接从同行业"挖墙脚",腾讯有不少来自华为、中兴等公司的员工。②腾讯内部设有专项伯乐奖,公司鼓励内部员工推荐朋友到腾讯来面试。推荐的人才如果被录用,不同推荐人获得的奖金不同:部门经理级别的奖金为10000元;基层管理干部级别的奖金为5000元;普通级员工的奖金为500元。目前这种做法已经为腾讯吸引了不少来自微软、谷歌等跨国公司的优秀专业技术人才。③由于互联网人才在国内人力资源市场是很难获取的,因此腾讯通过猎头公司把招聘范围扩大到海外互联网人才市场。例如,腾讯到美国硅谷开招聘会,所提供的岗位大部分工作地点是在中国。

严格的人员招聘流程。①采用严格的招聘流程，对参加招聘活动的员工进行招聘人员面试资格认证。招聘过程包括网投简历、笔试、面试、性格测试等环节。②校园招聘注重学生的发展潜能、学历、学习能力，外部招聘注重员工的经验和技能。③应聘者必须具有团队意识、良好的沟通能力。

从以上可以看出，腾讯的人才引进方式主要有校园招聘、猎头公司挖掘人才、公司内部员工推荐。腾讯的人力资源来源主要有高校毕业生、国内其他公司培养的有经验人才和海外高级人才。腾讯在创业初期的人才推荐措施一直在腾讯内部实行，并且随着公司的发展成为一项明确的公司人才引进方法，这是腾讯招聘的一大特色。从人才引进的来源讲，腾讯人力资源有很好的知识结构，既有思维开阔、想象力丰富的应届大学生作为公司的后备人才，又有丰富实践经验的行业精英，再加上互联网行业的国际精英加盟，为腾讯的产品创新提供了优秀的人力资源。由此可以认为模仿创新战略导向下的人力资源获取是内部导向型和外部导向型相结合：外部导向型注重技能和经验的筛选；内部导向型则注重学历、综合素质、创新思维的筛选。

（资料来源：根据腾讯的招聘资料整理而成）

思考

腾讯为什么会采用这样的招聘方式？对此引起了你怎样的思考？

学习目标

1. 掌握人员招聘、甄选与录用的基本流程；
2. 了解人员招聘、甄选与录用的前期准备工作；
3. 掌握录用的程序与主要内容；
4. 熟练使用招聘、甄选与录用操作工具；
5. 掌握员工招聘管理制度规范说明、员工录用管理制度说明、员工正式录用合同内容。

招聘是企业吸引应聘者并从中选拔、录用企业所需要的人的过程，是企业获得人力资源供给的基本方式，也是企业不可缺少的管理环节。招聘的直接目的就是获得企业需要的人，还有的企业在招聘过程中希望达到树立企业形象、履行社会责任等目的。甄选是招聘过程中最关键的环节，也是技术操作性最强的工作。甄选是企业招聘工作的关键步骤，科学的甄选对于企业的发展、个人的发展都具有重要的作用。录用是招聘过程中最后一个环节，经过对应聘者的层层选拔，企业对应聘者有了一个大致的了解，从而可以做出相应的决策。

5.1 招聘、甄选与录用工作流程

要成为一个慧眼识才的伯乐,应该知道招聘、甄选与录用包含哪些工作及相关流程。招聘、甄选与录用工作必须根据企业人力资源规划,从全局和发展的角度来决定人力资源的需求数量和质量,在此基础上制订具体的计划和方案,还要遵循一定的工作流程。

5.1.1 招聘的流程

1. 招聘概述

招聘是指企业为了生存和发展,根据市场需求和人力资源全面规划、具体用人部门的职位要求,采用一定的方法和媒介,向目标受众发布招聘信息,吸纳或寻找具备任职资格和条件的求职者,并按照一定标准采取科学的方法甄选出合适的人员予以聘用的工作过程。

在这个定义中,包含了以下几层意思。

1) 指出招聘的目的

招聘的目的是满足企业自身生存与发展的需要,解决企业人力资源的供需矛盾。

2) 强调招聘的计划性和科学性

招聘不是一种盲目和应急的活动,而是一种有计划、有步骤的活动。首先,招聘应该根据企业人力资源规划,从全局和发展的角度来决定人力资源的需求数量和质量,在此基础上制订招聘计划和具体的行动方案,不仅要把人力资源规划中需求的数量和类型具体化,而且要制订出具体的行动计划。其次,招聘要遵循市场规律,按照人力资源市场的供需、价格、竞争三大机制的规律办事,无论是薪酬确定还是媒介、招聘时间的选择等都不能违背市场规律。最后,招聘要严格按工作分析文件中岗位的任职资格要求聘用人才,并根据岗位要求的不同,选择合适的甄选方法。

> **相关链接**
>
> 盲目招聘、随意招聘都有可能给企业带来多方面甚至严重的损失。有明确目的的招聘不仅能为招聘工作的开展指明方向,而且能为检验招聘工作的成功与否提供标准。有效的招聘至少应该具有并达到四个方面的目的:①提高企业核心竞争力;②扩大企业知名度;③增强企业内部凝聚力;④发挥员工的潜力。

3) 指出招聘工作是一项系统性工作

招聘工作是一项由多个连续的、相互联系的环节组成的系统性工作。具体来讲,招聘包含四个相对独立的环节。

(1) 计划环节。根据企业的发展战略制订人力资源战略规划,并根据人力资源战略规划制订相应的招聘计划。

(2) 招募环节。通过各种媒体与渠道寻找和吸引相关求职者前来应聘。

（3）甄选环节。根据岗位任职资格的有关要求，运用各种测评和选拔方法对候选人进行识别和判断，挑选合格员工。这里要强调的是，甄选是整个招聘过程中最为重要的核心环节。

（4）聘用环节。为合格员工办理相关录用手续，安排其到相应的岗位上工作。

这四个环节之间没有绝对的界限，有些环节之间有可能相互重叠，如招募环节和甄选环节之间的界限并不明显，招募的过程中往往也包含甄选的内容。

4）指出招聘的依据，即根据什么来招聘

简单来说，招聘的主要依据是人力资源规划和岗位说明书两个文件。人力资源规划即根据企业战略制定的对企业发展所需人员的数量和类型，以及所需时间的预测。在人力资源规划下制订的招聘计划，进一步说明在什么时间、地点，用什么方法和媒介，由哪些人去负责招聘，以及招聘所需物质条件的安排等。岗位说明书是对空缺职位任职人员的资格提出具体要求，如受教育程度、专业要求、经验、资历、性别、年龄等，以及该职位的工作性质、内容、发展方向等。岗位说明书不仅为招聘提供了标准，还为求职者了解未来工作、事先进行自我筛选、决定是否应聘提供了参考依据。

2. 具体流程

招聘是一个细致和全面的过程，具体包括如下内容。

1）招聘前准备工作

人力资源部在招聘之前必须进行以下准备工作：

（1）与用人部门沟通用人需求清单，包括招聘的职务名称、人数、任职资格等内容；

（2）确定招聘信息发布、截止的时间，选择好渠道；

（3）确定招聘小组人选，包括小组人员姓名、职务、各自的职责；

（4）确定对应聘者的考核方案，包括考核场所、考核时间、题目设计等；

（5）确定新员工的上岗时间；

（6）确定招聘费用预算，包括资料费、广告费等；

（7）制定招聘工作时间表，尽可能详细，以便与他人配合；

（8）完成招聘广告样稿，内容包括广告题目、企业简介、审批机关、招聘岗位、人事政策、联系方式等。

2）制订招聘计划和策略

招聘计划和策略包括以下内容：

（1）招聘的岗位、要求及所需人员数量；

（2）招聘信息的发布；

（3）招聘对象；

（4）招聘方法；

（5）招聘预算；

（6）招聘时间安排。

3）发布招聘信息，搜寻应聘者信息

企业可以通过以下方式搜寻应聘者信息：

（1）应聘者自己所填的求职表，内容包括性别、年龄、学历、专业、工作经历及业绩等；

（2）推荐材料，即有关组织或个人向单位写的推荐材料；

（3）调查材料，指对某些岗位人员的招聘，还需要亲自到应聘者工作过、学习过的单位或向其接触过的有关人员进行调查，以掌握第一手材料。

4）甄选

甄选的过程一般包括对所有应聘者进行初步审查、知识与心理素质测试、面试，以确定最终的录用者。

5）录用

录用的过程一般可分为试用合同的签订、新员工的安置、岗前培训、试用、正式录用等几个阶段。

6）招聘评估

招聘评估主要指对招聘的结果、招聘的成本和招聘的方法等方面进行评估。一般在一次招聘工作结束之后，要对整个招聘工作做一个总结和评价，目的是提高下次招聘工作的效率。

3. 招聘的基本原则

任何企业或用人单位，无论招聘多少人、无论招聘工作由谁完成，只有坚持一定的原则，才能确保整个招聘工作的有效性。招聘的基本原则如下。

1）前瞻性原则

随着人力资源管理战略地位的提升，招聘的任务不再是简单地获取能够填补岗位空缺的员工，而是要获取企业赖以生存和发展的战略资源。在招聘过程中，企业不仅要关心员工能否胜任当前的工作，而且要关注企业的长远战略规划，关注员工能否支持企业战略目标的实现。企业必须从战略高度制订人力资源规划，并依此制订出切实可行的招聘计划，以指导招聘工作，减少招聘的盲目性，提高招聘工作的效率。

2）能级匹配原则

招聘应该本着因职选人、因能量级的原则，既不可过度追求低成本造成小材大用，也不可盲目攀比造成大材小用。小材大用会耽误工作，而大材小用会导致学历虚高或人才高消费。有一幅漫画入木三分地刻画了人才高消费的误区。漫画的内容为武大郎招聘做烧饼的短工，招聘启事上赫然写着学历要求：博士学位。现实工作中，这种现象也很普遍。有关资料显示，大多数企业招聘的高学历人才并没有被安排在合适的岗位上发挥其应有的作用。这种不顾实际需要，盲目引进"千里马"的做法只会导致企业人力成本的上升和企业之间的恶性竞争，危害极大。

能级匹配原则要求在招聘中"不求最好，但求合适"，即在合适的基础上给岗位胜任度留有一定的空间，挑选既能较大程度满足岗位能力需求，又能具备一定的提升空间和潜力的人才，使其"永远有差距，永远有追求"。坚持能级匹配原则可以有效提高人员稳定性，减少员工流失率。

3）竞争原则

首先，招聘要经过简历分析、结构化面试、心理和行为测试、业绩考核等一系列过程，来评价应聘者的优劣高下，以便在众多应聘者中择优录取。其次，企业必须设法动员和吸引更多的人来应聘,竞争越激烈,就越容易选拔到优秀人才。在难以避免的"人才争夺战"中,企业要想争取到更多的应聘者,还必须了解竞争对手的情况,不仅要了解其人员队伍、企业文化、发展趋势、市场情况等,还要了解其招聘职位、招聘规模,以及招聘战略和策略,以便有针对性地确定相应的招聘时间、地点、薪酬,以及招聘战略和策略,有效提高应聘者的数量和质量。

4）公平原则

公平原则主要表现在两个方面。首先,招聘的单位、职位名称、数量、任职资格、测评方法、内容和时间等信息必须向可能的应聘人群或社会公告周知,公开进行。其次,招聘应该一视同仁,不能人为制造各种不平等的限制和条件。常见的不平等现象有三种：一是性别歧视。目前,限制性别的招聘广告依然存在,且拒绝女性求职者的情况较多一些。有些企业的招聘广告中虽然没有完全拒绝某种性别,但也会出现某种性别优先的字样;还有的企业虽然招聘广告上没有性别限制,但是到了面试阶段仍然会出现某种性别优先的现象。这些都是性别歧视的表现。二是年龄歧视。在招聘广告中,我们时常可以看到有关年龄的限制性条件,如一般对女性年龄的要求在 30 岁以下,对男性年龄的要求在 35 岁以下等,求职者一旦到了 40 岁,就很难再找到合适的工作。三是容貌歧视。有些招聘广告上会有对招聘人员的容貌要求和身高要求,如要求应聘者容貌端庄、身高在一米七以上等,这使不少有才华、有志向的人才因为容貌或身高原因无法找到理想的工作。此外,还有姓名歧视、籍贯歧视、血型歧视、肝炎歧视等。

5）差异化原则

企业应该针对不同类型人力资源的不同特点,以及对企业的重要程度,分别采取不同的招聘方法和策略。在招聘面试团队组建、招聘渠道选择、甄选技术、人才的吸引和保留等方面,应根据不同招聘者的特点,有针对性地选择不同的方法和策略。

对企业战略实施有重要作用的核心人才往往也是竞争对手争夺的对象。对于在行业中有较大竞争优势和领先地位的企业来说,招聘中相对会处于优势地位;而对于在行业中处于劣势地位的企业来说,要想取得好的招聘效果,往往需要采取非常规的方法和手段。不少企业在薪酬、福利待遇、工作环境等方面为企业核心人才设立特区,在招聘方法与渠道上实行多元化（如猎头招聘、从竞争对手那里挖人才等),这些都是差异化原则的具体体现。刘备三顾茅庐的故事也给现代企业领导人招聘人才树立了榜样。对特殊人才和重要人才的引进,绝不能拘泥于常规。

6）突出核心员工原则

招聘工作必须紧紧围绕提高组织绩效、提高组织核心竞争力、促进组织战略目标的实现这个中心,而要做到这一点,就必须突出核心员工的地位和作用,把招聘核心员工作为招聘工作的首要任务。一个企业核心能力的突出表现在企业所拥有的核心员工身上。在现代社会,核心员工已经取代了资金、技术等要素而成为企业最重要的战略性资源,是构成企业核心竞争力的基本要素,是形成企业核心能力的基础。作为知识和技能"承载者"的核心员工,代表了企业所拥有的专门知识、技能和能力的总和,是企业创造独占性的异质知识和垄断技术优势的基础。因此,招聘工作应该把核心员工这一特殊的战略性资源作为招聘的重点。

7）全面考察原则

人才难得更难识，对于人才的识别一定要坚持全面考察的原则。也就是说，要全方位、多角度地考察应聘者，不仅要看应聘者的学历、专业，还要深入了解应聘者的工作经历与背景，从其职务的变动、所从事的主要工作、个人学习成长和培训经历、工作成果等多方面、分层次地对应聘者进行考察。要根据任职条件和职位发展的要求，通过对应聘者的上级、下级、平级，以及直接或间接客户的调查，确保招聘者的特长和优势与企业的现实职位需要、组织需要和长期发展要求相适应。

4. 员工外部招聘渠道

招聘计划制订之后首先要考虑的是采用何种招聘方法来为企业选拔合适的员工。一般采用的招聘方法有内部招聘和外部招聘两种。其中，外部招聘是企业招聘的重要渠道，外部招聘包括广告招聘、现场招聘（招聘会、校园招聘）、委托专业机构招聘等方式，常见的外部招聘渠道有以下几种。

（1）人才交流中心。在全国的各大城市中，一般都有人才交流服务机构，这些机构常年为企事业用人单位服务。它们一般建有人才资料库，用人单位可以很方便地在资料库中查询条件基本相符的人员资料。通过人才交流中心选择人才，有针对性强、费用低廉等优点，但对于如计算机、通信等热门人才或高级人才的招聘效果则不太理想。

（2）招聘洽谈会。人才交流中心或其他人才机构每年都要举办多场招聘洽谈会。在招聘洽谈会中，企业和应聘者可以直接进行接洽和交流，节省了企业和应聘者的时间。随着人才交流市场的日益完善，招聘洽谈会呈现出向专业方向发展的趋势。比如有中高级人才洽谈会、应届生双向选择会、信息技术人才交流会等。招聘洽谈会由于应聘者集中，因此企业的选择余地较大，但招聘高级人才还是较为困难。通过参加招聘洽谈会，企业招聘人员不仅可以了解当地人力资源素质和走向，还可以了解同行业的其他企业的人事政策和人力需求情况。

（3）传统媒体。在传统媒体刊登招聘广告可以减少招聘的工作量，广告刊登后，企业只需等待应聘者上门应聘。在报纸、电视中刊登招聘广告费用较大，但容易展示企业形象。很多广播电台也有人才交流节目，播出招聘广告的费用会少很多，但效果也比报纸、电视广告差一些。

（4）校园招聘。招聘应届生和暑期临时工可以在校园直接进行。招聘方式主要有招聘张贴、招聘讲座等。

（5）网络招聘。网络招聘是新兴的一种招聘方式，它具有费用低、覆盖面广、时间周期长、联系快捷方便等优点。

（6）员工推荐。员工推荐对招聘专业人才比较有效。员工推荐的优点是招聘成本低、应聘人员素质高、可靠性高。据了解，美国微软公司40%的员工都是通过员工推荐的方式获得的。为了鼓励员工积极推荐，企业可以设立一些奖金，用来奖励那些为企业推荐优秀人才的员工。

（7）人才猎取。对于高级人才和尖端人才，传统渠道往往很难获取，但这类人才对企业的作用非常重大，通过人才猎取的方式可能更加有效。人才猎取需要付出较高的招聘成本，企业一般委托猎头公司的专业人员来进行。目前在北京、上海和沿海地区猎头公司较为普遍。

5.1.2 甄选的流程

1. 甄选的内容

美国著名心理学家麦克利兰提出了一个著名的"冰山模型"。招聘人才时，不能局限于知识和技能方面，高知识、高能力未必能带来令企业满意的高绩效。甄选应从应聘者的求职动机、个人品质、价值观、自我认知和角色定位等方面进行综合考虑。因此，在人员甄选时，更要注重应聘者在"冰山以下部分"的表现。下面我们结合冰山模型来分析甄选的内容，即对应聘者的素质要求，包括知识与技能、社会角色与自我概念、品质与动机、工作经验、身体素质五个方面进行综合考察。

1）知识与技能

知识是指个人在某个特定领域拥有的事实型与经验型信息，即应聘者所具备的基础知识和专业知识，特别是专业知识，如计算机知识、管理知识、财务知识等。技能是指结构化地运用知识完成某项具体工作的能力，检查应聘者对某个特定领域所需技能与知识的掌握情况。知识和技能的考查相对比较简单，企业通过笔试、面试和模拟操作等方式可以了解应聘者对于工作所需知识的掌握程度和工作技能水平。

2）社会角色与自我概念

社会角色是指一个人基于态度和价值观的行为方式与风格。自我概念是指一个人的态度、价值观和自我印象，如自信心、乐观精神、合作精神、奉献精神等。当一个人的价值取向与企业价值观、岗位要求相一致，且拥有良好的职业态度时，他才能为企业更努力地工作。企业在测试应聘者的价值观、态度时应结合使用专业的测试量表。

3）品质与动机

品质是一个人持续而稳定的行为特征。具有良好品质的员工不仅能够为企业内外部带来好的影响，而且能够为企业带来更多的效益。优秀的品德、敬业、诚实、正直、负责等良好品质是众多企业在招聘时极力推崇的，并成为他们企业文化的一部分。动机是指在某个特定领域的自然而持续的想法和偏好，它们将驱动、引导和决定一个人的外在行动，如成就需求、人际交往需求、影响力需求、团队意识、竞争力意识等。在企业招聘中，只有应聘者的动机与求职岗位特征及要求一致时，应聘者才可能长期稳定并投入地工作。企业对应聘者的品质与动机的测试，需要使用相关的专业测试量表，并结合使用情景模拟面试等方式。

4）工作经验

工作经验是通过工作实践不断积累的经验。拥有相关工作经验的人员在应聘时会备受企业青睐，但应聘者所具有的工作经验是否纸上谈兵，是否与招聘岗位相匹配，企业需要对应聘者进行考查。对工作经验的考查，企业可以采用面试、情景模拟面试等方式，根据应聘者的问题回答和面谈叙述来判断其是否具有真实的工作经历，是否积累了一定的工作经验或工作能力。技术型或操作型的岗位可以通过现场操作等方式来考查。

5）身体素质

良好的身体素质是有效工作的保证。为此，企业必须确保录用的人员具有健康的体魄和心理。不同岗位对人员的身体素质的要求不同，因而对人员的身体素质的考查应根据不同岗位要求而定。例如技术性、操作性人员，企业不仅要考查其身体的健康程度，而且要考查其身体的协调性、灵活性、平衡性，以及体力承担的负荷强度等。管理者不仅要求身体健康，而且要求精力充沛、思维敏捷等。

2．具体流程

人员甄选就是通过合理的甄选技术及程序，准确地对应聘者的知识、技能、素质、个性及价值观等与胜任岗位相关的关键点进行评价。应聘者如果达不到相应要求，就会被淘汰，只有通过每轮评价的应聘者才能进入下个环节的选拔。

在人员甄选过程的每个环节都会有一定数量的应聘者因不符合要求而被淘汰，企业需要正确、妥善地处理好与落选者的关系。

应聘者的任职资格和对工作的胜任程度主要取决于他所掌握的与工作相关的知识、技能、个人的个性特点、行为特征和价值观取向等因素。人员甄选就是对应聘者的以上几个方面进行测量和评价。一般来说，人员招聘工作按照如图 5-1 所示的甄选程序进行。

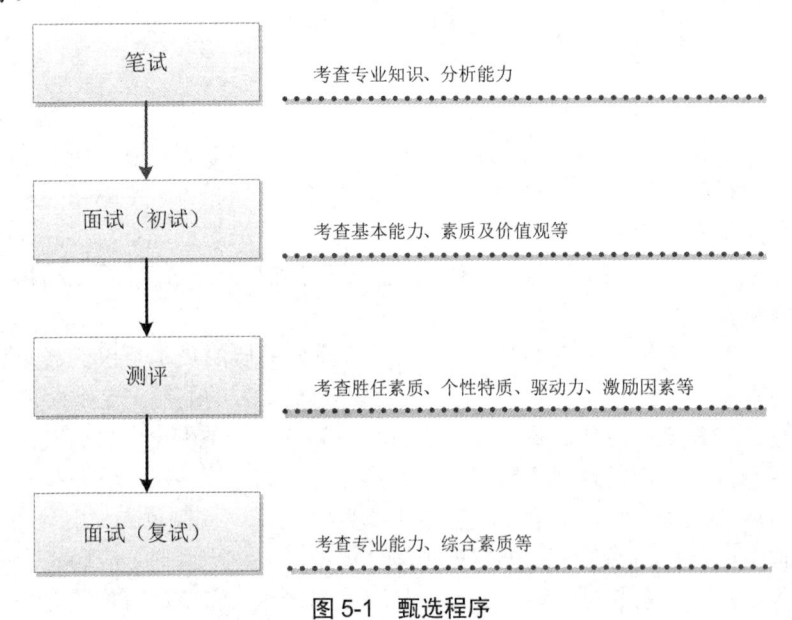

```
┌──────────────┐
│    笔试      │ ········ 考查专业知识、分析能力 ········
└──────┬───────┘
       ↓
┌──────────────┐
│  面试（初试）│ ········ 考查基本能力、素质及价值观等 ········
└──────┬───────┘
       ↓
┌──────────────┐
│    测评      │ ········ 考查胜任素质、个性特质、驱动力、激励因素等 ········
└──────┬───────┘
       ↓
┌──────────────┐
│  面试（复试）│ ········ 考查专业能力、综合素质等 ········
└──────────────┘
```

图 5-1　甄选程序

> **相关链接**
>
> 人员甄选是综合运用管理学、心理学、人才学、统计学等多门学科的理论、方法和技术，是对应聘者的任职资格和对工作的胜任程度进行系统的、客观的测量和评价，从而做出录用决策。
>
> 人员甄选必须遵循的原则：能岗匹配原则、公平甄选原则、科学甄选原则。

常见的人员甄选工具主要有笔试、面试、评价中心及人才测评四类。下面详细介绍笔试和面试。

1）笔试

笔试是企业招聘与录用工作中一项重要的工具之一，是企业根据拟招聘的岗位需要的知识和能力，事先编制好试题，然后安排应聘者考试，相关部门根据应聘者的答题情况评定成绩的一种方法。笔试主要用于考查应聘者的基本知识、专业知识、管理知识，以及综合分析能力、文字表达能力等。笔试一直是企业使用频率较高的人员甄选方法，并用于应聘者的第一轮筛选。

笔试的实施有一系列的程序，在招聘过程中笔试工作主要有以下几个步骤。

（1）制订测试方案。

测试方案就是笔试工作实施的方案，可作为笔试工作实施的操作指导，具体应包括以下七个方面的内容：

①笔试的实施目的和要点；
②笔试实施的计划安排；
③笔试的时间及地点安排；
④笔试负责机构（负责人）的确定；
⑤笔试规模的大小；
⑥笔试过程中可能出现的问题和应采取的措施；
⑦笔试实施的效果预测。

（2）成立笔试实施小组。

笔试实施小组负责整个笔试工作的实施，如试题的编制、阅卷、费用的预算等。具体可由人力资源部招聘人员、用人部门负责人和专业人员组成。

（3）收集资料。

这一步的工作主要是为编制试题做准备，主要是收集与实施通过笔试选拔人才有关的岗位信息、胜任素质及有关试题内容。

（4）编制笔试试题。

根据笔试要考查的要素、企业招聘岗位的特点及企业需要，确定试题的类型、内容、难易程度、题量、试题答案等内容。

（5）试题试测。

在企业条件允许的情况下，在试题编制好以后，选择一部分相关人员（如用人部门的办公人员、相关专家等）进行试测，然后根据试测的反馈结果对试题做出进一步的完善，以提高试题的信度和效度。

（6）笔试的实施。

在前期的准备工作都已完备的情况下，人力资源部可以组织开展应聘者的考试工作了，包括人员组织、考场管理、试卷的保管等内容。

（7）评卷。

根据事先安排，评卷人员应客观公正地展开评卷工作。

（8）发布成绩。

评卷结束后，人力资源部应及时通知通过考试的应聘者进入下一轮的考核，对淘汰的应聘者，在条件允许的情况下，也应委婉地告知。

2）面试

面试是指在特定场景下，企业与应聘者双方进行面对面的沟通，企业根据应聘者在面试过程中的表现对其做出评定，预测其将来的工作绩效，从而为人员录用决策提供依据的一种重要的甄选方式，在人才甄选中占有重要的地位。

面试的实施程序包括三个阶段,如图 5-2 所示。

```
┌─────────────┐
│  面试的准备  │
└──────┬──────┘
       ↓
┌─────────────┐
│  面试的实施  │
└──────┬──────┘
       ↓
┌─────────────┐
│  面试的评估  │
└─────────────┘
```

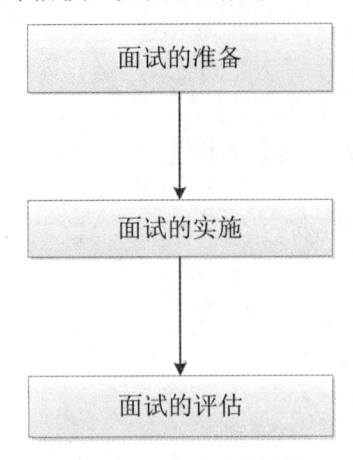

图 5-2　面试的实施程序

（1）面试的准备。

面试的准备工作主要包括以下方面。

第一，明确面试的目的。面试考官应明确面试的目的是什么，最终要达到什么效果等。弄清了这些问题，面试考官才能对应聘者做出客观公正的评估。

第二，制订面试实施方案。面试实施方案应包括面试的时间及地点安排、确定面试的方法和面试问题的设计等内容。

第三，面试资料的准备。面试资料包括三个方面：应聘者资料，如个人简历、求职申请表等；企业资料，如企业简介、面试考官的名片等；评价表，如面试评分表、加权评定表等。

第四，面试时间、地点的安排。面试时间、地点应合理安排，让面试的双方都留有充分的时间。对应聘者来说，参加面试时总会因为有压力而感到紧张，而干扰性的环境更会加深这种紧张，这样极有可能造成应聘者不能正常发挥其真正水平。另外，面试考官在外界环境的干扰下，也有可能遗漏许多关键性的信息。企业的面试环境会给应聘者留下较深的印象，这也关系到社会对企业形象的评价。

第五，面试考官人员的确定。面试考官应具备六个条件。①良好的个人修养和品德。②公平、公正、客观的态度。③了解拟招聘岗位的任职资格条件和该工作的性质。④熟练运用各种面试技巧。⑤较强的人际沟通能力和观察判断能力。⑥具备相关专业知识。

第六，面试考官的准备工作。面试考官在面试前要准备两点。①回顾岗位说明书。面试考官要明确了解拟招聘职位的任职资格条件，而任职资格条件的确定主要依据岗位说明书。②阅读应聘者的个人简历及相关资料。面试考官在面试正式开始前的 3～5 分钟，应快速浏览应聘者的相关资料，这样不仅有助于面试考官对应聘者有初步的了解，还可以在应聘者资料中及时发现问题，方便面试时双方进行沟通。

（2）面试的实施。

面试的实施大体可以分为以下三个阶段。

第一，开始阶段。这一阶段主要用于缓和应聘者的紧张情绪，面试考官一般从应聘者可以预料到的问题开始提问，如从应聘者的教育背景、工作经验方面开始发问。

第二，正式阶段。正式阶段是面试工作的核心阶段。在此阶段，面试考官要获得关于应聘者不同方面的情况，如心理特点、行为特征、能力素质。由于要测评的内容是多方面的，这就要求面试考官就与工作有关的内容采取灵活多样的方式向应聘者提问。面试考官除了需掌握一定的提问技巧，还需注意两个方面的问题。一方面，注意应聘者的表情及肢体语言。面试考官除了根据应聘者的回答做出评估，还应注意应聘者的非语言信号所传递的信息。另一方面，掌握聆听的技巧。在应聘者回答面试考官所提出的问题时，面试考官应善于倾听并从中捕捉有用的信息。在此过程中，面试考官应做好以下五点工作。

①留心应聘者说话。

②善于发挥目光、点头的作用。在应聘者回答面试考官提出的问题时，面试考官应给予善意的目光并伴以适当地点头等动作。

③善于调节应聘者的情绪。面试考官若发现应聘者处于紧张状态，可以变换提问的方式，如"据说您很擅长……您能详细谈谈吗?""据说您成功地完成过……事情，具体内容您能说说吗?"等。另外，还可以采取鼓励、赞扬的方式激发应聘者的潜力。

④选择合适的时间对有疑问的地方发问。

⑤做适当的笔记。

第三，面试结尾阶段。应聘者将面试考官根据现有信息所提的问题基本回答完毕后，面试即可进入尾声。在面试的最后，面试考官最好给应聘者留出几分钟的时间，让其对自己感兴趣的问题进行提问，面试考官可以提示，如"您还有什么需要了解的吗?""您还有其他什么问题吗?"等。面试的结束一定要自然，不要给应聘者造成一种突兀的感觉，同时还应告知其下一步的面试工作安排并对应聘者表示感谢。

（3）面试的评估。

面试的评估阶段主要是对应聘者在面试中的表现进行评估，为人员录用决策提供依据。

3．甄选的基本原则

甄选的基本原则包括能岗匹配原则、公平甄选原则、科学甄选原则。具体内容如表 5-1 所示。

表 5-1 甄选的基本原则

原则	内容
能岗匹配原则	能岗匹配是指企业并不是要招聘最优秀的人员，而是要招聘最适合的人员，即应聘者的能力应与相应的岗位要求相匹配。判断应聘者的能力与相应的岗位要求是否匹配正是甄选的主要任务。企业在甄选过程中必须对应聘者的能力与相应的岗位要求的匹配程度进行系统的、客观的测量和评价，选择最匹配的人员
公平甄选原则	只有公平、公正的环境才能让应聘者充分发挥其才能，同时有利于企业树立良好的形象
科学甄选原则	甄选的过程中企业不能局限于传统的甄选工具，而应适时适岗地选用现代甄选工具，综合运用各种甄选技术，扬长避短，提高甄选的信度和效度

5.1.3 录用的流程

1. 具体流程

员工录用是招聘工作的最后一个环节，经过对应聘者的层层选拔，企业对应聘者有了一个大致的了解，从而可以做出相应的决策。员工录用一般要经过六个环节，如图 5-3 所示。

```
做出初步录用决策
       ↓
  进行背景调查
       ↓
  协商确定薪酬
       ↓
  发出录用通知书
       ↓
  展开录用面谈
       ↓
  人事档案转移
```

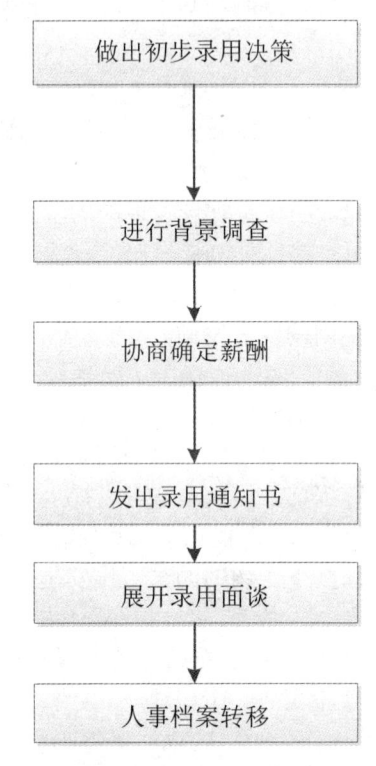

图 5-3　员工录用流程图

1) 做出初步录用决策

在运用笔试、面试、心理测试和情景模拟等多种测评方法对应聘者进行选拔评估后，考评者根据应聘者在甄选过程中的表现，对获得的相关信息进行综合评价与分析汇总，从而了解每位应聘者的素质和能力特点，然后根据事先确定的人员录用标准与录用计划，做出初步录用决策。录用决策通常需要采用多重淘汰式、互为补充式、结合式等方法，相互结合，扬长避短，提高录用决策的科学性和正确性。

（1）多重淘汰式。多重淘汰式是指在人员选拔过程中采用多种测试方法，每种测试方法依次进行，其中每种测试方法都具有淘汰性，应聘者有一种测试没有达到要求标准即被淘汰。应聘者要想通过筛选必须在每种测试中都达到要求的标准。最后，通过全部测试的应聘者，再按综合分数排出名次，择优确定录用名单。

（2）互为补充式。不同测试的成绩可以互为补充，最后根据应聘者在所有测试中的总成绩做出录用决策。比如，分别对应聘者进行笔试与面试，再按照规定的笔试与面试的权重比例，综合计算出应聘者的总成绩，决定录用人选。

值得注意的是，由于权重比例不一样，录用人选也会有差别。假设某次招聘中要在甲、乙两人中录用一人，但两人的基本情况与考核得分不相上下，那么到底录用谁，关键要看不同测试的权重系数。

（3）结合式。结合式是指选拔过程中的测试方法由多重淘汰式测试和互为补充式测试共同组成，测试的顺序是先进行多重淘汰式测试，再进行互为补充式测试。多重淘汰式测试中有一项不通过者即被淘汰，多重淘汰式测试全部通过者再进行互为补充式测试。最后，综合应聘者的总成绩，确定录用人选。

2）进行背景调查

背景调查的主要内容：学历水平、工作经历、档案资料（档案资料调查的目的主要是调查应聘者过去是否有违法行为或其他的不良行为记录）。

背景调查应注意多渠道、多角度调查应聘者提交资料内容的真实性，并且调查要有针对性，明确调查的主要内容。人力资源部在实施背景调查前，应根据不同岗位设计合适的问题，做好充分准备后再进行。

3）协商确定薪酬

薪酬谈判是企业招聘面试中必不可少的一个环节。在企业做出初步录用决策之后，企业应与应聘者讨论薪酬待遇的问题。薪酬待遇一般包括薪酬和福利两个方面。应聘者入职前，企业有义务为应聘者提供详细的薪酬方面的信息。

相关链接

企业在确定应聘者薪酬时，应考虑以下三个因素：第一，应聘者目前的薪酬状况、期望的薪酬水平；第二，应聘者的面试表现；第三，市场上该职位的薪酬水平。

4）发出录用通知书

录用通知书中一般包括工资待遇、试用期、社保、福利、报到时间等与工作相关的主要事项。但是，关于录用通知书的法律效力和性质，《中华人民共和国劳动合同法》未做出明确规定。在很多用人单位眼里，录用通知书不是正式的劳动合同，没有法律效力，因此在录用通知书的设计、发送和撤销方面都很随意，容易引发大量劳动争议。

5）展开录用面谈

新录用的员工进入企业后，最好安排相关的负责人与其就工作职责、企业规章制度、企业文化、企业的组织结构等至少进行一次沟通，这样可以加深双方对彼此的了解，有利于以后工作的开展。

6）人事档案转移

新员工在办理完入职手续并与企业签订劳动合同后，企业应将员工的档案转移到企业人事档案管理系统中来，按照人事档案管理制度的规定妥善保管。

2. 录用的基本原则

企业在做出录用决策时应遵循以下三个原则，具体内容如表 5-2 所示。

表 5-2　录用的基本原则

原则	内容
全面衡量原则	企业要录用的人员必须是符合企业实际需求、适合所空缺岗位的人员，因此必须根据企业、部门和岗位的需要对不同应聘者给予不同权重的评价，然后录用那些得分高的应聘者
减少决策人员原则	对决策者的选用必须坚持少而精的原则，选择那些直接考核应聘者工作表现，以及那些将来会与应聘者共同工作的人进行决策，如果参与人员过多，会增加录用决策的难度
因岗择人原则	企业应该以自身的需要、岗位的空缺为出发点选择用人，根据岗位对人员的要求做出录用决策，找出应聘人员哪些能力对于完成这项工作是不可缺少的

5.1.4　入职的流程

应聘者经过企业的层层选拔最终被录用后，企业人力资源部会发出录用通知，被录用者按期报到后，人力资源部应给员工办理入职手续。办理员工入职手续的工作流程图如图 5-4 所示。

```
审核相关证件
    ↓
组织入职体检
    ↓
填写员工登记表
    ↓
签订劳动合同
    ↓
新员工岗前培训
    ↓
试用期考核
```

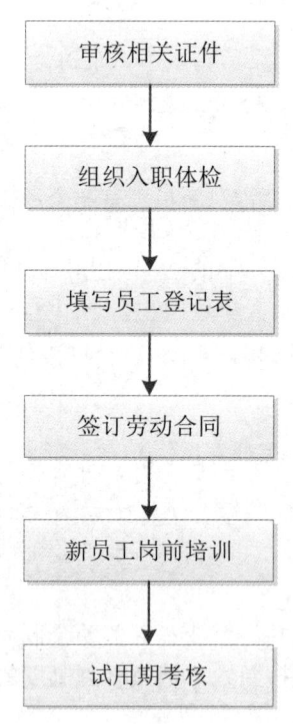

图 5-4　办理员工入职手续的工作流程图

1. 审核相关证件

新员工需要向人力资源部提供身份证、工作证明、学历证书、职称证书等复印件，以及婚姻状况证明、证件照片、个人档案和社会保险等相关材料。人力资源部接收到新员工的相关证件后应仔细查验，避免出现虚假证件等情况。另外，若新员工提交的材料中信息有所更改，应及时告知人力资源部，以保证新员工和企业双方的利益。

2．组织入职体检

新员工在正式工作之前需要进行身体健康检查。企业可在录用通知书上告知新员工需要提交医院出具的体检报告。当然，如果企业有条件和规定，人力资源部应根据规定要求统一组织新员工体检。

3．填写员工登记表

新员工入职后，企业还应要求其填写员工登记表，员工登记表中应包括员工个人信息、工作经历、所受教育、培训经历等内容。

4．签订劳动合同

新员工入职后，在双方平等自愿、协商一致的基础上，与企业签订劳动合同。

5．新员工岗前培训

新员工岗前培训是指向企业的新员工介绍有关企业的基本背景情况，使新员工了解所从事的工作的基本内容与方法，使他们明确自己工作的职责、程序、标准，并向他们初步灌输企业及其部门所期望的态度、规范、价值观和行为模式等，从而帮助他们顺利地适应企业环境和新的工作岗位，尽快进入角色。

6．试用期考核

企业与新员工签订劳动合同后，对新员工有一个考察期，即试用期，时间一般为1~3个月不等，企业根据新员工在此期间的表现决定是否正式聘用。在试用期间，新员工和企业可以对对方有进一步的了解，待新员工试用期考核合格后，方可转为正式员工。

5.2 招聘、甄选与录用操作工具

企业的招聘、甄选与录用就是在企业总体发展战略规划的指导下，制订相应的职位空缺计划，并决定如何去寻找合适的人员来填补这些空缺职位的一个过程。而这个过程的顺利实施，离不开对各类招聘表格的运用，这些表格是促进整个企业顺利完成招聘工作的基础。

5.2.1 招聘类表

1．用人部门招聘需求表

用人部门招聘需求表主要是为了企业的生存与发展，根据市场需求、人力资源全面规划、具体用人部门的职位要求，从全局和发展的角度来确定人力资源的需求数量和质量。该表主要由企业的各个部门根据部门的具体人员使用情况填写，主要包括申请部门、部门编制、申请人等内容，由部门负责人、人力资源部及总经理审批，并予以公布，具体如表 5-3 所示。

表 5-3 用人部门招聘需求表

填报时间：

申请部门			部门编制		
申请人			部门现有人数		
申请招聘岗位	招聘人数	年龄	学历	工作经验	应聘人员专业要求
申请招聘说明					
部门负责人意见					
人力资源部意见					
总经理意见					

2．员工招聘申请表

员工招聘申请表是企业为收集应聘者与应聘岗位有关的全部信息而专门设计的一种规范化的表格，具体如表 5-4 所示。该表格主要分为两部分，一部分为基本信息部分，由应聘者填写；另一部分为成绩结果部分，由相关部门填写，最终交由人力资源部和用人部门审批。通过分析应聘者所填写的内容可使企业比较全面地了解应聘者的历史资料，最终做出正确的用人决策。

表 5-4 员工招聘申请表

姓名		性别		年龄		婚否		身高	
血型		视力		健康状况		职称		工龄	
毕业学校				毕业时间		专业		专业成果	
地址				邮编		电话			
主要经历									
专业技能及特长描述									
薪资要求				住房要求					
到岗时间									
以下由相关部门填写									
面试结论									
复试结论									
笔试成绩									

续表

人力资源部意见		用人部门意见	
备注			

应聘职位：　　　　　　　　　　　　　　　　　　　年　月　日
制表：　　　　　　　　　　　　　　　　　　　　　复核：

3. 应聘者筛选比较表

为了保证录用员工的质量，公平公正地选拔出员工，需要对各岗位的所有应聘者筛选比较，以选拔出真正优秀的员工。应聘者筛选比较表是对应聘者筛选的一个重要工具，该表主要由人力资源部填写，主要内容包括应聘职位、面试人数、面谈日期及面试的基本表现信息等，最终通过面试的人员经用人部门筛选比较，交由人力资源部审核，具体内容如表 5-5 所示。

表 5-5　应聘者筛选比较表

应聘职位			面试人数								面谈日期							面试人员			
面试记录表	应聘者姓名	学历	年龄	专业知识				态度仪表				工作经历是否关联		反应能力				特别技术或专长	口才			面试人员意见
				优	良	中	差	优	良	中	差	是	否	优	良	中	差		优	良	平	

5.2.2　员工入职类表

1. 员工录用通知书

企业确定录用人选后，人力资源部应根据招聘工作计划，及时拟定并发出员工录用通知书。员工录用通知书中一般包括工资待遇、社保福利、报到时间等与工作相关的主要事项，具体如表 5-6 所示。

表 5-6　员工录用通知书

录用通知书

_____先生（小姐）：您好！

1. 您应聘我公司_____职位，经公司研究，决定录用。请于____月____日____时之前回复是否愿意加盟本公司。逾期不回复，本通知书自动失效。如同意，请于____月____日____时持本通知书，并携带下列资料，到本公司人力资源部报到。逾期不报到或您的体检不合格，本通知书亦自动失效。

（1）身份证原件和复印件。
（2）学历、学位证书原件和复印件。
（3）指定医院体检表。
（4）计划生育证原件或流动人口婚、孕、育等报告复印件。
（5）人事档案存档机构的存档证明。
（6）原单位终止或解除劳动合同证明原件。
（7）如与以前工作单位签署了竞业限制协议并仍在协议有效期内者，需提供该协议原件。
（8）提供派出所核查开具的无犯罪记录证明原件。
（9）上一年度纳税所在地的地方税务局出具的个人所得税纳税证明。
（10）外地户口的需要提供暂住证原件及复印件。
（11）本人____寸照片____张。
（12）其他_____。

2. 您试用期的月工资总额为税前人民币_____元/月，福利包括_____。公司根据国家和_____（市）有关规定为您购买社会保险，其中个人应承担部分已包含在您的税前工资额中，由您个人支付。试用期满经评估合格后，给予转正。最终录用条件以您与公司签署的《劳动合同》为准。

3. 我们诚挚地欢迎您到本公司工作。报到时，公司将指派专人对您进行入职培训，包括让您知道本公司一切人事制度、福利、公司规章制度、公司概况及其他应注意事项，使您在本公司工作期间顺利、愉快。如果您有什么疑惑或困难，请与人力资源部联系。

_____公司人力资源部
_____年_____月____日

---

2. 员工入职登记表

员工入职后，企业还应要求其填写员工入职登记表，员工入职登记表主要包括员工个人信息、家庭情况、工作经历、所受教育、培训经历内容。该表由员工本人填写，最终交由人力资源部整理存档，具体如表 5-7 所示。

表 5-7 员工入职登记表

姓名		性别		部门		职位	
入职日期	年 月 日		试用期		年 月 日 至		年 月 日
出生日期	年 月 日		血型		婚否	有无子女	
身份证号							
现居住地址					住宅电话		
联系电话			电子邮箱				
紧急联系人							
第一紧急联系人		关系			联系电话		
第二紧急联系人		关系			联系电话		
家庭情况							
姓名	关系	出生日期		工作单位及职务		联系电话	
		年 月 日					
		年 月 日					
		年 月 日					
工作经历（最近十年内）	时间	公司名称		担任职务		证明人	
所受教育（从高中开始填）	时间	学校名称		专业		学位	
培训经历	时间	培训机构		培训的主要内容		所获证书	
备注							

3. 新晋员工入职试用表

通过背景调查的应聘者，在与企业进行薪酬谈判并达成一致之后，经企业内部管理人员审批并通过后，该应聘者正式转变为拟录用员工，并可以到企业报到。试用期间，相关试用部门需要根据拟录用员工的具体表现填写新晋员工入职试用表，该表主要包括拟录用员工的基本信息、试用职位、工作经验、试用计划、试用记录、试用结论，填写完之后交由试用部门及人力资源部审核，具体如表 5-8 所示。

表 5-8　新晋员工入职试用表

姓名		年龄		试用职位	
学历		专业		工作经验	
特长					
试用计划	1．工作内容 　（1） 　（2） 　（3） 2．指导人员 3．重点考核项目 　（1） 　（2） 　（3） 4．其他				
试用记录	1．试用时间 　　年　月　日　至　　年　月　日 2．工作能力 3．工作态度 4．出勤情况 5．其他				
试用结论	试用部门意见 人力资源部意见				

4．新晋员工试用期考核表

在员工进入试用期后，企业根据具体情况会设计新晋员工试用期考核表，主要包括工作考核和项目评分两个方面的内容，具体如表 5-9、表 5-10 所示。

表 5-9　新晋员工试用期考核表（工作考核）

填表日期：

姓名		身份证号码		性别	
文化程度		籍贯		出生日期	
所在单位			入职时间		
所属部门			职务		
公司内部调动情况					
本年度奖惩记录					
主要工作成绩自我评述					

表 5-10　新晋员工试用期考核表（项目评分）

考核项目	考核内容	标准分值/分	自我评分/分	部门领导评分/分
工作态度	出勤情况	5		
	主动性、积极性	5		
	责任感	5		
	学习积极性	5		
工作能力	业务专业能力	5		
	工作适应能力	5		
	组织领导能力	5		
	沟通协调能力	5		
	工作创造能力	5		
	服从能力	5		
精神风貌	敬业精神	4		
	遵章守纪和原则性	4		
	人际关系	4		
	精力充沛	4		
	品德修养、礼仪	4		
绩效	工作质量	10		
	工作量	10		
	工作效率	10		

续表

考核项目	考核内容	标准分值/分	自我评分/分	部门领导评分/分
特殊贡献		20		
总分		120		
部门领导考核意见			部门领导签字	
			日期	
公司领导考核意见			公司盖章	
			日期	

5.2.3 其他类表

1．员工信息登记表

员工信息登记表主要是企业对于试用期满、确定录用的员工进行信息统计的表格。员工信息登记表主要包括员工的基本情况、入职情况、档案所含资料等内容，该表由员工本人填写，最终交由人力资源部进行审核并存档，具体如表5-11所示。

表5-11 员工信息登记表

基本情况	姓名		性别		民族
	出生日期		身份证号码		
	政治面貌		婚姻状况		
	毕业学校		学历		
	毕业时间		参加工作时间		
	专业		家庭地址		
	籍贯		邮政编码		
	联系电话		家属联系电话		
	备注				
入职情况	所属部门		担任职务		
	入职时间		转正时间		
	合同到期时间		续签时间		
	是否已调档		聘用形式		
	如未调档，档案所在地				
	备注	以上信息务必填写真实，如有信息变更务必及时通知单位，相关法律文书无法送达，个人愿意承担一切法律责任			

续表

档案所含资料	文件名称			
	个人简历		求职人员登记表	
	应聘人员面试结果表		身份证复印件	
	学历证书复印件		劳动合同书	
	员工报到派遣单		员工转正审批表	
	员工职务变更审批表		员工工资变更审批表	
	员工续签合同申报审批表			
员工签字及日期				

2. 面试评分表

面试评分表是在面试的过程中,面试官根据应聘者在面试中的表现进行合理评估的表格。面试评分表的内容一般包括应聘者的基本信息、面试内容、评分标准等,该表主要由面试官填写,并交由人力资源部整理审核,具体内容如表 5-12～表 5-14 所示。

表 5-12 面试评分表(一)

应聘者姓名		性别		年龄	
应聘职位		所属部门		面试日期	
测评内容	评分标准(1 分—差、2 分—较差、3 分——般、4 分—良好、5 分—优秀)				
仪容仪表					
专业知识水平					
工作能力					
工作主动性					
综合素质					
考官总体评价					
				签字: 日期:	

表 5-13 面试评分表(二)

初试人姓名		性别		年龄		应聘职位	
测试人				记录人			
考核项目	项目级别与分数						
	优(5 分)	好(4 分)		良(3 分)		中(2 分)	差(1 分)

续表

1. 体能、体态状况					
2. 仪表、穿着与形象					
3. 语言表达能力					
4. 机智及反应能力					
5. 性格特性与人际沟通					
6. 生活、工作阅历丰富程度					
7. 英语能力					
8. 学历、学位及培训					
9. 对申请职位的经验					
10. 相关专业知识支撑					
11. 对新工作环境的适应性					
12. 工作的稳定性					
13. 对新公司的信心与毅力					
14. 个人理想与工作一致					
15. 对职业未来的可塑性					
16. 住址与上班地点距离					
17. 知识面宽广和渊博程度					
18. 计算机能力					
19. 薪金要求差距					
20. 诚实度和可靠性					
标准总分	100分	所有初试人员平均分		实际得分	

表 5-14 面试评分表（三）

初试情况	综合评价（如沟通能力、学习能力、创造性、持久性等）							
	受教育情况（学历、专业）	□大学（以上） □大专 □中（高）专 □初中						
	笔试成绩（分）							
	工作经验（专业背景及专长）							得分情况
	服务至上理念	差	1	2	3	4	5	优
	团队协作精神	差	1	2	3	4	5	优
	沟通及语言表达能力	差	1	2	3	4	5	优
	诚实、开放、激情	差	1	2	3	4	5	优
	分析和解决问题的能力	差	1	2	3	4	5	优

续表

初试情况	结果导向	差　1　2　3　4　5　优		
	对行业的兴趣			
	对工作的兴趣			
	英语水平		计算机水平	
	过去工作的稳定性	□非常稳定	□比较稳定	□经常变动
	个性气质类型	□外向　　□偏内向	□偏外向　□内向	□中性
	应聘的动机	□应届毕业　□人际关系	□寻求发展　□其他，需说明：	□提高收入
	优势			
	劣势			
	目前待遇（工资、职位）		期望待遇（工资、职位）	
	可到岗时间			
	决定	□进一步面试	□不录用	□存档
复试情况	时间		面试人	
	综合印象及决定：			
	□录用　□不录用　□存档　□候补　□暂缓录用			
	复试人	人力资源部	部门总监/经理	总裁/副总裁

5.3　招聘、甄选与录用制度规范说明

通过相关制度规范说明，规范企业人员招聘、甄选与录用的流程，做到公平、公正、公开地录用员工。

1．员工招聘管理制度规范说明

1）企业人事招聘的原因
（1）缺员的补充。
（2）突发的人员需求。
（3）为了确保企业所需的专门人员。
（4）为了确保新规划事业的人员。
（5）企业管理阶层需要扩充。
（6）预选企业的经营者。
（7）企业对组织有所调整。
（8）为了使企业的组织更具活性而必须引入外来的经验者。

2）企业人事招聘的手续

（1）招聘员工的部门在确认并无内部横向调职的可能性后，向人事部门递交书面申请表，并附上招聘职位说明书。招聘职位说明书的资料可通过工作写实和经验座谈的方法获得。

（2）人事部门详细审核申请职位的工作性质、等级等事项。如果同意申请，应先在本企业内刊登招聘广告，当确定本企业其他部门并无适当人选后，方可在企业外部刊登广告，并及时将信息反馈给用人部门。

3）招聘方法

人事部门刊登外部招聘广告时应注意以下几点。

（1）广告设计应突出企业标志。

（2）应依据用人部门提供的招聘职位说明书拟定广告的内容。

（3）广告设计应使用鼓励性及刺激性语言。

（4）广告应说明招聘的岗位、人数及所需的资格条件，并注明待遇。

（5）如需招聘科技人员，宜在学术性较浓的报纸刊物上刊登广告；其他类别人员的招聘也应有针对性地利用新闻媒介，为企业节省开支。

4）初步甄选

（1）求职表是企业初步甄选的手段之一，目的在于获取应聘者的背景信息，对不合要求者加以淘汰。

（2）初步筛选性会见在应聘者填写求职表时进行。

（3）就业测试。

①就业测试是初步甄选的最后一个环节。

②对于技师、工匠、打字员、速记员等人员，由于其所担任的工作属于技术性工作，故应进行实地操作测试。

③对于高级职位的职务，只有博学多才的人才能担任，此类人员可通过审查其著作、发明，或核查其学历、经历，以鉴定其资格。

5）面试的准备

（1）组成面试遴选小组。

面试遴选小组成员由三方人士组成：用人部门代表、人事部专门人员、独立评选人。其中，独立评选人应对该职位有深切了解且有密切工作关系。

（2）面试方法采取合议制面试（也可采取阶段制面试），用人部门主管的意见起决定作用，面试遴选小组其他成员的意见起参谋作用。

（3）根据招聘职位的职位说明书设计面试评价量表。

（4）邀请初试合格的应聘者参加面试。

6）面试的实施及结果反馈

（1）面试过程中，面试遴选小组成员应填写面试记录表，完成对应聘者的评语及结论。

（2）全部面试结束后，面试遴选小组成员应讨论对各位应聘者的意见。当小组成员未能达成一致结论时，由用人部门代表拍板。评价结果应填写在面试结果推荐书上，送达用人部门主管及人事部备案，作为下一步行动的依据。

（3）人事部向通过面试的应聘者发出录用通知书。

（4）人事部将面试结果通知落选的应聘者。

7）试用期

（1）试用期一般为1~3个月。

（2）试用期由该员工履行职责之日起计算。

（3）试用期的目的在于补救甄选中的失误。

8）最终录用

企业对试用合格者予以正式录用。合格者从被正式录用之日起，享受本企业同类员工薪资等级。

2. 员工录用管理制度规范说明

（1）录用条件。

①企业聘用员工的主要原则是根据其职位是否合适而定（无性别歧视），并以该职位的职责要求、所需业务常识、有关工作经验及个人品行为甄选标准。

②员工必须为年满18周岁以上人员，经考试（面试或笔试）、考查后择优录用。

（2）录用人员应提供的书面材料。

①《劳动手册》（或《待业证》《退工单》等）。

②身份证复印件（或户口簿、护照等）。

③近期一寸免冠照片两张。

④相关的学历证书、毕业证书、结业证书、培训证书、职称证书、技术资格证书等。

⑤员工入职登记表资料。

⑥企业要求的其他相关材料。A.个人资料。员工在入职当天，需要到人事部门填写《员工入职登记表》，提供个人真实的基本资料，企业一旦发现有隐瞒事实的行为，有权依据事实严重程度对此员工进行处罚甚至立即辞退；员工在入职一周内，需要向人事部门提供相关书面材料，并由人事部门审核后复印留存。B.材料变更。员工被录用后若提交材料中记载事项发生变更，应在一周内向人事部门说明，及时变更个人档案中的相关内容。个人资料变更包括地址、联系电话、邮政编码、学历状况等。C.劳动合同。员工入职一个月内，人事部门将在员工提供所有必需的材料之后代表企业与员工签订劳动合同（或根据其个人情况签订其他相关合同或协议）；合同一经双方签字认可即生效，员工须严格遵守并履行合同内所有条款内容，自觉维护企业利益，杜绝任何不利于企业行为的发生。

（3）企业各级管理人员不允许将自己的亲属介绍、安排到本人分管的部门工作，有特殊情况的，需要由董事长批准，且介绍人必须立下担保书。

（4）企业各部门必须制定人员编制，编制的制定和修改权限可参考人事责权划分表，各部门用人应控制在编制范围内。

（5）企业需要招聘员工时，提倡公开从社会上求职人员中择优录用，也可由内部员工引荐，被引荐人员获准聘用后，引荐人必须立下担保书。

（6）从事管理和业务工作的正式员工一般需要满足下述条件。

①大专以上学历。

②两年以上相关工作经历。

③年龄一般在35岁以下，特殊情况不超过45岁。
④外贸人员必须至少精通一门外语。
⑤无不良行为记录。
　　特殊情况人员经董事长批准后可适当放宽有关条件，应届毕业生及复员转业军人需要经董事长批准后方可考虑聘用。
　　（7）所有应聘人员除董事长特批可免予试用或缩短试用期外，一般都必须经过1~3个月的试用期后才可考虑聘为正式员工。
　　（8）试用人员必须提交下述材料。
①由企业统一发放并填写招聘表格。
②学历证明、职称证明。
③个人简历。
④近期照片两张。
⑤身份证复印件。
⑥体检表。
⑦结婚证、计划生育证或未婚证明。
⑧面试或笔试记录。
⑨员工引荐担保书（企业视需要而定）。
　　（9）试用人员一般不宜担任经济要害部门的工作，也不宜担任具有重要经济责任的工作。
　　（10）新晋员工试用期一般为1~3个月（从入职第一天开始）；根据需要试用期长短可以适当调整，但最短不可少于1个月，最长不可超过6个月（视具体情况而定）；有突出表现者，可以提前转正；特殊人才经董事长批准方可免予试用期。
　　（11）试用期期间人事部门和部门主管要与新入职的员工进行沟通，沟通内容包括在企业工作的感想、存在的困难、需要寻求的帮助与支持、思想动态。
　　（12）试用人员在试用期内待遇规定如下。
①高中以下毕业：一等。②中专毕业：二等。③大专毕业：三等。④本科毕业：四等。⑤硕士研究生毕业（含获初级技术职称者）：五等。⑥博士研究生毕业（含获中级技术职称者）：六等。⑦试用人员享受一半浮动工资和劳保用品待遇。
　　（13）试用人员经试用考核合格后，可转为正式员工，并根据其工作能力和岗位重新确定，享受正式员工的各种待遇，转正后试用期计入工龄。试用不合格者，可延长其试用期或不予聘用，对于不予聘用者，不发任何补偿费，试用人员不得提出任何异议。
　　（14）正式员工可根据其工作业绩、表现及年限，由企业给予办理户口调动。
　　（15）企业的各类人员的正式聘用合同和短期聘用合同，以及担保书等全部材料汇总保存于企业人事监察部和劳资部，由上述两个单位负责监督聘用合同和担保书的执行。

3. 员工正式录用合同内容

1）试用期及录用
（1）甲方依照合同条款聘用乙方为员工，乙方工作部门为_____部门，乙方应经过 3~6 个月的试用期，在此期间，甲、乙任何一方有权终止合同，但必须提前 7 天通知对方或以 7 天的实行工资作为补偿。

（2）试用期满，若双方无异议，则乙方成为甲方的正式合同制劳务工，甲方将以书面形式给予确认。

（3）乙方试用合格后被正式录用，其试用期应计算在合同有效期内。

2）工资及其他补助奖金

（1）甲方根据国家有关规定和企业经营状况实行本企业的等级工资制度，并根据乙方所担负的职务和其他条件确定其相应的工资标准，以银行转账形式支付，按月发放。

（2）甲方根据盈利情况及乙方的行为和工作表现增加工资，如果乙方没达到甲方规定的要求指标，乙方的工资将得不到提升。

（3）甲方（企业主管人员）会同人事部门，在下面情况发生时甲方将给乙方荣誉或物质奖励，如乙方遵守企业的规章制度，在生产和工作中有突出贡献。

（4）甲方根据本企业利润情况设立年终奖金，可根据员工劳动表现及在单位服务年限发放奖金。

（5）甲方根据政府的有关规定和企业状况，向乙方提供津贴和补助金。

（6）除法律、法规、规章明确提出的要求补助外，甲方将不再有义务向乙方提供其他补助津贴。

3）工作时间及公假

（1）乙方的工作时间每天为 8 小时（不含吃饭时间），每周工作 5 天半或每周工作时间不超过 44 小时，除吃饭时间外，每个工作日不安排其他休息时间。

（2）乙方有权享受法定节假日及婚假、丧假等带薪假期。甲方如要求乙方在法定节假日工作，在征得乙方同意后，需要安排乙方相应的时间轮休，或按国家规定支付乙方加班费。

（3）乙方成为正式员工，在本企业连续工作满半年后，可按比例获得每年根据其所担负的职务相应享受一定天数的有薪年假。

（4）乙方在生病时，经甲方认可的医生及医院证明，过试用期的员工每月可享受带薪病假一天，病假工资超出带薪病假部分的待遇，按政府和单位的有关规定执行。

（5）甲方根据生产经营需要，可调整变动工作时间，包括变更日工作开始和结束的时间，在照顾员工有合理休息时间的情况下，日工作时间可做不连贯的变更，或要求员工在法定节假日及休息日到岗工作。乙方无特殊理由应积极支持和服从甲方安排，但甲方应严格控制加班加点。

4）员工教育

在乙方任职期间，甲方须经常对乙方进行职业道德、业务技术、安全生产，以及各种规章制度和社会法制教育，乙方应积极接受这方面的教育。

5）工作安排与条件

（1）甲方有权根据生产和工作需要及乙方的能力，合理安排和调整乙方的工作，乙方应服从甲方的管理和安排，在规定的工作时间内按质按量完成甲方指派的工作任务。

（2）甲方需要为乙方提供符合国家要求的安全卫生的工作环境，否则乙方有权拒绝工作或终止合同。

6）劳动保护

甲方根据生产和工作需要，按国家规定为乙方提供劳动保护用品和保健食品。对女职工经期、孕期、产期和哺乳期提供相应的保护，具体办法按国家有关规定执行。

7）劳动保险及福利待遇

（1）甲方按国家劳动保险条例规定为乙方支付医药费用、病假工资、养老保险费用及工伤保险费用。

（2）甲方根据单位规定提供乙方宿舍和工作餐（每天＿＿＿＿次）。

8）解除合同

（1）符合下列情况，甲方可以解除劳动合同。①甲方因营业情况发生变化，而多余的职工又不能调换其他工种。②乙方患病或非因工负伤，按规定的医疗期满后，不能从事原工作，也不能调换其他工种。③乙方严重违反企业劳动纪律和规章制度，并造成一定后果，根据企业有关条例和规定应予辞退，甲方有权随时解除乙方的劳动合同。④乙方因触犯国家法律被拘留、判刑，甲方对其进行开除处理，劳动合同随之终止。

（2）符合下列情况，乙方可以解除劳动合同。①经国家有关部门确认，劳动环境、卫生条件恶劣，严重危害了乙方身体健康。②甲方不履行劳动合同或违反国家政策、法规，侵害乙方合法利益。③甲方不按规定支付乙方劳动报酬。

（3）在下列情况下，甲方不得解除劳动合同。①乙方患病和因工负伤，在规定的医疗期内。②乙方因工负伤或患职业病，正在进行治疗。③女员工在孕期、产期或哺乳期。

（4）乙方因工负伤或患职业病，医疗终结经政府有关部门确认为部分丧失劳动能力的，企业应予妥善安置。

（5）任何一方解除劳动合同，一般情况下，必须提前一个月通知对方，或以一个月的工资作为补偿，解除合同的程序按企业有关规定办理。

（6）乙方在合同期内，持有正当理由不愿继续在本企业工作时，可以提出辞职，但需要提前一个月书面通知甲方，经甲方批准后生效。辞职员工如果是由企业出资培训的，在培训期满后，工作未满合同规定年限的，应赔偿甲方一定的培训费用。未经甲方同意擅自离职，甲方有权通过政府劳动部门，要求乙方返回工作岗位，并赔偿因此给甲方造成的经济损失。

9）劳动纪律

（1）乙方应遵守国家的各项规定和企业的《员工手册》，以及单位的各项规章制度。

（2）乙方如触犯法律，受法律制裁或违反《员工手册》和甲方规定的其他规章制度，甲方有权按《员工手册》等规定，给予乙方相应的纪律处分，直至开除。因乙方违反《员工手册》和其他规章制度，造成企业利益受到损害，如企业声誉的损害、财产的损坏，甲方根据严重程度，可采取一次性罚款措施。

（3）如果乙方违反合同规定，有贪污受贿、严重玩忽职守或有不道德、粗鲁行为，引起或可能引起严重损害他人人身和财产利益，乙方触犯法律受到法律制裁等，上述种种，甲方有权立即予以开除，并不给予"合同补偿金"和"合同履约金"。乙方贪污受贿或损害他人人身和财产利益所造成的损失，由乙方负完全承担赔偿责任。

（4）乙方在合同期内和以后，不得向任何人泄露本企业的商业机密消息。乙方在职期间不得同时在与本企业经营相似的企业、团体，以及与本企业有业务关系的企业团体兼职。乙方合同终止或其他原因从本企业离职时，应向部门主管人员交回所有与经营有关的文件资料，包括通信、备忘录、顾客清单、图表资料及培训教材等。

10）合同的实施和批准

（1）本合同经_____讨论制定，报经_____批准，用_____文字书写，内容以中文为准，合同解释权属本企业人事部。

（2）单位《员工手册》《雇员犯规及警告通告》及其他经济纪律规定均为合同附件，是合同的组成部分。

（3）本合同一经签订，甲、乙双方必须严格遵守，任何一方不得单方面修改合同内容，如有未尽事宜或与政府有关规定抵触时，按政府有关规定处理。

（4）本合同自签订之日生效，有效期为____年，于____年____月____日到期，合同期满前两个月，如双方无异议本合同自行延长____年。

（5）本合同一式两份，甲乙双方各执一份，由甲方上级主管部门和国家劳动管理部门监督执行。

第 6 章
培训与开发

> **引导案例**
>
> ### 麦当劳的员工培训与员工成长
>
> 麦当劳是全球大型跨国连锁餐厅，1955年创立于美国芝加哥，在全球大约拥有3万家分店。麦当劳非常重视员工培训，并建立了比较完备的培训体系。
>
> 麦当劳的培训是一个持续的过程，与每个员工的工作密切相关，它贯穿整个系统的各个阶层，在这里主要介绍麦当劳的员工培训体系。
>
> **1. 员工训练团队**
>
> （1）训练经理——制定餐厅训练目标和计划。
>
> （2）训练协调人——协助训练经理执行追踪训练计划。
>
> （3）训练员——餐厅训练的核心人物，与员工肩并肩、一对一训练的执行者。
>
> **2. 员工训练工具**
>
> （1）营运训练手册。
>
> （2）员工训练计划手册。
>
> （3）单项岗位工作检查表。
>
> （4）单项岗位的视频。
>
> （5）训练追踪卡。
>
> **3. 训练内容**
>
> （1）新员工到岗后的餐厅职前简介。
>
> （2）训练的核心内容：员工在各自岗位工作的技能知识培训。
>
> （3）针对餐厅训练员的培训：四步骤培训（准备、呈现、试做、追踪）。
>
> （4）其他与营运相关的业务知识培训。
>
> 麦当劳的每名员工都必须通过三个岗位的工作站观察检查表，而且必须在最初的一个月内通过，以后再慢慢通过其他的工作站观察检查表，最终精通所有的工作。
>
> **4. 训练人员的配备（一对一原则）**
>
> 每名新员工都由一名老员工带着进行一对一训练，直到新员工能在本岗位上独立

操作。但这不代表这位新员工在这个岗位上的工作就合格了，他还要通过由经理负责签订的《岗位观察检查表》。

5. 员工训练计划的实施

（1）进行训练需求分析。
（2）制订训练计划并与餐厅员工和训练组沟通。
（3）将训练计划落实到班表中。
（4）训练员实施训练计划并由管理组追踪。

6. 员工训练追踪系统

（1）由餐厅训练小组追踪，餐厅所有管理组参与，落实到每个员工。
（2）训练追踪网络图每月更换。
（3）训练追踪卡。
（4）通知式和不通知式的追踪方式。

（资料来源：根据麦当劳的员工培训素材资料整理而成）

思考

您认为麦当劳的培训制度及培训系统对于促进人才的内部成长有何益处？

学习目标

1. 掌握培训与开发工作流程；
2. 了解培训需求分析模型；
3. 能够正确运用培训与开发的知识，制订合理的企业培训方案；
4. 掌握培训计划制订的步骤，熟练使用培训与开发操作工具；
5. 熟悉培训与开发制度规范说明。

21世纪以来，人类社会进入了高速发展的时代，各种职位对工作人员的智力素质和非智力素质的要求都在迅速提高。今天还很称职的员工，如果不坚持学习，明天就有可能落伍。企业要在高度竞争的市场经济中获胜，一定要拥有高素质的人才，而培训与开发是提高员工素质必不可少的一环。通过必要的培训手段，员工能够更新观念，增长知识和提高能力，重新适应职位要求。培训与开发对于企业满足市场竞争的需要、适应环境的变化、提高企业的效益、满足员工自身发展等方面发挥着重要作用。

6.1 培训与开发工作流程

培训与开发是人力资源管理的一项重要职能和手段。培训的内容必须与企业的战略目标、员工的职位特点相适应，同时也应考虑适应内外部经营环境的变化。一般培训都是为了促进员工在知识、技能和态度三方面的学习与进步。当然，企业的培训与开发工作也不是盲目进行的，想要做好员工的培训与开发，还要遵循一定的工作流程。

6.1.1 培训与开发的含义和角色分析

1. 培训与开发的含义

培训与开发（简称培训）是指为了满足企业不断发展的需要，提高员工的技能，改善员工的工作态度，使员工能胜任本职工作并有所创新，在综合考虑企业的发展目标和员工的个人发展目标的基础上，对员工进行一系列有计划、有组织的系统学习与训练活动。

从以上定义中，我们可以看出培训的一些特点。

（1）培训的主要目的是提高员工的绩效和实现企业的目标。

（2）培训的直接任务是获得或改进与工作有关的知识、技能、动机、态度和行为。

（3）培训主要包括有计划、有组织的各种努力（学习与训练）。

2. 培训与开发角色分析

企业中参与培训与开发的角色主要有以下四种：最高领导层、人力资源部、职能部门和员工。这四种角色在培训活动中的作用是有明显差异的：最高领导层主要负责培训预算，以及一些重要培训项目的计划与评价工作；有关培训的主要工作由人力资源部负责；职能部门几乎参与各项培训活动；员工主要参与确定培训的需要和目的、实现培训项目和评价培训项目等方面。

> **相关链接**
>
> 培训与开发是两个有所不同但是密切联系的概念。培训与开发的共性：都是一种学习的过程；都是由组织来规划的；最终目的是通过把培训内容与所期望的工作联系起来，从而促成个人与组织的双赢。随着培训的日趋重要，培训与开发的界限将日益模糊。企业员工的培训与开发，其实都已经关注当前与未来，都同等重要。可以说，开发是更广泛意义上的培训，我们在使用该术语时，可区分，也可不区分。

6.1.2 培训与开发的类型

培训与开发要视企业的需要和员工的具体情况而定。培训与开发从不同的角度可以划分为不同的类型。

(1) 按照培训的内容不同,可以将培训与开发划分为基本技能培训、专业知识培训和工作态度培训。基本技能培训是培训员工掌握从事本职工作必备的技能;专业知识培训是培训员工掌握完成本职工作所需要的业务知识;工作态度培训是培训改善员工的工作态度,使员工与企业之间建立起互相信任的关系,使员工更加忠诚于企业。这三类培训对于员工个人和企业绩效的改善都具有非常重要的意义。因此,在培训中应予以足够的重视。

(2) 按照培训的对象不同,可以将培训与开发划分为新员工培训和在职员工培训。新员工培训又称向导性培训或岗前培训,是指对新员工进行的培训,主要是让新员工了解企业的工作环境、工作程序、人际关系等;在职员工培训是对企业中现有人员的培训,主要是为了提高现有员工的工作绩效。

(3) 按照培训的目的不同,可以将培训与开发划分为应急性培训和发展性培训。应急性培训是企业急需什么知识、技能就培训什么。例如,企业计划新购一台高精度的仪器,但目前又没有员工能够操作,因此就需要进行针对此仪器的应急性培训。发展性培训是从企业长远的发展需要出发而进行的培训。

(4) 按照培训的形式不同,可以将培训与开发划分为岗前培训、在职培训和脱产培训。岗前培训也称入职培训或引导培训,是为了员工适应新的岗位工作需要而进行的培训;在职培训就是在工作中直接对员工进行培训,员工不离开实际的工作岗位;脱产培训是让员工离开工作岗位,进行专门的业务和技术培训。

6.1.3 常见的培训与开发方法

虽然培训与开发的侧重点不同,但是其目的是基本一致的。常见的培训与开发方法主要有讲授法、视听技术法、讨论法、案例研讨法、角色扮演法和一些国际新技术培训方法。这些方法的内容如下。

(1) 讲授法。讲授法是指教师通过口头语言向学员传授知识、培养能力、进行思想教育的方法,在以语言传递为主的教学中应用最广泛,其他方法在运用中常常要与讲授法结合。

(2) 视听技术法。视听技术法是指通过现代视听技术,对员工进行培训的方法。优点是运用视觉与听觉的感知方式,直观鲜明;缺点是学员的反馈与实践较差,且制作和购买的成本高,内容易过时。

(3) 讨论法。讨论法是学员在教师的指导下,为解决某个问题而进行探讨、辨明是非真伪以获取知识的方法,这种方法有利于发挥学员的主动性、积极性,培养学员独立思考能力、口头表达能力,促进学生灵活地运用知识。讨论法可分成一般小组讨论与研讨会两种方式。

(4) 案例研讨法。案例研讨法是指通过向学员提供相关的背景资料,让其寻找合适的解决方案的方法,这种方法可以有效训练学员分析和解决问题的能力。

（5）角色扮演法。角色扮演法是指学员在教师设计的工作情境中扮演其中的角色，其他学员与教师在学员表演后进行适当的点评。这种方法具有信息传递多向化、反馈效果好、实践性强、费用低的优点，因而多用于人际关系能力的训练。

（6）国际新技术培训方法。随着现代信息技术的发展，大量的信息技术被引进培训领域。在这种情况下，出现了网络培训、虚拟培训、远程学习、培训支持技术这些培训方式。网络培训是一种新型的计算机网络信息培训方式，虽然投入较大，但使用灵活，符合分散式学习的新趋势，节省了学员集中培训的时间与费用。此外，网络信息量大，新知识、新观念传递优势明显，为企业所青睐，也是培训发展的必然趋势。虚拟培训是指利用虚拟现实技术，生成实时且具有三维信息的人工虚拟环境，学员通过交互式设备来进行操作。远程学习是指通过计算机和网络技术使不同领域的人能够同步学习且进行双向或多向沟通。培训支持技术是指利用专家系统、电子会议软件、电子支持系统等新技术来支持培训。

以上各种培训方法，我们可按需要选用一种或若干种并用或交叉应用。由于不同企业的人员结构、内部岗位、技术要求都各不相同，企业培训必然是多层次、多内容、多形式与多方法的。

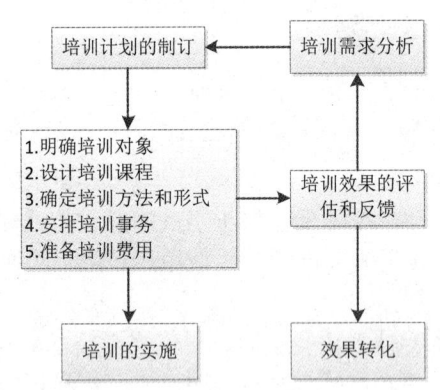

6.1.4　培训与开发的流程

培训与开发的流程是从培训需求分析开始的，当企业中出现问题需要通过培训来解决时，培训需求就产生了，即"我到底存在什么问题而需要培训"。接下来，企业会思考什么人在哪些方面需要培训，要学些什么，如何改进工作等问题。培训与开发的流程可分为四个步骤：培训需求分析、培训计划的制订、培训的实施、培训效果的评估和反馈，如图 6-1 所示。

图 6-1　培训与开发的流程

1．培训需求分析

为了使培训计划具有针对性，增强培训效果，培训前必须了解各个岗位的培训需求，即进行培训需求分析。培训需求分析分为企业分析、任务（岗位）分析、人员分析。培训需求信息的收集一般采用问卷调查法、个人面谈法、团体面谈法、重点团队分析法、观察法、工作任务调查法等。

> **相关链接**
>
> 培训需求分析是由培训部门、主管和工作人员等收集企业战略、企业与员工相关业绩的信息，然后采用一定的分析方法和技术，对各种企业及其成员的目标、知识、能力等方面进行系统鉴别和分析，以确定企业是否需要进行培训的一种活动或过程。培训需求分析是企业培训的出发点，也是最重要的一步工作。

2. 培训计划的制订

制订培训计划，必须根据企业的生产和经营战略，从企业的人力资源规划和开发战略出发，结合企业资源条件和员工素质情况，考虑人才培养的超前性和培训效果的不确定性，制定培训与开发的目标、对象、内容和方法。

> **相关链接**
>
> 企业人员培训计划是根据需求预测的结果，具体确定企业人员培训的形式、内容、步骤等，具体包括以下内容。①选择设计适当的培训项目。②确定培训对象。③确定培训项目的负责人，包含企业的负责人和具体培训的负责人。④确定培训的方式与方法。⑤确定培训地点。⑥根据既定目标，具体确定培训形式、学制、课程设置方案、课程大纲、教科书与参考教材、培训教师、教学方法、考核方法、辅助器材设施等。

3. 培训的实施

培训的实施是培训与开发的关键环节。要保证培训与开发的效果和质量，必须做到让领导重视、员工认同，有经费保障、奖惩措施；还应做好场所、时间、教师、教材的选择等工作，以及外送培训组织工作。国内外的研究学者关注比较多的是采取怎样的培训方式进行培训，他们认为多样化的培训将比传统的讲授式培训能达到更好的效果。

4. 培训效果的评估和反馈

培训效果的评估和反馈是不容忽视的，在培训结束后企业应该评估培训方案是否达到培训的目标、评估培训方案是否有价值、判断培训工作给企业带来的全部效益（经济效益和社会效益）、评估培训的重点是否和培训的需要相一致等。通过培训效果的评估和反馈，可以及时总结经验与教训，发现新的需要和问题，从而有效地指导今后的培训与开发工作。目前使用最广泛的培训效果评估方法是柯克帕特里克的培训效果评估体系。成本—收益分析也是比较受推崇的方法之一，这种方法可将培训的效果量化，让组织可以直观地感受培训的作用。

6.2 培训与开发操作工具

一项培训与开发工作的成功与否在很大程度上取决于人力资源培训与开发操作

工具的使用。在实际的工作中,企业进行员工的培训与开发使用的操作工具有很多,但是在进行一项培训与开发工作时如何进行操作工具的选择、每个表格的作用及适用范围又是怎样的,都会引起员工的疑惑与思考。因此,做好培训与开发操作工具的梳理工作至关重要。

6.2.1 申请类表

1. 培训申请表

培训申请表分为团体申请和个人申请两种,团体申请主要由相关的主管人员填写,在表中列出预定受训者名单,个人申请由个人填写,最终统一交由人力资源部审批。培训申请表主要包括训练课程、时间、训练方式、训练课程简述及申请理由等内容,当员工因自身工作需要,要提高自身工作技能、业务水平、工作效率时,在企业进行相关培训前,可进行培训申请。培训申请表的具体内容如表 6-1、表 6-2 所示。

表 6-1 培训申请表(团体申请)

训练课程		时间		月 日起 月 日止 共 小时
讲师		训练地点		
申请部门		训练方式		
训练课程简述:			预定受训者名单:	
申请理由:				
成效预测:				
经费预估:				
审核	姓名	日期	姓名	日期	姓名	日期

表 6-2 培训申请表(个人申请)

申请人姓名		职员编号		服务部门		职位	
培训组织机构				训练课程			
申请理由:							

续表

	名称		日期起	日期止	学费
课程内容					
审核	部门意见	分管总监意见	人力资源部意见		总经理意见

2．培训经费申请表

培训经费是指企业安排或组织员工参加的培训，以及员工自主选择的与本岗位相关的培训所发生的教材费、培训费、差旅费等，由受训者填写，交由人力资源部和财务部审批。培训经费申请表主要包括申请单位、受训者、人员代号和各种培训费用等内容，该表涉及经费问题需要存档，在培训前可进行申请。培训经费申请表的具体内容如表 6-3 所示。

表 6-3 培训经费申请表

申请单位	受训者	人员代号	教材费	培训费	食宿费	总计（元）	备注
财务部			人力资源部			本单位	

6.2.2 计划类表

1．员工培训计划表

企业员工培训计划是根据需求预测的结果，具体确定企业员工培训的形式、内容、步骤等。员工培训计划表由人力资源部进行填写，交由相关的培训上级部门进行审批。该表主要包括培训日期、培训内容、费用预算、效果估计等内容，在企业需要对员工进行大规模培训时使用，具体内容如表 6-4、表 6-5 所示。

表 6-4　员工培训计划表（范本 1）

培训日期	培训内容	讲师	培训手段	培训地点	费用预算	效果估计	负责人

制表：　　　复核：　　　编制部门：人力资源部　　　审批：

注：一式三联，第一联本单位存；第二联人力资源部；第三联财务部。

表 6-5　员工培训计划表（范本 2）

培训编号：　　　　　　　　培训部门：

培训名称				培训时间			
培训课程	培训时间	负责人	起止时间	培训课程	培训时间	负责人	起止时间

参加人员共　　　人，名单如下

单位	职务	姓名	单位	职务	姓名	单位	职务	姓名	单位	职务	姓名

费用预算：　　　　　　　　　　　　每人分摊费用：

批准：　　　审核：　　　拟订：

注：一式三联，第一联本单位存；第二联人力资源部；第三联财务部。

2. 职前教育计划表

为了使员工更好地适应岗位、熟悉企业，在员工入职前，人力资源部必须根据企业的生产和经营战略，从企业的人力资源规划和开发战略出发，结合企业资源条件和员工素质情况，制定详细的员工职前教育计划表，具体内容如表 6-6 所示。

表 6-6　职前教育计划表

项目	评定
了解指令的重要性	
立即记下指令	
正确理解指令	
未发生遗忘指令的行为	
严格执行指令	

时间	教育步骤	内容
__月至__月	第1阶段 提高对企业的关心，培养归属意识	企业简介
		商品目录
		庆祝会
		参观会
		受训者和辅导者的恳谈会
		受训者和管理者的恳谈会
		企业业绩报告书
__月至__月	第2阶段 培养适应能力、职场基本礼仪	职员教育的教材
		与受训者父母的恳谈会
		回答受训者内心不安的恳谈会
		集训
		报告会
		提出报告
__月至__月	第3阶段 专业技能提升	讲授
		笔试
		比赛
__月至__月	第4阶段 基础研修	入职典礼
		研修
__月至__月	第5阶段 现场研修	研修
备注		

制定：　　复核：　　审批：

6.2.3　其他类表

1. 员工职业培训档案表

员工职业培训档案表是人力资源部为员工建立的，体现员工在一定时期内参加培训项目的记录性文件。该表的主要内容涉及员工入职前和入职后参加的培训课程、培训发生日期、培训学时、培训地点,具体内容如表6-7所示。

表6-7 员工职业培训档案表

	培训课程	时间(年、月)	共计(小时)	地点
入职前				
入职后				

姓名: 工会: 部门: 职位:

2. 培训效果评估表

培训评价是员工培训系统中的重要环节。进行培训评价时应对培训目标、方案设计、场地设施、教材选择、教学的管理及培训者的整个素质等各个方面进行评价。因此,评价内容包括评价培训者、评价受训者、评价培训项目本身三方面。评价的一般过程:首先是收集数据,如进行培训前和培训后的测试、问卷调查、访谈,观察、了解受训者观念或态度的转变等;其次是分析数据,即对收集的数据进行科学处理、比较和分析、解释数据并得出结论;最后是把结论与培训目标加以比较,提出改进意见。具体内容如表6-8~表6-18所示。

表6-8 新员工培训成效考评表(范本1)

填表日期: 年 月 日 编号:

姓 名		专 业		学 历	
培训时间		培训项目		培训部门	
1. 受训者对即将从事的工作了解程度如何					
2. 受训者对各项规章制度了解情况如何					
3. 受训者对公司文化理念理解程度如何					
4. 受训者受训结束后,所在部门对其工作的评价					
5. 工作辅导人员的评价					

表 6-9　新员工培训成效考评表（范本 2）

评价内容	第 1 次评价	第 2 次评价

○ 工作流程

是否了解工作流程		
是否了解公司上下级关系的重要性		
是否了解公司横向的联系、合作关系		
是否了解与同事间和睦的重要性		
是否认识到做一件工作必须有始有终		

○ 指示、命令的重要性

是否了解上级的指示、命令的重要性		
是否将上级的指示、命令记录下来		
指示、命令若有不明了之处，是否确认到懂为止		
是否复诵指示、命令，加以确认		
是否遵守指示、命令		

○ 工作步骤、准备

是否了解工作步骤的重要性		
是否了解工作准备得当，进展就会顺利		
是否了解工作步骤的组织方式		
是否了解工作的准备方式		
是否按照步骤、准备程序完成工作		

○ 报告、联络、协商

是否了解报告、联络、协商是工作的重点		
报告时，是否先讲结论		
是否了解联络应适时简要		
是否了解通过协商可以使工作顺利完成		
是否将挨骂的事也向上级报告、联络、协商		

○ 工作基本认识

是否学会工作上使用的机器、工具的操作方法		
是否了解公司的工作大部分都要靠团队合作来完成		
是否了解召开会议或洽商的重要		
是否了解召开会议或洽商时应有的态度		
是否了解工作上完成期限或交货期的重要		

表 6-10 新员工岗位实习指导重点表（各类新员工通用）

实习部门：　　　　　　　　　　填表日期：　　　年　月　日

姓名	序号	目前完成	商品知识	技术知识	意见沟通	顾客应付	评价统计
	1						
	2						
	3						
	问题重点						
	指导重点						
姓名	序号	目前完成	商品知识	技术知识	意见沟通	顾客应付	评价统计
	1						
	2						
	3						
	问题重点						
	指导重点						
姓名	序号	目前完成	商品知识	技术知识	意见沟通	顾客应付	评价统计
	1						
	2						
	3						
	问题重点						
	指导重点						
姓名	序号	目前完成	商品知识	技术知识	意见沟通	顾客应付	评价统计
	1						
	2						
	3						
	问题重点						
	指导重点						
姓名	序号	目前完成	商品知识	技术知识	意见沟通	顾客应付	评价统计
	1						
	2						
	3						
	问题重点						
	指导重点						

表 6-11 新员工岗位实习缺点检查表（各类新员工通用）

姓名		部门		编号	
项目	负面评价分值/分	评语		指导	
经验	5　4　3　2　1				
执行能力	5　4　3　2　1				

续表

达成能力	5　4　3　2　1		
技术能力	5　4　3　2　1		
分析能力	5　4　3　2　1		
观察能力	5　4　3　2　1		
说服能力	5　4　3　2　1		
指导能力	5　4　3　2　1		
判断能力	5　4　3　2　1		
包容能力	5　4　3　2　1		
忠诚心	5　4　3　2　1		
守秘能力	5　4　3　2　1		
交涉能力	5　4　3　2　1		
决断能力	5　4　3　2　1		
忍耐能力	5　4　3　2　1		
迟到缺席	5　4　3　2　1		
缺乏干劲	5　4　3　2　1		
错误太多	5　4　3　2　1		
效率太低	5　4　3　2　1		
临阵脱逃	5　4　3　2　1		
容易发脾气	5　4　3　2　1		
容易攻击别人	5　4　3　2　1		
变得喜欢喝酒	5　4　3　2　1		
顾客的评语不好	5　4　3　2　1		
在金钱上有纠葛	5　4　3　2　1		
有花边新闻	5　4　3　2　1		
因家庭问题而烦恼	5　4　3　2　1		
健康情况不佳	5　4　3　2　1		
其他	5　4　3　2　1		
总计			
总评			

表6-12　员工培训前行为分析表

　　　部：

　　为了使我们即将开展的培训工作更有针对性，同时便于培训结束时对比分析，现将《员工培训前行为分析表》发给你们，请你们给每个即将参加培训的员工打分，问题越严重的分值越高。

　　谢谢合作！

人力资源部
年　月　日

评价内容	评价分值/分	实际评分/分
○ 工作态度		
无故缺席、迟到、早退的情形增加	5 4 3 2 1	
上班时间沉浸在娱乐中	5 4 3 2 1	
工作的内容不变，业绩却快速下滑	5 4 3 2 1	
有事外出，碰到紧急要事却联络不上	5 4 3 2 1	
热衷于兼职	5 4 3 2 1	
○ 交友、生活态度		
私人的访客变多	5 4 3 2 1	
很多私人的电话	5 4 3 2 1	
突然变得奢侈、挥金如土	5 4 3 2 1	
未报告上级而接受别人的招待	5 4 3 2 1	
有花边新闻或家庭不和的传言	5 4 3 2 1	
○ 金钱、物品的处理		
没写出货单就安排出货	5 4 3 2 1	
没写退货单就处理退货	5 4 3 2 1	
申请费用时，没有收据的情形很多	5 4 3 2 1	
伪造收据的日期或金额	5 4 3 2 1	
销售的折扣或更改价格的理由不明确	5 4 3 2 1	
○ 抱怨		
顾客对个人的业务活动抱怨增多	5 4 3 2 1	
怀疑给顾客的回扣是否合理	5 4 3 2 1	
应收账款未收回是不正常的状况	5 4 3 2 1	
付款人发牢骚	5 4 3 2 1	
是否挪用收回的款项	5 4 3 2 1	

续表

O 个人的谈话或传言

经常扬言说要辞职	5 4 3 2 1	
谈话中透露为借钱而苦恼	5 4 3 2 1	
赌博的情形变多	5 4 3 2 1	
有敲诈顾客的传言	5 4 3 2 1	

初评：　　　复评：　　　审核：

表 6-13　学员培训成绩登记表

学号	姓名	课程 1 分数	课程 2 分数	课程 3 分数	课程 4 分数	课程 5 分数	课程 6 分数	课程 7 分数	课程 8 分数
1									
2									
3									
4									
5									
6									

统计：　　　复核：　　　存档：

表 6-14　员工培训感性认知测评表

一、公司理念

项目	评定
了解公司经营理念	
能随口说出公司理念	
对经营理念很认同	
以公司理念为荣	
能就公司理念写出深刻的感想	

二、公司价值

项目	评定
了解公司存在的意义	
了解公司的社会使命	
了解公司利益与社会利益的关系	
了解创造公司利益的重要性	
了解自己的利益与公司利益的关系	

三、公司概况

项目	评定
能画出公司组织设计图	
了解各部门的工作职能	

续表

了解公司产品	
了解公司产品特征、优点	
能说出公司资产、收入等基本数据	

四、公司历史

项目	评定
了解公司历史	
了解创业者的信念和创业历程	
认同公司优良传统	
了解并接受公司标准色、标志和标准字	
热爱公司	

五、行业知识

项目	评定
能说出公司所处的行业	
了解行业概况	
了解公司在行业中的地位	
了解公司在行业中的奋斗目标	
能对提高公司在行业中的地位提出建议	

测评日期：　　初评：　　复评：　　审核：

表 6-15　员工培训后实绩测评表

　　部：

　　本部已于　年　月　日对你部　　同志进行了培训，现对其实绩进行调查，以便我们今后改进培训工作。请你部填写下表，并于　年　月　日前交给我部　　同志。

人力资源部
年　月　日

测评项目	改变很好	略有改变	无改变	变差	很差	不明确
1. 工作量提高情况						
2. 工作质量提高情况						
3. 安全意识变化情况						
4. 成本意识变化情况						
5. 出勤情况						
6. 团队合作情况						
7. 敬业精神						
8. 勤奋程度						
9. 忠诚度						

续表

10. 奉献精神					
11. 工作主动性					
12. 责任意识					
13. 宽容心					
14. 感恩意识					
15. 自信心					
16. 意志力					
17. 工作热情					
18. 个人品性					
19. 其他					
综合评价					

填表部门： 　　　　　　　　　　填表人：

表 6-16　员工培训后工作作风测评表

　　　　部：

　　本部已于　年　月　日对你部　同志进行了培训，现对其工作作风进行调查，以便我们今后改进培训工作。请你部填写下表，并于　年　月　日前交给我部　同志。

人力资源部
年　月　日

一、工作流程

项目	评定
了解工作流程的意义	
学会上下合作、横向合作	
了解同事和睦的重要性	
团队精神明显增强	
做事有始有终	

二、工作态度

项目	评定
提前上班	
珍惜时间，不提前下班	
整理现场后方离开	
态度端正	
精神饱满，充满干劲	

续表

三、报告与复命

项目	评定
了解及时报告和及时回复命令的重要性	
报告时条理清楚、思维清晰	
能及时报告与复命	
对工作中的困难能主动提出解决办法	
勇于承担责任	

四、其他

项目	评定
仪表整洁	
重视礼节	
勤于学习	
会客不胆怯	
能虚心接受批评	

表6-17 员工培训后行为分析表

　　　　部：

　　为了测试本次培训效果，现将《员工培训后行为分析表》发给你们，请你们给每个已经参加本次培训的员工打分，问题越严重的分值越高。

　　谢谢合作！

人力资源部
年　月　日

评价内容	评价分值/分	实际评分/分
〇 工作态度		
无故缺席、迟到、早退的情形增加	5　4　3　2　1	
上班时间沉浸在娱乐中	5　4　3　2　1	
工作的内容不变，业绩却快速下滑	5　4　3　2　1	
有事外出，碰到紧急要事却联络不上	5　4　3　2　1	
热衷于兼职	5　4　3　2　1	
〇 交友、生活态度		
□ 私人的访客变多	5　4　3　2　1	
□ 很多私人的电话	5　4　3　2　1	
□ 突然变得奢侈、挥金如土	5　4　3　2　1	
□ 未经报告上司而接受别人的招待	5　4　3　2　1	

续表

| □ 有花边新闻或家庭不和的传言 | 5 4 3 2 1 | |

○ 金钱、物品的处理

□ 没写出货单就安排出货	5 4 3 2 1	
□ 没写退货单就处理退货	5 4 3 2 1	
□ 申请费用时，没有收据的情形很多	5 4 3 2 1	
□ 伪造收据的日期或金额	5 4 3 2 1	
□ 销售的折扣或更改价格的理由不明确	5 4 3 2 1	

○ 抱怨

□ 顾客对个人的业务活动抱怨增多	5 4 3 2 1	
□ 怀疑给顾客的回扣是否合理	5 4 3 2 1	
□ 应收账款未收回是不正常的状况	5 4 3 2 1	
□ 付款人发牢骚	5 4 3 2 1	
□ 是否挪用收回的款项	5 4 3 2 1	

○ 个人的谈话或传言

□ 经常扬言说要辞职	5 4 3 2 1	
□ 谈话中透露为借钱而苦恼	5 4 3 2 1	
□ 赌博的情形变多	5 4 3 2 1	
□ 有敲诈顾客的传言	5 4 3 2 1	

初评：　　复评：　　审核：

表 6-18　员工培训意见调查表

问题	回答
1. 你认为课程内容是否恰当	
2. 你最希望获取哪些方面的内容	
3. 教学方法是否恰当？你有何建议	
4. 每堂课时间长短是否恰当	
5. 哪一位或哪几位讲师给你印象最好？好在哪里	

续表

问题	回答
6. 通过这次培训，你认为自己的收获主要是什么	
7. 你有其他建议吗？请写下来	

初评：　　　　复评：　　　　审核：

3. 培训报告书

培训报告书是在员工培训结束后得到的一份自己的培训评估报告，主要包括经费统计、学员意见、讲师意见及效果总评等内容，在培训相关负责人填写完培训报告书之后，交由财务部和人力资源部进行审核并存档，具体内容如表6-19所示。

表6-19　培训报告书

报告日期：　年　月　日　　　　附件　　份

课程名称				课程编号	
项目	举办日期		训练时数	参加人数	
计划					
实际					
经费统计	项　目	预算资金	实际支出	异常说明	
	讲师费				
	教材费				
	食宿费				
	场租费				
	其　他				
	合　计				
训练检讨及呈核	学员意见				
	讲师意见				

续表

训练检讨及呈核	效果总评			
	财务部		人力资源部	

4. 培训统计表

培训统计表是在全年培训结束后，由相关培训部门对外派培训、各部门年度培训，以及年度培训计划实施情况进行的统计，统计内容主要包括培训的课程、课时、费用、时间等，该表由财务部和人力资源部进行审核并存档，具体内容如表6-20～表6-22所示。

表6-20　外派培训统计表

统计时间：

姓名	组织单位	培训地点	讲师	课程名称	课时	费用	费用总计

制表：　　　复核：　　　审核：

表6-21　各部门年度培训统计表

第　　年度

部门	项目	班次	人数	课时	费用	备注
	预定					
	实际					
	预定					
	实际					
	预定					
	实际					
	预定					
	实际					

报告日期：　　年　月　日

制表：　　　复核：　　　审核：

表 6-22　年度培训计划实施情况统计表

第　　　年度

| 部门 || 班次 || 人数 || 时间 || 费用 || 备注 |
计划	实际	计划	实际	计划	实际	计划	实际	计划	实际	

人力资源部核签	分管总监核签	经办人

6.3　培训与开发制度规范说明

实施培训与开发是员工培养的重要手段，而培训与开发制度是指能够直接影响与作用于培训与开发系统及其活动的各种法律、规章、制度及政策的总和，它是用来明确两个培训主体（公司和员工）在培训中的权利和义务、利益和责任，是保证公司员工培训工作健康发展的根本保证。

1．培训与开发制度详解

1）培训程序

（1）在新员工报到后，全体新员工进行一定时间的集中培训。

（2）由公司人事部主持培训，制订培训计划，并经公司领导批准后实施。

（3）新员工应积极参加培训，并填写新员工培训表。

（4）各部门应配合人事部对新员工的培训工作。凡涉及介绍本部门职责、功能的，均应认真准备。

（5）新员工培训完毕，将其培训成绩记录在案。员工培训表在新员工签字及各级主管评价后留存人事部。

（6）对在职能培训中表现极差的新员工，公司可以予以辞退。

2）培训范围和原则

（1）公司有望晋升职务的员工享有培训和教育的权利与义务。

（2）员工培训是以提高自身业务素质为目标的，要有利于公司利益和公司形象。

（3）员工培训和教育以不影响本职工作为前提，遵循学习与工作相结合、讲求实效、短期为主、业余为主、自学为主的原则。

3）培训形式

（1）公司举办的职前培训。

（2）在职培训。

（3）脱产培训。
（4）员工业余自学教育。
4）培训内容
（1）公司简介（概况、公司历史、公司精神、经营理念、未来前景、公司组织说明）。
（2）公司人事规章和福利（作息、打卡、门卫检查、用餐、服饰、礼仪、休假、加班、奖惩）。
（3）员工手册说明。
（4）财务会计制度（费用报销）。
（5）办公设备使用和材料采购、申领、报废。
（6）消防安全知识普及，紧急事件处理。
（7）本岗位职责、工作内容、工作流程。
（8）投诉及合理化建议渠道。
（9）参观有关工厂现场、公司荣誉室。
（10）引领员工到岗位工作场所，并与同事见面。
（11）指引存车处、乘车处、更衣处、厕所、就医处、食堂、饮水点等位置及注意事项。
5）培训培育管理
（1）公司培训教育规划。
①公司根据业务发展需要，由人事部拟定全公司培训教育规划，每半年制订一次计划。
②各部门根据公司规划和部门业务内容，再拟定部门培训教育规划。
（2）公司中高级（专业技术）人员每年脱产进修时间累计不低于 72 小时；初级（专业技术）人员每年脱产进修时间累计不低于 42 小时，且按每 3 年 1 个知识更新周期，实行继续教育计划。
（3）公司定期、不定期地邀请公司内外专家举办培训、教育讲座。
（4）学历资格审定。员工参加成人高考等获取的学历，均由人事部根据国家有关规定认定，未经认可的不予承认。
（5）审批原则
①员工可自行决定业余时间参加各类与工作有关的培训教育，如影响工作，需经主管和人事部批准方可报名。
②参加业余学习一般不应占用工作时间，不影响工作效率。
（6）公司每半年考核一次员工培训教育成果，并将员工培训教育成绩纳入员工整体考核指标体系。
（7）对员工培训教育成绩优异者，予以额外奖励。
（8）对员工业绩优异者，公司将选拔其到国内或国外参加培训。
（9）凡公司出资外出培训进修的员工，需要签订合同，承诺在本公司的一定服务期限。
①脱产培训 6 个月以上、不足 1 年的，服务期 2 年。
②脱产培训 1 年以上、不足 3 年的，服务期 3 年。

③脱产培训 3 年以上、不足 4 年的，服务期 4 年。
④脱产培训 4 年以上的，服务期 5 年。
⑤多次培训的，分别计算后加总。

（10）凡经公司批准的上岗、在职培训，培训费用由公司承担。成绩合格者，工资照发；成绩不合格者，扣除岗位津贴和奖金。

（11）公司本着对口培训原则，选派人员参加培训回来后，一般不得要求调换岗位；确因需要调岗者，按公司岗位聘用办法处理。

6）培训费用报销和补偿

（1）符合条件的员工，其在外培训教育费用可酌情报销。

（2）申请手续：

①员工申请培训教育时，填写学费报销申请表；
②经各级主管审核批准后，送交人事部备案；
③培训、教育结束，结业、毕业后，员工可凭学校证明、证书、学费收据，在 30 天内经人事部核准，到财务部报销。

（3）学习成绩不合格者学费自理。自学者原则上费用自理，公司给予一定补助。

（4）学习费用较高，个人难以承受，经总经理批准后可预支工资使用。

（5）学杂费报销范围：入学报名费、学费、实验费、书杂费、实习费、资料费及人事部认可的其他费用。

（6）非报销范围：过期付款、入学考试费、仪器购置费、稿纸费、市内交通费、笔记本费、文具费、期刊费、打字费等。

（7）员工在约定服务期限内辞职、解除劳动合同的，均应补偿公司的培训出资费用，其适用人员范围如下：

①公司出资接收的大专、中专毕业生、研究生；
②公司出资培训的中级、高级技工；
③公司出资培训的高技术、特殊、关键岗位的员工；
④公司出资出国培训的员工；
⑤公司出资在外办班、专业培训累计超过 4 个月教育的员工，不包括转岗再就业、领导决定调职、未被聘任落选后调离的情况。

（8）补偿费用额计算公式。

①已服务年限补偿额=公司支付的培训费用×（1-n）。其中，n 为视公司具体运营情况设定的百分比。
②规定服务年限。

其中，培训费用指公司支付的学杂费，公派出国、异地培训的交通费和生活补贴等。不包括培训期间的工资、奖金、津贴和劳动福利费用。

（9）补偿费用由调出人员与接收单位自行协商是否共同支付或按比例分摊。该补偿费用回收后仍列在培训费用科目下，用于教育培训。

7）培训效果评估

（1）每项培训结束时，主办部门应视实际需要分发培训学员意见调查表，供学员填写后与测验卷一并收回，并汇总学员意见，送讲师转人事部会签，作为以后再举办类似培训的参考。

（2）公司教育培训部应对各部评估培训的成效，定期分发培训成效调查表，让各单位主管填写后汇总意见，做成书面报告，并呈核签后分送各部及有关人员，作为再举办培训的参考。

2. 培训与开发制度注意事项

（1）新员工到达公司时，公司应营造欢迎新员工的氛围，派专人迎接并贴标语。

（2）培训过程中介绍情况先务虚、后务实，按轻重缓急安排培训内容。

（3）培训中将书面讲解、参观现场、操作示范相结合。

（4）在新员工进入公司的前半个月中指定人员对新员工进行辅导，及时解答新员工的疑问，肯定其成绩、指出其不足、帮助其解决。

（5）各项培训应尽量以不影响工作为原则，如超过下班时间一个半小时，或上午、下午均有训练时，应由公司负责申报提供员工膳食，员工不得另报支加班费。

（6）员工的受训成绩及资历可提供给人事部门作为年度考核、晋升的参考。

第7章
绩效考评

引导案例

索尼的绩效之痛

天外伺郎从索尼离职后写下的《绩效主义毁了索尼》一文中这样说过:"过去它像钻石一样晶莹璀璨,而今却变得满身污垢、暗淡无光。"过去的索尼凭借人性化的管理,在多个领域都取得了非凡的成就,如日中天。而在 21 世纪后,引入绩效考核的索尼却逐渐衰落。"绩效主义"是让索尼走下坡路的诱因吗?同样的绩效管理模式又为何能让海尔、三星等企业蒸蒸日上?这些问题都值得索尼思考。由于推崇"绩效主义",索尼近几年风光不再,并且一些管理问题积重难返。天外伺朗认为,由于过度推崇绩效管理,索尼已经发生并存在如下严重问题:"激情集团"消失了、挑战精神消失了、团队精神消失了、创新先锋沦为落伍者。

索尼在绩效考核中存在的弊端有以下几点。

1. 过于注重绩效考核结果与薪酬的关系

绩效考核结果和薪酬直接挂钩,员工为了拿到更多薪酬而努力工作,不再具有过去的奉献精神。

2. 量化主义导向

衡量业绩就要把各种工作要素量化,但工作是无法被简单量化的。索尼为统计业绩,花费了大量的精力和时间,而在真正的工作上敷衍了事,本末倒置。因为要考核业绩,几乎所有人都制定容易实现的低目标。

3. 追求短期利益

因实行"绩效主义",索尼内追求眼前利益的风气蔓延。这样一来,短期内难见效益的工作,如产品质量检验及老化处理工序等工作会受到轻视。

4. 利益主义抬头,责任感缺失

索尼不仅对每个人进行考核,还对每个业务部门进行经济考核,由此决定整个业务部门的薪酬。这种做法最终导致的结果是业务部门相互拆台,都想方设法从索尼的整体利益中为本部门多捞取好处。

5. 不信任感破坏团队精神

"绩效主义"企图把人的能力量化，以此做出客观、公正的评价，事实上却做不到，它的最大弊端是破坏了索尼内部的气氛。上级不把下级当成有感情的人看待，而是一切都看指标、用"评价的目光"审视下级，于是大家都极力逃避责任，这样一来就不可能有团队精神。

2020年1月，在北美国际消费类电子产品展览会上，索尼官方正式发布旗下首款纯电动概念车型——VISION-S，宣告进军新能源汽车这一需要集多领域技术的行业，这也是"One Sony"战略的延续。2020年6月12日，次世代游戏主机PlayStation 5发布，激进的造型好似彰显着那个极具创新的索尼已经摸索到了自身品牌的发展之路。索尼自由豁达、勇于创新的企业精神能否与它的管理制度完美融合，让我们拭目以待。

（资料来源：本案例根据索尼的绩效考评资料整理而成）

思考

索尼的绩效考评案例给了我们怎样的启示呢？

学习目标

1. 掌握绩效考评的基本流程及组成部分；
2. 能熟练使用绩效考评的操作工具；
3. 熟悉绩效考评制度；
4. 能够设计和制定绩效考评的指标，并对员工绩效考评有效性和考评结果进行判断与分析。

绩效考评是绩效管理中的一个重要环节，是针对企业中每个员工所承担的工作，应用各种科学方法，对员工的工作行为、工作效果及其对企业的贡献或价值进行的合理评价。通过绩效考评，能有效地检验各级目标的达成情况，能够看出绩效管理中的不足和问题，为企业和个人及时提高绩效提供有力的依据。绩效考评的目的是改善员工的工作表现，提高员工的工作业绩，达到企业经营目标并提高员工的满意度和成就感。

相关链接

人们常常认为绩效管理就是绩效考评，而实际上绩效管理与绩效考评是有很大不同的。绩效管理是指管理层和基层以组织战略为依据，共同参与的制订绩效计划、沟通和辅导、考核评价、绩效反馈、改善绩效目标的过程。绩效考评是指考评者以工作目标或绩效标准为依据，使用各种有科学依据的考核方法，对员工的业绩、工作的质量进行客观评价的过程。

7.1 绩效考评工作流程

7.1.1 绩效管理的流程

绩效管理的流程是一个完整的系统,由绩效计划、绩效沟通、绩效考评实施、绩效反馈四个核心环节构成。

绩效管理流程图表现为一个循环、闭合的矩形,如图 7-1 所示。

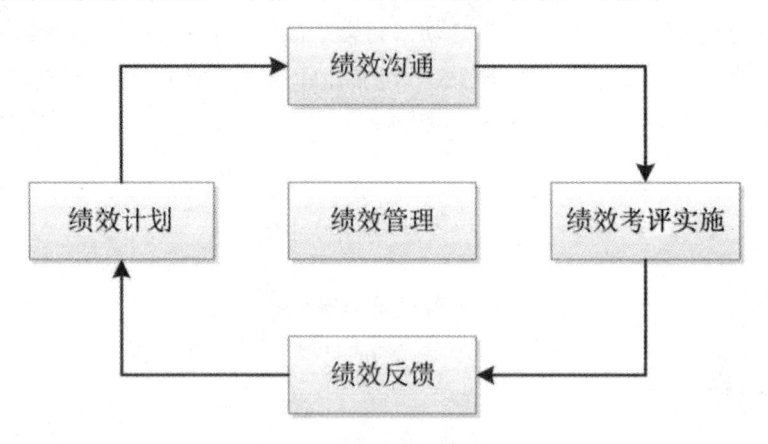

图 7-1 绩效管理流程图

> **相关链接**
>
> 绩效管理需要制定员工的绩效目标并收集与绩效有关的信息,定期对员工的绩效目标完成情况做出评价和反馈,以确保员工的工作活动和工作产出与企业保持一致,进而保证企业目标的完成。
>
> 绩效管理是以绩效考评为基础的人力资源管理子系统,它表现为一个有序且复杂的循环管理流程,它首先要明确企业与员工个人的工作目标,并在达成共识的基础上,采取行之有效的方法进行管理。绩效管理不仅着眼于员工个人绩效的提高,还注重与企业绩效目标的有机结合,最终实现企业目标和员工个人目标的双赢。

1. 绩效计划

绩效计划是绩效管理流程中的第一个环节,它是绩效管理流程的起点。在这个环节中主要是完成指定绩效计划的任务,也就是说要通过管理者和员工的共同讨论,确定员工的绩效考评目标和绩效考评周期,并对绩效管理其他环节进行初步规划。绩效计划的主要内容至少包括两个方面:一是确定绩效计划的目标及衡量标准;二是确定绩效计划目标的结果。

2. 绩效沟通

管理者和员工通过沟通、制订绩效计划并达成绩效契约，但这并不意味着后续的绩效计划就会顺利完成。绩效沟通贯穿于绩效管理的全过程。企业的绩效管理说到底就是管理者和员工之间就绩效目标的设定及实现而进行的持续沟通的一个过程。在这个过程中，管理者与员工从绩效目标的设定开始，一直到最后的绩效考评，都必须保持持续沟通，任何单方面决定都将影响绩效管理的有效开展和绩效管理体系效用的发挥。因此，不懂沟通的管理者不可能拥有一支高绩效的团队，再完美的考评制度都无法弥补管理者和员工缺乏沟通带来的消极影响。

3. 绩效考评实施

绩效考评实施是绩效管理中的一个重要环节，它是指考评者对照工作目标或绩效标准，采用一定的考评方法，评定员工的工作任务完成情况、员工的工作职责履行程度和员工的个人发展情况，并将上述结果反馈给员工的过程。这个环节是绩效管理的重心，不仅关系到整体绩效管理的运行和效果，还涉及员工的个人利益，需要人力资源部和所有参与考评的主管高度重视，保证考评的公正和准确。绩效考评也是企业人力资源管理的重要内容，更是企业管理中强有力的手段之一。绩效考评实施是在制订了绩效计划之后，组织全体员工按照计划开展工作的过程，是整个绩效管理流程中耗时最长、最关键的一个部分，这个过程的好坏直接影响绩效管理的成败。在这个过程中，无论是管理者还是员工，他们作为绩效的考评者和被考评者，都必须严格认真地完成各项工作任务。绩效考评实施包括三个方面：①管理者与员工之间持续的绩效沟通；②辅导与咨询；③对考评信息的收集和分析。

4. 绩效反馈

绩效反馈包括绩效诊断和提高，针对绩效考评结果进行面谈、运用并提出改进计划。绩效反馈面谈包括两方面：一是将绩效考评详细情况告知员工，为其今后改进工作提供方向和详细的信息；二是从员工那里详细了解绩效考评制度及运行机制方面存在的问题，为下一步改进考评办法积累信息。为保证信息与沟通的充分有效性，面谈的效果显然要大于书面通知。绩效考评结果的运用包括两方面：一是改进作用，即绩效改进，确认工作绩效的不足和差距，查明产生的原因，制订并实施有针对性的改进计划和策略，不断提高竞争优势；二是管理作用，根据考评结果对员工的浮动工资、奖金发放、职务升降等进行调整。

7.1.2 绩效考评的流程

1. 测评准备

测评准备包括收集必要的资料、选择恰当的测评人员、对测评人员进行培训、进行测评方案设计等工作。

2. 测评实施

测评实施就是对测评准备环节中确定的人员、方案进行测评。

3. 测评评价

将测评所得到的数据进行分析、评价，从被测评的数据中得出结论，以供人力资源决策者使用。

7.1.3 绩效计划制订流程

1．员工绩效计划的内容

员工绩效计划及绩效评估表的主要内容如下。

（1）员工信息：职位基本信息、工号、员工姓名、薪酬等级、薪酬结构、绩效与薪酬的对接关系等内容。

（2）员工绩效计划及评估内容：通过关键绩效指标与工作目标设定，全面衡量员工的工作成果。

（3）权重：列出按绩效计划及评估内容划分的指标权重，体现员工工作的可衡量性及对企业整体绩效的影响程度。

（4）目标值的设定：在实践中，很多企业采用对关键绩效指标设定目标值和挑战值，以界定指标实际完成情况与指标所得绩效分值的对应关系；对工作目标设定的绩效评估则主要按照其制定的评估标准来开展。

（5）指标的评分标准：遵循绩效评估表中的关键绩效指标和工作目标设定单项指标的计分规则。

（6）绩效评估周期：根据员工所处的组织层级和工作性质的不同，员工绩效计划及绩效评估表可以按照月度、季度、年度为周期来实施绩效评估。

2．制订员工绩效计划的步骤

1）步骤一：梳理职位职责

通过工作分析的各种方法，梳理职位的主要职责。对职位的关键工作内容与应完成的主要工作成果进行分析，职位职责界定是设定关键绩效指标、制订员工绩效计划的基础。职位职责界定完毕后，就可以开始从职责中提炼关键绩效指标。

2）步骤二：提炼关键绩效指标

根据企业的战略及业务计划、流程、部门职责、职位职责的要求，为员工制定可衡量的、能够量化的、具有代表性的关键绩效指标。提炼关键绩效指标由各级经理根据直接下级的关键工作职责，结合本部门与下级的关键工作职责，跟下级沟通确定。最佳实践表明：关键绩效指标的数量通常控制在4~8个。

3）步骤三：工作目标设定

企业内部不同职位的工作性质存在着很大的差异，并非所有职位都是可以用量化的关键绩效指标来衡量的，如职能支持部门基层员工所在的职位。我们可以把一些具有长期性、过程性、辅助性的关键工作纳入工作目标设定评估中来，作为对关键绩效指标的一种重要补充和完善。

在工作目标设定时需要注意以下问题。

工作目标设定与关键绩效指标遵循同样的原则，侧重不易衡量、过程性的绩效成果领域；作为关键绩效指标的补充，不能和关键绩效指标内容重复，且由于关键绩效指标相对于工作目标设定来说，其客观性更强，对绩效的衡量也更精确，因此可以用关键绩效指标衡量的工作领域应首先考虑使用关键绩效指标，在无法科学量化的领域，再通过工作目标设定来完成业绩评估；只选择对企业价值有贡献的关键工作领域，而非所有工作内容；工作目标设定不宜过多，一般控制在 3~5 个；不同工作目标应针对不同工作方面，不应重复。

4）步骤四：设计权重

权重是绩效指标体系的重要组成部分，通过对每个员工的职位性质、工作特点及对业务的控制和影响等因素的分析，确定关键绩效指标、工作目标设定及各项指标在整个绩效指标体系中的重要程度，赋予相应的权重。确定权重的方法有下面几种。

（1）关键绩效指标和工作目标设定两者之间的权重分配。

一般来讲，对于高层管理人员，绩效计划中只有关键绩效指标，没有工作目标设定；对于管理职能部门，如人力资源部、财务部、总经理办公室等，通常要进行工作目标设定。由于各部门在职能设置上的不同，在实际操作中对关键绩效指标和工作目标设定两者之间权重的分配要视具体情况而定。

（2）关键绩效指标权重的确定。

在设定各项指标权重时应注意以下问题：一些通用类指标，如客户满意度、部门预算费用执行情况、部门员工流失率等指标，在各部门所占权重应保持统一，以体现一致性；每项指标的权重一般不要小于 5%，否则对综合绩效的影响太微弱；为体现各项指标权重的轻重缓急，指标之间的权重一般以 5%进行线性增减。

（3）工作目标设定权重的确定。

工作目标设定评估是独立于关键绩效指标评估的评估方法，其各项工作目标的权重之和为 100%。工作目标设定一般只有 3~5 项，所以权重的分配比较容易拉开差距。在权重分配时，也要遵循同关键绩效指标权重分配相同的原则。

5）步骤五：确定关键绩效指标和工作目标设定的目标值

绩效计划中的目标值是用来衡量员工的工作是否达到企业期望的参照标准，是确保战略绩效管理体系公平客观的关键。绩效计划及评估指标针对绩效计划中考核的每项内容而设立，包括关键绩效指标的目标指标、挑战目标，以及工作目标完成效果的衡量标准，这些由评估者和员工双方共同商定确立。

关键绩效指标与工作目标完成效果评价的完成目标设定均遵循以上原则，但它们的设定过程不完全相同。关键绩效指标往往包括企业或部门的重要经营结果，其目标值的设定直接关系到企业的经营目标，涉及企业战略规划、企业预算、行业竞争、企业内部资源等相关管理程序，因此往往需要经过正式的评估、测试，需要慎重考虑。而工作目标完成效果评价，其衡量标准往往更多应用于基层工作人员与管理支持部门，应用于对工作过程的衡量，因此与工作目标设定的内容密切相关，主要通过经理人与员工之间的沟通来完成。在这里，我们重点介绍关键绩效指标目标值的设定。

关键绩效指标目标值的设定包括目标值与挑战目标值。

（1）目标值。

目标值是指正好完成企业对该职位某项工作的期望时，职位应达到的绩效指标完成标准，通常反映企业在正常经营环境中、正常经营管理水平下，部门应达到的绩效表现。目标值的确定，可根据年度经营计划、财务预算及职位工作计划，由企业提出指导性意见，各级经理和员工共同商讨认同，按企业管理权限分别审核确认。目标值完成的可能性在80%以上。

确定目标值时可参考过去类似指标在相同市场环境下完成的平均水平，并根据实际情况的变化予以调整。

（2）挑战目标值。

挑战值是指评估者对被评估者在该项指标完成效果上的最高期望值。因此，挑战性目标值的内在含义可看作对被评估者在某项指标上完成效果的最高期望。通常挑战目标值完成的可能性在30%左右。设定挑战目标值时，要在目标值设定的基础上，考虑实际工作绩效是否很容易在基本目标值上下有较大波动，对波动性较强的指标，应设定较高的挑战目标值。

理论上讲，无论是目标指标，还是挑战指标，均应由评估者和被评估者来协商确定。指标值要在听取评估者和被评估者的意见后，按管理权限审定，通常每年审计一次。指标值一经确定，一般不进行调整，如遇不可抗拒因素等特殊情况确需调整，由被评估者向评估者提出书面申请，并按规定程序审批；未获批准的，仍以原指标值为准。

在确定指标值的过程中，尤其要注意公平地为各职位设定指标值，尽量避免同样类型职位的指标值在相同情况下大小不同。对同样类型职位，其指标值的差异可以因自然条件、当地经营环境与企业资源多少产生，而不应由于个人能力与过去绩效水平不同产生差异。例如，不能由于某员工工作能力与管理水平高，就给该员工设定较高的目标值，造成对该员工的衡量标准高于他人，所得绩效分值低于其应得的水平。一定要注意，指标值的设定是跟工作目标相比较，而不是跟员工个人能力相比较。

6）步骤六：指标审核

绩效计划中的指标审核主要从横向和纵向上来检查指标设计是否具有一致性。横向上，检查相同部门、相同职位的关键绩效指标与工作目标设定的选择和权重的分配等标准是否统一；纵向上，根据企业战略及业务计划、职位工作职责描述，检查各上级的考核指标是否在下级中得到了合理的分配或进一步分解，能否保证企业整体发展战略目标和业务计划的实现。

7.1.4 绩效考评方法

1. 行为导向型主观评价方法

（1）排列法。排列法亦称排序法、简单排列法，是绩效考评中比较简单易行的一种综合比较方法。它通常由上级主管部门根据员工工作的整体表现，按照优劣顺序依次进行排列。有时为了提高精确度，也可以将工作内容做出适当的分解，分项按照优劣顺序排列，再求出总平均的次序数，作为绩效考评的最后结果。

（2）选择排列法。选择排列法亦称交替排列法，是排列法的"升级版"。选择排列法利用的是人们容易发现极端、不容易发现中间的心理。选择排列法的具体步骤是在所有员工中先挑出最好的员工，再挑出最差的员工，将他们作为第一名和最后一名，接着在剩下的员工中挑出最好的和最差的，将他们分别排在正数第二名和倒数第二名，依次类推，最终将所有员工按照优劣的先后顺序全部排列完毕。

（3）成对比较法。成对比较法亦称配对比较法、比较法。它的基本步骤如下：首先，根据某种考评要素（如工作质量），将所有参加考评的员工逐一比较，按照从最好到最差的顺序对被考评的员工进行排序；其次，根据下一个考评要素进行两两比较，得出被考评的员工的排列次序，依次类推；最后，经过汇总整理求出被考评的员工所有考评要素的平均排序数值，得到最终考评的排序结果。

（4）强制分布法。强制分布法亦称正态分布法。假设员工的工作行为和工作绩效整体呈正态分布，那么按照正态分布的规律，员工的工作行为和工作绩效好、中、差的分布存在一定的比例关系，工作绩效处于中间的员工最多，工作绩效好的和差的是少数。强制分布法就是按照一定的百分比，将被考评的员工强制分配到各个类别中，类别通常是三类或五类，分布规律通常是中间多，两头少。采用这种方法，可以避免考评者过分严厉或过分宽容的情况发生，克服平均主义。强制分布法通常运用于企业人数比较多的情况，一般来说，企业发展比较稳定的情况下，这种方法的准确性较高。

2．行为导向型客观评价方法

（1）关键事件法。关键事件法亦称重要事件法。在某些工作领域内，员工在完成工作任务的过程中，有效的工作行为导致成功，无效的工作行为导致失败。关键事件法的设计者将这些有效或无效的工作行为称为关键事件，考评者要记录和观察这些关键事件，因为它们通常描述了员工的行为，以及工作行为发生的具体背景条件。这样，在评定一个员工的工作行为时，就可以利用关键事件作为考评的指标和衡量的尺度。

关键事件法对事不对人，以事实为依据，考评者不仅要注重对行为本身的评价，还要考虑行为的情境，这种方法可以用来向员工提供明确的信息，使他们知道自己在哪些方面做得比较好，在哪些方面做得不好。关键事件法考评的内容是下属特定的行为，而不是下属的品质和个性特征，如忠诚性、亲和力、果断性和依赖性等。

由于这种方法强调的是选择具有最好或最差行为表现的典型和关键性活动事例，作为考评的内容和标准，因此一旦考评的关键事件选定了，其具体方法也就确定了。

（2）行为锚定等级评价法。行为锚定等级评价法是一种将同一工作可能发生的各种典型行为进行评分度量，建立一个锚定评分表，以此为依据对员工工作中的实际行为进行测评的考评办法。

行为锚定等级评价法实质上是把关键事件法与评级量表法结合起来，兼具两者之长。行为锚定等级评价法是关键事件法的进一步拓展和应用，它将关键事件和等级评价有效地结合在一起，通过一张锚定评分表可以发现，在同一个绩效维度中存在一系列的行为，每种行为分别表示这一维度中的一种特定绩效水平，将绩效水平按等级量化，可以使考评的结果更有效、更公平。具体的工作步骤如下所述。

①进行岗位分析，获取本岗位的关键事件，由第一组管理人员进行明确简洁的描述。

②建立绩效评价的等级，一般为5～9级，将关键事件归并为若干绩效指标，并给出确切定义。

③由第二组管理人员对关键事件重新分配，将它们归入最合适的绩效要素及指标中，确定关键事件的最终位置，并确定绩效考评指标体系。

④审核绩效考评指标等级划分的正确性，由第二组管理人员将绩效指标中包含的重要事件，按照从优到差、从高到低排列。

(3) 行为观察法。行为观察法亦称行为观察评价法、行为观察量表法、行为观察量表评价法。行为观察法是在关键事件法的基础上发展起来的，与行为锚定等级评价法大体接近，只是在量表的结构上有所不同。本方法不是确定工作行为处于何种水平，而是确定员工某种行为出现的概率，它要求考评者根据某一工作行为发生频率的高低或发生次数的多少来对被考评的员工打分。例如：从不（1分）、偶尔（2分）、有时（3分）、经常（4分）、总是（5分）。这种方法可以对不同工作行为的评定分数相加得到一个总分数，也可以按照对工作绩效的重要程度赋予工作行为不同的权重，经加权后再相加得到总分。总分可以作为不同员工之间进行比较的依据，发生频率过高或过低的工作行为不能选取为评定项目。

行为观察法弥补了关键事件法不能量化、不可比，以及不能区分工作行为重要性的缺点，但是编制一份行为观察量表较为费时费力。同时，完全从行为发生的频率考评员工，可能会使考评双方忽略行为过程的结果。

7.1.5 绩效考评的具体实施

在清楚绩效考评流程并确定绩效考评方法后，需要制订具体的实施方案。一个好的绩效考评方案能够提高工作效力，确保各项工作任务保质保量地完成，营造团结向上的氛围，并能够打造一个有战斗力、有凝聚力的团队。

1. 确定考核周期

依据企业经营管理的实际情况（包括管理形态、市场周期、销售周期和生产周期）确定合适的考核周期，一般以一个月为一个考核周期。每个考核周期都会进行一次例行的重点工作绩效考核。对需要跨考核周期才可能完成的工作，也应列入工作计划进行考核。可以实行时段与终端相结合的考核方法，在开展工作的考核周期，考核工作的进展情况；在完成工作的考核周期，考核工作的终端结果。

2. 编制工作计划

按照考核周期，作为考核对象的职能部门、业务机构和工作责任人，在考核周期期初编制所在部门或岗位的工作计划，对纳入考核的重点工作内容进行简要描述。每项重点工作都要明确设置工作完成的时间指标和绩效指标。同时，按照预先设定的计分要求，设置每项重点工作的考核分值，必要时附加开展重点工作的保障措施。考核周期工作计划应按照时间要求编制完成，并报送考核执行人确认，然后付诸实施。

3. 校正量效化指标

绩效考核强调重点工作的开展和完成必须设置量效化指标。量化指标是数据指标，效化指标是成效指标，重点工作的量效化指标反映了重点工作的效率要求和价值预期。另外，在实际工作中，并不是所有的工作结果或成效都可以用数据指标进行量化的，而效化指标比较难以设置和确定，需要一定的专业素质和及时的信息沟通。因此，考核执行人应会同考核对象，对重点工作的量效化指标进行认真校正并最终确定，保障重点工作的完成质效。

4．调控考核过程

在管理运转中，存在并发生着不确定性因素，容易造成工作变数。考核也是如此，当工作的变化、进展和预置的计划发生冲突时，首先应该对变化的事物进行分析，准确识别变化的原因和走向，然后对工作计划和考核指标做出及时、适当的调整改进。

5．验收工作成效

每个考核周期期末，在设定的时间内，考核执行人依据预置或调整的考核周期工作计划，对考核对象的重点工作完成情况进行成效验收。按照每项工作设置的量效化指标和考核分值，逐项核实工作成效，进行评分、计分，累计计算考核对象在该考核周期重点工作完成情况的实际得分，并就工作绩效的改进做出点评。

6．考核结果运用

考核的目的是改进工作绩效、推进工作、提高工作效率。考核对象重点工作完成情况的实际得分即为考核结果，如何运用考核结果会直接影响考核的激励作用。在切实结合企业管理资源的实际情况，充分考虑企业文化的负载能力的基础上选择和确定考核结果的运用方式。

> **相关链接**
>
> 绩效考评的原则：①公开与开放原则；②反馈与修改原则；③可靠性与正确性原则；④程序化与制度化原则；⑤可行性与实用性原则。

7.2 绩效考评操作工具

每个企业、每位管理者都需要掌握一些评价员工绩效的方法。如果员工绩效比较好，就进一步强化这种绩效；如果员工绩效比较差，就采取相应的措施改进。绩效考评就是企业或管理者根据员工个人需要达到的绩效标准，对其在当前或过去的绩效进行评价的一个过程。在进行绩效考评的过程中，针对各类员工设计的绩效考评的表格是推动绩效考评顺利进行的一个重要工具，是完成绩效考评的关键。

7.2.1 规划类表

1．员工发展规划表

员工发展规划表是在员工入职后，对员工在工作中需要掌握的技能进行规划的表格工具，主要内容包括员工需要发展的技能、行动计划、负责人、时间表。该表最终由员工本人和直接主管签字，并交由人力资源部存档，具体内容如表 7-1 所示。

表 7-1 员工发展规划表

姓名：　　　　　部门：　　　　　岗位：　　　　　直接主管：　　　　　日期：

需要发展的技能	行动计划	负责人	时间表	备注
				员工签字：
其他发展行动（联系目标和技能评价）				直接主管签字：
长期发展和职业期望				
长期发展的技能				

2．工作业绩计划表

工作业绩计划表是对未来工作产生的绩效进行的规划和设计。该表主要包括重点项目、目标衡量标准、关键策略、权重、资源支持承诺、参与评价者评分、自评得分和上级评分几个部分，最终由员工本人和直接主管签字，并交由人力资源部存档，具体内容如表 7-2 所示。

表 7-2 工作业绩计划表

姓名：　　　　　部门：　　　　　岗位：　　　　　考核期间：　　年　　月　　日至　　年　　月　　日

重点项目	目标衡量标准	关键策略（把重点工作按照时间和关键节点进行展开）	权重（%）	资源支持承诺	参与评价者评分（分）	自评得分（分）	上级评分（分）
合计	评价得分=Σ（评分×权重）		100%				

计划确认　本人：　　年　　月　　日　　　　　　　　　　　　　　直接主管：　　年　　月　　日

工作业绩计划表填写说明	1．"重点项目"一般不超过 6 项，不能确定的用"上级临时交办的任务"表示，但权重不能超过 10% 2．"目标衡量标准"要具体并能够衡量，一般从数量、质量、时效性、所节约的资源和客户（含上级）的评价等方面确定 3．"关键策略"要求把重点工作按照时间和关键节点进行展开，以制定具体的阶段性目标，便于落实 4．"资源支持承诺"指为达到目标所需的资源和上级的支持，经双方确认后填写 特别强调：若考核期间内出现重大计划调整（如权重大于 20%的工作任务取消或新增；现有任务权重增减超过 20%），需要重新填写本表作为工作指导和考核依据

7.2.2 考评类表

1. 月份工作项目考评表

月份工作项目考评表是企业每月对员工进行考评，以综合评估员工每月工作绩效所使用的表格工具。该表主要包括被考评员工的姓名、职位、工作年限、工资等级和具体的工作项目考评成绩等信息，由员工所在部门直接主管进行评分，由部门经理审核盖章并存档，具体内容如表 7-3 所示。

表 7-3 月份工作项目考评表

考评部门： 　　　考评日期：

姓名		职位		工作年限	工资等级	
工作项目	考评成绩					
	优秀（5分）	良好（4分）	合格（3分）	需改善(2分)	缺点甚多(0分)	
1						
2						
3						
直接主管评分	总分		直接主管盖章		部门经理盖章	
	等级					

2. 文职人员考评表

文职人员考评表是为了科学客观地评价文职人员在岗工作期间的德才表现和工作绩效，督促和激励文职人员提高业务素质，认真履行职责，并为聘用、奖惩及薪酬分配提供依据而制定的表格工具。针对管理层、基层文职、营销人员和制造人员设计了不同的表格，由考评人填写并盖章，具体内容如表 7-4～表 7-7 所示。

表 7-4 文职人员考评表（管理层）

考评日期：

姓名		单位		职务		考评期间			
考评项目	考评说明		考评人	考评等级				得分
				优	良	中	差	

续表

工作考评（满分 60 分）	工作知识						
	工作量						
	工作品质						
	工作态度						
	工作能力						
领导能力（满分 20 分）							
出勤（满分 15 分）							
其他（满分 5 分）							
奖惩意见							
考评人盖章					总分		

表 7-5 文职人员考评表（基层文职）

考评日期：

姓名		单位		岗位		考评期间	
考评项目	考评说明	考评人	考评等级				得分
			优	良	中	差	

续表

工作考评（满分72分）	工作知识							
	工作量							
	工作品质							
	工作态度							
	工作能力							
团队合作能力（满分10分）								
出勤（满分13分）								
其他（满分5分）								
奖惩意见								
考评人盖章							总分	

表 7-6 文职人员考评表（营销人员）

考评日期：

姓名		单位		岗位		考评期间		
考评项目	考评说明		考评人	考评等级				得分
				优	良	中	差	

续表

工作考评 （满分75分）	工作知识							
	销售量							
	工作品质							
	工作态度							
	工作能力							
团队合作能力 （满分15分）								
其他 （满分10分）								
奖惩意见								
考评人盖章						总分		

表 7-7 文职人员考评表（制造人员）

考评日期：

姓名		单位		岗位		考评期间		
考评项目	考评说明	考评人	考评等级				得分
			优	良	中	差	

续表

工作考评 （满分 72 分）	技术水平								
	产量								
	产品品质								
	安全								
	工作态度								
团队合作能力 （满分 10 分）									
出勤 （满分 13 分）									
其他 （满分 5 分）									
奖惩意见									
考评人盖章							总分		

3．无记名民主考评表

民主考评是通过无记名的方式，在上级、同级和下级之间征询被考评者的意见的一种考评方式，而无记名民主考评表就是进行民主考评的一个重要工具。无记名民主考评表主要针对管理人员，通常按一定要素评价或综合评价，内容主要包括被考评者的姓名、职务等基本信息及评价内容的分类。该表主要由考评部门填写，经被考评者本人填写意见后交由相关部门存档，具体内容如表 7-8 所示。

表 7-8　无记名民主考评表（管理人员用）

考评部门：　　　考评日期：

姓名			职务		任期					
分类	评价内容					满分/分	一次	两次	调整	决定
领导能力	1	是否自己率先示范				5				
	2	遭遇困难时，是否能沉着果断地指导				2.5				
	3	是否公平且冷静地对待部属				2.5				
	4	部属是否充满朝气				2.5				
	5	是否得到部属坚定的信赖				2.5				
部属培育	6	是否明确部属的优缺点				2.5				
	7	是否从旁给予帮助、建议，以发挥部属的优点				2.5				
	8	是否适才所用				5				
	9	是否能引发部属思考				2.5				
	10	是否仔细地聆听部属的意见				2.5				
士气	11	是否注意身体健康				2.5				
	12	是否恰当使用金钱				5				
	13	是否热心于部门内意见的沟通				2.5				
	14	是否存在生活作风问题				2.5				
	15	是否与顾客串通勾结				5				
目标完成	16	是否能按照公司的经营方针来拟定部门目标				2.5				
	17	是否尽最大的努力完成目标				7.5				
	18	是否能以较低的成本完成目标				7.5				
	19	是否能严守时限，完成目标				2.5				
	20	是否能随机应变，完成目标				2.5				
责任感	21	是否能站在全公司的立场发言、提议				2.5				
	22	是否能以长期的眼光制订公司计划				2.5				
	23	是否能从公司的立场制订公司计划				5				
	24	是否能与其他部门合理交流				2.5				
	25	是否积极地与其他部门协调				2.5				
自我启发	26	是否热衷于工作交际的扩展				2.5				
	27	是否虚心地听取部属或晚辈的建议、意见				2.5				
	28	是否经常学习新的知识、技术				2.5				
	29	是否不懈怠对未来的预测				2.5				
	30	为了改善现状，是否可以抛弃前例				5				
评价分数合计						100				
本人意见										

4．员工晋升考评表

当员工的自身素质达到企业及部门的考核要求时，根据企业情况明确岗位的分类与岗位晋升渠道的规划与建设，对员工晋升进行考评，员工晋升考评表就是对员工晋升进行考评的一个重要工具。该表主要包括被考评者的基本信息、过去的考评情况和具体的考评项目等内容，由考评部门填写，最终由被考评者的原部门、原分管领导及人力资源部审核，得出评定结论，具体内容如表7-9所示。

表7-9 员工晋升考评表

考评日期：

姓名		性别		年龄	
学历		专业		职位	
此前一年内考评情况					
以下由考评小组评定					
工作经验	标准	10年以上	8年以上	5年以上	2年以上	2年以下
	及分值	10分	8分	5分	3分	0分
	实际得分					
领导能力	标准	强	有一定能力	需提高	弱	不具备
	及分值	10分	8分	5分	3分	0分
	实际得分					
政策贯彻	标准	全部贯彻	大部分贯彻	部分贯彻	小部分贯彻	不贯彻
	及分值	10分	8分	5分	3分	0分
	实际得分					
工作能力	标准	强	有一定能力	需提高	弱	不具备
	及分值	10分	8分	5分	3分	0分
	实际得分					
工作态度	标准	很好	好	一般	差	很差
	及分值	10分	8分	5分	3分	0分
	实际得分					
建议能力	标准	强	有一定能力	需提高	弱	不具备
	及分值	10分	8分	5分	3分	0分
	实际得分					
创新能力	标准	强	有一定能力	需提高	弱	不具备
	及分值	10分	8分	5分	3分	0分
	实际得分					
发展潜力	标准	知识	解决问题能力	判断力	主见果断	
	及分值	10分	10分	5分	5分	
	实际得分					
总分						

续表

以下是相关部门意见	
原部门意见	
原分管领导意见	
人力资源部意见	
评定结论	

5. 分类指标考评分值表

分类指标考评是以考核标准类型进行考评的一种方法，分类指标考评分值表是运用此方法进行考评的一个重要工具。分类指标考评分值表主要包括定性指标和定量指标两部分内容，由考评部门根据被考评者的具体情况填写，最终交由企业相关部门审核，具体内容如表 7-10 所示。

表 7-10　分类指标考评分值表

考评对象：　　　　　　　　　　　　考评时间：

指标类别	指标	满分分值/分	实际得分/分	备注
定性指标				
定量指标				
合计		100 分		

考评：　　　　　复核：　　　　　审核：

6. 年终考评评分表

为全面了解、评估工作绩效，高效、客观地开展年度绩效考评工作，并切实运用年度绩效评估结果，对领导干部、普通员工以年度为单位进行考核，每个企业都会进行有效的年终考评。针对领导干部及普通员工，企业会设计不同的年终考评评分表。该表的内容主要包括相应的评价指标及年度计划任务的完成情况等，具体内容如表 7-11、表 7-12 所示。

表 7-11　年终考评评分表（领导干部）

第　　年度　　　　考评日期：

姓名			部门			职务		
指标	说明			满分分值/分	实际得分/分	备注		
本年计划任务完成情况（满分55分）	计划任务	实际完成						
能力考评（满分45分）	领导能力							
	组织能力							
	协调能力							
	策划能力							
	创新能力							
	工作责任							
	成本控制							
	判断能力							
	解决问题能力							
小计				100分				
受处罚扣分/分								
受奖励加分/分								
最后得分/分								

复评：　　　　初评：　　　　日期：

表 7-12　年终考评评分表（普通员工）

第　　年度　　　　考评日期：

姓名			部门			岗位		
指标	说明			满分分值/分	实际得分/分	备注		
本年计划任务完成情况（满分55分）	计划任务	实际完成						
能力考评（满分45分）	工作效率							
	成本意识							
	工作责任							
	团队精神							
	道德素养							
	服从意识							
	学习能力							

续表

能力考评	工作态度				
（满分 45 分）	解决问题能力				
小计			100 分		
受处罚扣分/分					
受奖励加分/分					
最后得分/分					

复评：　　　　初评：　　　　日期：

7．员工考评成绩登记表

员工考评是指企业或上级领导按照一定的标准，采用科学的方法，衡量与评定员工完成岗位职责任务的能力与效果的管理方法，主要目的是让员工更好地工作，为企业服务。企业需要对员工每月、每年及历年考评成绩进行登记，员工考评成绩登记表就是对员工考评结果进行登记的重要工具，其内容主要包括员工的姓名、考评的季度、年度时间及出勤记录，由人力资源部进行考评填写并放入档案保存，具体内容如表 7-13～表 7-15 所示。

表 7-13　员工月度考评成绩登记表

部门：　　　　　　　第　　年度　　　　　　　第　　页

编号	姓名	上半年度							下半年度							年度考绩
		1月	2月	3月	4月	5月	6月	小计	7月	8月	9月	10月	11月	12月	小计	

登记：　　　　复核：

表 7-14　员工年度考评成绩登记表

部门：　　　　　　　第　　年度　　　　　　　第　　页

编号	姓名	到职			薪资	假勤记录					功过记录		年中考绩	年底考绩	年度平均
		年	月	日		迟到	早退	事假	病假	旷职	其他	奖励	惩罚			

制表：　　　　复核：

表 7-15　员工历年考评成绩登记表

部门：　　　　　　　　　　　　　　　　　　　　　　　　　第　　页

编号	姓名	2015年上半年	2015年下半年	2016年上半年	2016年下半年	2017年上半年	2017年下半年	2018年上半年	2018年下半年	2019年上半年	2019年下半年	优	良	中	差

制表：　　　　　　　　　　　　　　　　　复核：

8．员工日常考评成绩排名表

员工日常考评成绩排名表是对员工之间日常考勤成绩进行横向比较的重要工具，其内容主要包括年度、姓名、日常考评总分、年度考勤加（减）分、总成绩、名次，由人力资源部根据各部门的考评情况进行排名，经审核后存档，具体内容如表 7-16 所示。

表 7-16　员工日常考评成绩排名表

第　　年度

姓名	日常考评总分	年度考勤加（减）分		总成绩	名次
		全年请假未超过（超过）天数	应+（-）分数		

经办：　　　　　　复核：　　　　　　审核：

7.2.3　其他类表

1．绩效改善计划表

在对员工进行一系列的考评之后，人力资源部需要对本次绩效考评成效进行总结分析，并对以后的绩效考评提出新的改进意见和方案，规划新的人力资源发展计划，绩效改善计划表就是进行该工作的重要操作工具。绩效改善计划表主要由人力资源部设计，包括计划改善项目、绩效改善指导者、执行时间等内容，该表填写完之后经待改善人和部门负责人签字审核后存档，具体内容如表 7-17 所示。

表7-17 绩效改善计划表

　　　　部：

根据本次考评，你部员工　　　需要进行多项改善以提高绩效，现将绩效改善计划表发给你部，请指导执行。

人力资源部
年　月　日

姓名		岗位		部门	
计划改善项目				绩效改善指导者	执行时间
1．本职工作技能的提升					
2．公司文化理念的认识加强					
3．工作态度改进					
4．工作计划性和目的性改进					
5．面对困难时的决心和意志加强					
6．合作意识加强					
7．团队精神的培养加强					
8．敬业精神的提升					
9．忠诚度的提升					
10．职业生涯规划的指导					
11．责任意识的提升					
12．服务意识的提升					
13．与上级、同事相处的礼节培养					
14．产品知识丰富					
15．制造流程了解程度的加深					
16．沟通意识加强					
17．报告意识加强					
18．基本礼仪的培养加强					
19．会客禁忌的了解加强					
20．接听电话的礼仪培养加强					
21．应对客户抱怨的技能提升					
22．工作效率的提升					
23．工作差错率的降低					
24．向部门老员工学习工作方法					
25．实施部门内部训练					
26．实施岗位竞赛					
27．阅读书籍 ①自我发展 ②有效的沟通 ③职业生涯规划					
待改善人签字				部门负责人签字	

2. 下属每月工作评价表

每个月工作结束后,领导需要对自己的下属进行工作评价,从智能、责任两方面进行评价,评价程度分为优、良、中、差四种,最后算出分数,具体内容如表 7-18 所示。

表 7-18 下属每月工作评价表

年　月

因素		评价的依据	程度	分值/分	小计
智能	知识		优、良、中、差	5、4、3、2、1	
	技能 作业方法		优、良、中、差	5、4、3、2、1	
	技能 设备		优、良、中、差	5、4、3、2、1	
	技能 物料		优、良、中、差	5、4、3、2、1	
	经验		优、良、中、差	5、4、3、2、1	
责任	他人安全、财物及业务 警觉程度		优、良、中、差	5、4、3、2、1	
	他人安全、财物及业务 严重程度		优、良、中、差	5、4、3、2、1	
	他人安全、财物及业务 财产设备		优、良、中、差	5、4、3、2、1	
	他人安全、财物及业务 物料制品		优、良、中、差	5、4、3、2、1	
	他人安全、财物及业务 公共关系		优、良、中、差	5、4、3、2、1	

考评:　　　　　复核:　　　　　日期:

7.3 绩效考评制度规范说明

绩效考评制度是指对照工作目标或绩效标准，采用一定的考评方法，评定员工的工作任务完成情况、员工的工作职责履行程度和员工的发展情况，并将上述评定结果反馈给员工的一种制度。

1. 员工绩效考评制度详解

1）考评原则

（1）一致性：在一段连续的时间内，考评的内容及标准不应有太大的变化，至少一年内考评的方法应保持一致。

（2）公开性：员工有权知道自己的考评结果。

（3）公平性：对同岗位的员工使用相同的考评标准。

（4）客观性：考评应客观反映员工的实际情况，避免出现因光环效应、个人偏见等带来误差。

2）考评等级

依据考评分数和相应的条件，将考评结果分为优秀、称职、基本称职和不称职四类，考评采取百分制计分。

（1）优秀，85分以上（含85分）。

（2）称职，75分以上（含75分）。

（3）基本称职，65分以上（含65分）。

（4）不称职，65分以下一律视为不称职。

3）考评对象

考评对象包括公司全体职能人员及专业技术人员。

4）考评周期

考评周期分为月度绩效考评、季度绩效考评及年度绩效考评。

（1）月度绩效考评。

①考评内容说明如下。

重点工作：部门和职能模块的重要工作、年度专项工作、领导指派的重要工作。

常规工作：个人年度或月度常规性工作、领导指派的临时性工作等。

加减分指标：加分项指经总经理批准可予以加分的事项，具体根据被考评人月度内的工作质量、突发事件的应对与处理能力、被考评人受到公司相关奖励等，视具体情况确定，加分值范围为0～5分；

扣分项指经总经理批示应予以扣分的事项，具体根据被考评人的工作质量、违规违纪等情况、相关单位和部门的投诉确定，扣分值范围为0～5分。

②考评流程。

被考评人应于每月25日前，向职能负责人申报下月的工作计划、汇报当月情况及考核的自我评价。

职能负责人应于每月30日前，对被考评人申报的工作计划等进行调整和确认，完成考核的复评，并报请总经理审批。

③考评结果与薪酬发放。

考评结果与个人月度的固定薪酬挂钩，发放比例最低不少于90%。

④考勤。

员工考勤不纳入员工的月度考核，公司将根据具体考勤结果在其月度工资中扣减缺勤工资。

（2）季度绩效考评。

①季度工作考评。

季度工作考评的结果由季度内三个月的月度绩效考评得分加权平均计算。

②季度能力评价。

评价方式：采用百分制，包括沟通协调能力、执行能力、创新能力、团队协作能力、积极主动能力5项评价指标，每项指标占20%。

评分标准：根据职位职级的要求，对员工个人绩效目标达成过程中的能力表现情况进行强制性的评价打分，具体评分标准根据公司实际情况而定。

③季度考评流程。

各考评责任人负责在每季度首月的前三天，根据季度考评表所列的项目及考评权限，完成上季度的考评工作。

职能负责人组成无等级会议小组，对其他人员的季度业绩考评、季度评价进行讨论，初步评估季度绩效等级结果。

部门成员季度绩效考评结果的最终评定由部门经理负责。

④季度考评结果与薪酬发放。

职能负责人不参加季度绩效奖励的分配。

其他人员季度的绩效奖励，参考结合团队和个人季度考评的结果进行分配；若考评结果差，将不参加季度绩效奖励的分配。

（3）年度绩效考评。

①对员工个人年度业绩的全面评价属于年度绩效考评，不同考评对象的考评结构如下。

员工个人年度绩效考评：将员工个人各季度业绩考评得分进行加权平均。

职能负责人年度业绩考评由总经理负责对职能负责人年度工作计划的完成情况及个人工作能力等方面进行综合评价，其中工作能力的评价需要结合相关人员开展360°的反馈评价，反馈结果将成为总经理进行评价的重要参考依据。

②年度考评流程。

××××年××月××日前，各考评责任人应完成年度绩效考评表的申报工作。

××××年××月××日前，总经理应完成对职能负责人的评价。

××××年××月××日前，部门总监组织无等级会议，按照强制分布比例，完成对部门员工年度绩效等级结果的最终评定。

③年度绩效结果应用。

参照《薪资计发办法》的发放比例，年度绩效等级与员工薪酬的浮动相结合。

根据考评的具体情况，对年度考评成绩差的员工予以调岗或解雇。

5）考评内容及评价方法

（1）工作能力。

按照个人相应技术职称岗位职责的要求，评价员工在一个考评周期中的工作能力表现。

A级，表现出超出职位技能要求的能力。

B级，偶尔有超出职位技能要求的表现。

C级，符合职位技能要求。

D级，略有不符合职位技能要求的表现。

E级，多数表现不符合职位技能要求。

（2）工作任务。

评价员工在一个考评周期中的平均工作任务量饱和度。

A级，工作任务极重，能按时高效完成，但需要长时间加班。

B级，工作任务较重，需要经常加班以完成任务。

C级，工作任务基本饱和，偶尔加班即可完成。

D级，工作任务不完全饱和，有少量空闲。

E级，工作任务饱和度不足50%。

（3）工作质量。

评价员工在一个考评周期中所完成的工作质量情况。该项考评同时要求上级在安排工作任务时，员工能够明确工作质量要求。

A级，及时完成且能超出任务质量要求。

B级，工作任务基本没有质量问题。

C级，有少量轻微的质量问题，但不足以影响团队工作进度。

D级，时常有轻微的质量问题，偶尔影响团队整体工作进度。

E级，经常有明显的工作质量问题。

（4）工作态度。

评价员工在一个考评周期中所表现出来的工作态度。

A级，工作积极主动，有较强的责任感，敢于担当。

B级，工作积极，态度端正，有责任感。

C级，工作认真，有承担责任的能力，但经常被动承担责任。

D级，工作保守，不求有功，但求无过。

E级，工作态度消极，抵触情绪较多，推诿扯皮，影响工作。

（5）团队合作。

评价员工在一个考评周期中所表现出来的团队合作性。

A级，事事能以团队利益优先，推动团队发展。

B级，能主动与他人配合工作，主动与他人共享技术知识。

C级，能配合他人工作，经常处于被动状态。

D级，只顾完成个人工作，其余事不关己，漠不关心。

E级，个人主义较重，影响团队工作。

（6）纪律仪表。

评价员工在一个考评周期中所表现出来的团队合作性。

A级，遵守公司及本部门各项纪律规定，注重职业仪表。

B级，遵守公司及本部门各项纪律规定，基本符合职业仪表要求。

C级，基本遵守公司及本部门各项规定，职业仪表稍有欠缺。
D级，有违反纪律的行为，但能虚心接受，且有明显改进。
E级，有违反纪律的行为，被指出时不接受，或接受但无改进。
（7）学习培训。
评价员工在一个考评周期中个人学习情况及培训效果。
A级，能积极主动学习，培训效果非常显著。
B级，能积极主动学习，能完成培训任务且符合培训要求。
C级，能根据工作需要学习，基本完成培训任务。
D级，学习积极性略有不足，培训效果未达到要求。
E级，学习能力较差，或基本不学习，无法完成培训任务。
（8）考评程序。
在考评周期末，考评小组对所有人员进行绩效考评打分，并按照以下评分方法计算：基础分数为0分，获A级一次加5分，获B级一次加4分，获C级一次加2分，获D级一次加0分，获E级一次减2分。
最终所得分数为该考评期内的绩效成绩，年度绩效考评成绩为各考评期绩效成绩的平均值。

6）考评结果应用
（1）考评结果为优秀，可以优先考虑参加各类评优工作，并在公司选拔技术人才时作为推荐参考依据。
（2）年度考评结果在称职以上，将成为续聘推荐的重要评价依据。
（3）年度首次考评结果为基本称职，会被要求限期（3个月）改进，然后进行二次考评，二次考评成绩将取代首次考核成绩。
（4）考评结果为不称职，不能胜任本岗位工作，应予以轮岗或解聘。
（5）未参加考评的员工不予推荐聘任。

7）绩效调整、改进与适用人员
（1）绩效面谈负责人在各个考评周期应与考评等级为甲级的员工进行面谈，对表现优异的员工予以肯定和激励；与考评等级为乙级的员工进行面谈，为其提出具体的改进建议，并在考评评估中进行详细记录。
（2）部门经理应于每月5日前召开月度工作会议，通报上月工作计划的完成情况及被考评人员的考评成绩，提出相应的改进意见。
（3）员工申诉。员工有权对本人的绩效考评结果提出申诉，负责人针对员工申诉的具体原因进行评议，并及时将评议结果反馈给员工本人。
（4）在新员工入职后的一个月内，上级应为其制定工作绩效目标，并在试用期结束前，完成对新员工的转正评估。
①月度绩效考评：试用期内，参加月度绩效考评，此考评结果不影响薪资。
②季度绩效考评：转正起当季度在职满两个月者，参加季度绩效考评。
③年度绩效考评：转正起当年度在职满三个月者，参加年度绩效考评。

（5）人员调动。

①调动时当月在职满二十天者，参加月度考评。

②调动时当季度在职满两个月者，参加季度绩效考评。

③调动时当年度在职满三个月者，参加年度绩效考评。

（6）离职人员原则上不再进行绩效考评，因薪酬结算需要绩效考评者，可参照在职期间的月度考评及季度考评结果进行综合评定。

2．绩效考评制度注意事项

（1）考评结果只对考评负责人、被考评人员、人力资源负责人及（副）总经理公开。

（2）考评结果及考评文件交由人力资源部存档。

（3）任何人不得将考评结果透露给无关人员。

第 8 章
薪酬福利

引导案例

小米的薪酬管理

北京小米科技有限责任公司（简称小米）成立于 2010 年 4 月，是一家专注于高端智能手机、互联网电视，以及智能家居生态链建设的创新型科技企业。"为发烧而生"是小米的产品概念。小米首创了用互联网模式开发手机操作系统、发烧友参与开发改进的模式。

2011 年，小米发布了第一款产品——"小米手机"。2014 年 12 月，小米以 12.7 亿元入股美的集团。2016 年 6 月，小米宣布联合新希望集团等企业申办的民营银行"四川希望银行"正式获得银监会批复筹建；9 月 1 日，小米联合中国银联正式发布小米支付（Mi Pay）。2017 年 1 月 5 日，小米在美国国际消费类电子产品展览会上发布系列新品，包括 Mix 手机白色版及小米电视 4 等新品。小米十分注重以公平公正的方式为员工谋福利，也正是这样，小米的薪酬制度呈现出以下特点。

1. 强调责任感，不设 KPI 考核制度

小米没有 KPI 考核制度，这对于传统企业而言是很不可思议的，即使在互联网企业，也没有哪家企业是不做绩效评估的。小米曾实行全员每周工作 6 天，每天工作 12 小时的工作制，在这种工作制的维系过程中，从未实行过打卡制度，也没有实行过 KPI 考核制度。

小米强调员工要把别人的事情当成第一件事，强调员工的责任感和责任心的重要性。比如我的程序代码编完了，必须交给其他的工程师检查一遍，不论这个工程师是否繁忙，他也必须先将我的代码检查完成，然后才可以做他自己的事情。除小米之外的很多企业都会有自身的晋升制度，很多时候员工只是为了创新而创新，而不是为用户创新。小米不一样，它不仅要求企业的工程师创新，而且创新的成果必须能够满足用户的需求。

2. 透明的利益分享机制

小米自成立之日起就存在一个理念，即要和企业的员工一同分享利益、分享企业的成果。小米成立之初，就推行了全员持股、全员投资的计划，这种透明的利益共享机制是小米人力资源管理中的一大特色。在这样的状态下，小米给予了员工足够的回报：第一，员工在期权上有很大的上升空间，而且每年小米还有一些内部回购；第二，团队做事虽然有时候压力很大，但是员工能够从工作中获得极大的满足感，而且有时候用户会极力追捧某个工程师。

这种透明的利益共享机制带来的是大家的工作热情，谁认真工作谁就能得到相应的回报，这是员工工作动力的源泉。

（资料来源：本案例根据小米的薪酬管理资料整理而成）

思考

小米的薪酬管理有何突出的特点，小米的薪酬管理特点引起了你怎样的思考？

学习目标

1. 能够运用薪酬福利管理工作流程，设计出合理的薪酬管理体系；
2. 能够熟练运用薪酬福利的各种表格工具；
3. 了解薪酬福利制度规范说明。

企业的薪酬福利体系对企业的发展有着举足轻重的作用，薪酬福利是每个员工都关注的问题，也是提升员工满意度的关键因素之一，在任何企业都是非常基础且非常重要的。战略性薪酬管理的目标是使企业的薪酬管理系统做到公平性、有效性和合法性。福利是固定薪酬保健作用的强化，它能起到减少甚至消除员工的不满意度、提高员工对企业的认同度的作用。

8.1 薪酬福利管理工作流程

薪酬福利管理是由薪酬预算、薪酬支付、薪酬调整组成的循环，这个循环可以称为薪酬成本管理循环。在薪酬福利管理工作中，薪酬设计是薪酬福利管理最基础的工作，如果薪酬水平、薪酬结构、薪酬构成等方面有问题，企业薪酬福利管理不可能取得预定目标。薪酬预算、薪酬支付、薪酬调整工作是薪酬福利管理的重点工作，应切实加强薪酬福利日常管理工作，遵循薪酬福利管理工作流程，以便实现薪酬福利管理的目标，从而保证企业发展战略的实现。

8.1.1 薪酬内涵界定

薪酬在任何企业都是非常基础且非常重要的。科学与严谨的薪酬内涵界定是企业进行薪酬管理的基本理论前提，但是国内外众多管理学家对薪酬内涵的理解众说纷纭，使用不尽统一。由此可见，薪酬概念在使用上较混乱，同时也说明薪酬的理论和实践发展被赋予了更多的内涵。

> **相关链接**
>
> 薪酬概念从不同的角度出发有不同的理解。从狭义的角度来看，薪酬是指个人获得的以工资、奖金、金钱或以实物形式支出的劳动回报。从广义的角度来看，薪酬包括经济性薪酬和非经济性薪酬，经济性薪酬指工资、奖金、福利待遇和假期等；非经济性薪酬指个人对企业，以及对工作本身在心理上的一种感受。

简单来说，薪酬是企业对员工付出的各种回报，为使员工能够与企业一同分享企业发展所带来的收益，把企业与员工的短期、中期、长期收益结合起来，是员工劳动收入的总和，具体包括薪金、工资、奖金、佣金、红利及福利待遇等各种报酬形式。因此，薪酬实质上可以看作员工与企业间的一种公平交易，是员工在向企业让渡其劳动或劳务使用权后获得的报偿。

1. 薪酬可以分为经济性薪酬和非经济性薪酬

（1）经济性薪酬。经济性薪酬包括直接货币薪酬、间接货币薪酬和其他货币薪酬。直接货币薪酬包括工资、福利、奖金、奖品、津贴等；间接货币薪酬包括养老保险、医疗保险、失业保险、工伤保险、住房公积金、餐补等；其他货币薪酬包括有薪假期、休假日、病事假等。

（2）非经济性薪酬。非经济性薪酬包括工作、社会和其他方面。工作方面包括工作成就，工作有挑战感、责任感等优越感觉；社会方面包括社会地位、个人成长、实现个人价值等；其他方面包括友谊关怀、舒适的工作环境、弹性工作时间等。

> **相关链接**
>
> 影响薪酬的因素分为外在因素和内在因素。
>
> 影响薪酬的外在因素主要有以下几个。①国家的政策和法规。企业在制定薪酬政策时，必须考虑国家的有关政策和法规。②劳动力或人才市场供求情况。当劳动力或人才市场供过于求时，员工不得不接受较低的薪酬；当劳动力或人才市场供不应求时，员工往往可以得到较高的薪酬。③当地生活水准。当地生活水准较高时，为了保证企业内员工的生活水平，企业必须适当调高员工的薪酬。④当地收入水平（市场薪酬水平）。为了稳定人力资源，留住人才，企业在制定薪酬时必须使员工的薪酬与当地收入水平保持相当。
>
> 影响工作薪酬的内在因素主要有以下几个。①支付能力，即企业的经营状况和经济实力。它往往与员工薪酬水平成正比。②工作性质的差异性。不同工作的复杂程度、技能要求、工作强度或负荷方面都存在着差异，这种差异是企业确定薪酬差异的重要依据。③员工情况的差异性。员工之间的工龄、年龄、文化程度、性别、专业技能等差异也是企业确定薪酬差异的重要依据。④企业对人性的假设。如果企业把员工看成"经济人"，企业的薪酬形式会采用经济性薪酬；如果企业把员工看成"社会人"或"复杂人"，企业的薪酬形式就会更多采用非经济性薪酬。

2. 薪酬管理的政策

薪酬管理的政策就是企业管理者对薪酬管理运行的目标、任务及手段的选择和组合。每个企业的薪酬管理的政策各不相同，大致涉及对外薪酬政策、对内薪酬政策。对外薪酬政策侧重企业的薪酬水平和外部竞争力；对内薪酬政策主要调整薪酬的纵向等级结构和横向要素组合方式。常见的薪酬管理的政策有以下几种。

（1）业绩优先与表现优先。
（2）工龄优先与能力优先。
（3）工资优先与福利优先。
（4）需要优先与成本优先。
（5）物质优先与精神优先。
（6）公开化与隐蔽化。

3. 战略性薪酬管理的目标

战略性薪酬管理的目标是使企业的薪酬管理系统做到公平性、有效性和合法性，详细内容如下。

1）公平性

公平性是指企业在设计薪酬战略时确保能够公平地对待每位员工，承认员工的贡献，保证公平的薪酬体系、公平的薪酬决策程序和公平的薪酬决策结果。公平性要求做到三点。

（1）内部公平。关注企业内部员工之间薪酬公平的问题，在实践中企业要根据经营战略目标进行工作设计，科学地进行职位评价，与员工进行沟通，强化企业的核心价值观，保证每位员工获得公平的对待。

（2）外部公平。关注企业内部员工的薪酬水平与劳动力市场基准薪酬水平的公平问题。保证外部公平要求企业做好市场薪酬调查，再根据本企业的经营战略，科学决策薪酬支付水平。

（3）绩效薪酬公平。企业要根据员工对企业目标贡献的大小分别设计职位、技能、能力绩效薪酬计划。对绩效薪酬计划的制订、考核程序、考核结果都要做到公平合理。

员工对公平性的感知会对员工的行为产生很大的影响，若员工感觉不公平，会影响员工积极性的发挥，或者会以不正当的手段来增加自己的收入，再或者会产生离职的想法。因此，薪酬的公平性对企业凝聚力的形成起着重要的作用。

2）有效性

有效性是指薪酬战略在支持企业实现战略目标的程度。薪酬体系的设计、薪酬支付的水平、薪酬结构的构成、薪酬管理的政策等会直接影响员工的工作效率，进而影响到企业目标的实现。通过薪酬管理，可以把员工个人目标和企业的战略目标结合起来，同时也把众多组织成员的单个行为与企业战略实施过程联系起来，通过员工的行动推动企业战略顺利实施。

3）合法性

合法性是指企业制定薪酬政策必须遵守相关的法律法规。虽然不同国家的法律条款不同，但多数法律都规定了员工享受最低工资、加班工资和福利、反歧视法等权利。一旦法律发生了变化，薪酬体系必须随之调整，以保证与法律的一致性。随着经济全球化的发展，跨国公司必须遵守所在国家的法律法规。

4．薪酬体系的基本模型

企业的薪酬体系是多元化的，很多企业都划分得很细，包含多个层次和多个项目。不同性质的企业，其薪酬体系的具体构成因侧重点不同而有所不同，按照不同类型的员工设计不同的薪酬体系，但大体上都是以薪酬等级表、薪酬标准、技术等级标准及职务统一名称表等形式表现的。目前，大多数企业正在采用的薪酬体系称为通用薪酬体系，主要是由一级薪酬和二级薪酬构成的。其中，一级薪酬的构成主要包括基本工资、工龄工资、浮动工资、绩效工资、加班工资和薪酬福利，这种薪酬体系思路目前正在推广应用，效果比较明显，值得企业参考借鉴。

5．薪酬支付依据

薪酬支付依据是指企业向员工支付薪酬的依据，具有包括以下几个方面。

（1）依据员工从事的岗位支付薪酬。依据岗位价值支付薪酬是大多数企业采用的方式，岗位价值体现在岗位责任、岗位贡献、知识技能等方面。

（2）依据员工从事的职务支付薪酬。依据职务支付薪酬是依据岗位支付薪酬的简化，依据职务支付薪酬不能体现同一职务不同岗位的差别。职务和岗位的区别在于岗位不仅能体现层级还能体现工作性质，如财务部部长、市场经理等；而职务一般只能体现出层级，不能体现工作性质，如部长、主管等。

（3）依据员工具备的技能（能力）支付薪酬。依据技能支付薪酬和依据能力支付薪酬在理论概念上是有区别的，技能是能力的一个组成要素。在企业薪酬实践中，一般对工人习惯以技能支付薪酬，对管理人员习惯以能力支付薪酬。

（4）依据员工的工作业绩支付薪酬。依据个人、部门、组织的绩效进行支付薪酬。

（5）依据市场的薪酬水平支付薪酬。依据市场值的多少进行支付薪酬。

6．当代企业薪酬管理的潮流与创新

随着人力资源管理在现代企业管理理论与实践中地位的提升，薪酬管理成为新的研究热点，21世纪薪酬管理的创新发展趋势主要包括以下五个方面。

（1）战略性的薪酬管理：内在薪酬与外在薪酬的完美结合。

现代企业日益重视薪酬全面性，把合理的物质奖励与丰富的精神奖励结合起来，让员工的工作既有意义，又有趣味，还有收获和成就，这样能使薪酬制度的效益最大化，并且让企业的成本收益比最小化。除此之外，薪酬管理的内容也更加丰富，如可变或浮动的薪酬的开发与管理，绩效薪酬的开发与管理，薪酬激励项目的设计、实施等。

（2）长期激励薪酬：股权薪酬化。

现代企业更注重员工激励长期化，即通过股权薪酬化来实现。实施对象既可以是全员，也可以是专门的技术人员，目的是要留住关键人才和技术，稳定员工队伍，并激发他们的工作积极性。长期激励薪酬的方式主要有利润分享、员工股票选择计划、股票增值权、限定股计划、虚拟股票计划、送（购）股计划和股票期权制、经营者薪酬等。

（3）薪酬与员工绩效紧密挂钩。

与员工绩效紧密挂钩的薪酬制度近年来在西方比较流行,其全称是 Performance-related pay,即与业绩挂钩的薪酬制度。从某种角度来看,它其实是一种利润分享制度,在我国常常提到的分工制度其实也是同样的。与绩效紧密挂钩的、灵活的薪酬制度取代过去那种僵化的薪酬制度,用来激发员工最大的积极性,使企业利润达到最大化,也能适应瞬息万变的技术升级和企业结构的转换与创新。

(4)打破保密薪酬制度:薪酬制度公开化,支付方式透明化。

实行保密工资制度的企业自有其理由。保密工资制度可以减少人事矛盾,降低企业薪酬管理的难度和成本。但是,这总给人以不能见光的感觉,员工也容易产生不公平感,而真正能做到绝对保密的企业在现实中很少。人都有好奇心,尤其是关系到自己切身利益的事情。可以说,保密薪酬制度使薪酬应有的激励作用大打折扣。企业管理者正努力探寻公开、透明的薪酬制度,为员工筑起一座指引奋进之路的灯塔。

(5)宽带薪酬。

宽带薪酬起源于美国 20 世纪 80 年代末 90 年代初,是一种源于美国传统薪酬而又优于传统薪酬的现代薪酬模式。随着薪酬设计发展趋势的变化,为了迎合当前组织机构普遍扁平化的趋势,加宽薪酬等级的带宽成为普遍的做法,也就是时下比较流行的"宽带薪酬"的概念。

相关链接

宽带薪酬就是对传统薪酬结构中多个薪酬等级或狭窄薪酬区间进行重新整合压缩,使他们变成少数几个相互很少重叠的宽泛薪酬区间或薪酬宽带。从本质上说,它是一种强调基于员工绩效而增加薪酬的现代薪酬模式。它是要在扁平的组织结构中,增加各岗位薪酬的垂直空间,摆脱过去的薪酬与岗位牢牢捆绑在一起的局面。

8.1.2 薪酬管理的流程

薪酬管理的完善需要设计打造一个科学合理有效的薪酬管理体系,四个步骤就能完成,具体如图 8-1 所示。

开始 → 建立薪酬管理战略规划 → 工作分析与评估 → 进行薪酬定位 → 设计薪酬制度与选择 → 结束

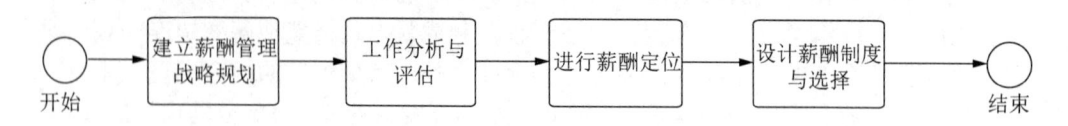

图 8-1 薪酬管理工作流程图

1. 薪酬管理流程的具体阐释

薪酬管理体系共有四个步骤,即建立薪酬管理战略规划、工作分析与评估、进行薪酬定位、设计薪酬制度与选择,下面将薪酬管理体系设计的四个步骤分别进行系统阐述。

1) 建立薪酬管理战略规划——明确薪酬管理体系的总体思路

在薪酬管理体系设计中,薪酬战略规划是一项十分重要但往往又很容易被众多企业忽视的工作。企业设计薪酬管理体系时必须从战略的角度进行分析,制定的薪酬政策和制度必须体现企业发展战略的要求。企业的薪酬不仅是一种制度,更是一种机制,合理的薪酬制度驱动那些有利于发展战略的因素成长和提高,同时使那些不利于企业发展战略的因素得到有效的遏制、消退和淘汰。因此,企业设计薪酬体系必须从战略的角度分析重要因素和不重要因素,这些因素包括战略发展阶段、文化、市场和价值因素等,分清主次,并通过一定的价值标准,给予这些因素即薪酬指标适宜的权重,进而确定薪酬指标的薪酬标准。俗话说,没有调研就没有发言权。在制定战略规划之前,必须先做薪酬调研。薪酬调研为企业薪酬理念和薪酬管理体系的制定提供了依据,对外部劳动力市场的薪酬水平、行业企业的薪酬水平、地区企业的薪酬水平进行必要的调研是必不可少的,尤其是本地区、本行业、竞争对手的薪酬状况。参照薪酬调研报告,结合本企业实际情况,调整本企业应对职务的薪酬,以制定战略性的企业薪酬管理体系。企业薪酬管理战略规则与经营战略规则的关系如表8-1所示。

表 8-1 企业薪酬管理战略规则与经营战略规则的关系

经营战略	企业生命周期	薪酬策略	薪酬水平	薪酬组合战略
以投资促进发展	幼年	刺激创业	高于平均水平	高额的基本薪酬;中、高等奖金与津贴;中等福利
保持利润和保护发展	中年	奖励管理	平均水平薪酬与个人业绩相结合	平均的基本薪酬;较高的奖金和津贴;中等福利
收获利润并转移阵地	老年	成本控制	低于平均水平与成本控制的适当奖励相结合	较低的基本薪酬;与成本控制相结合的奖金;标准的福利

不同的成长阶段,根据不同的经营战略、不同的市场地位和发展阶段,制定选择与之相适应的薪酬管理体系,以达到有力支持企业总体发展战略的目的。

2) 工作分析与评估——编写岗位说明书

(1) 工作分析与评估。工作分析是对企业各个工作岗位的性质、任务、职责、隶属关系及任职人员所需的资格条件等进行系统分析和研究,并制定出岗位规范和工作说明书等成果文件的过程,工作分析就是要依据组织的需要,将影响工作的因素一一列举分析,首先决定组织中需要设置哪些工作,其次决定每项工作所需的人力。

工作分析的价值和意义不在于工作分析成果本身,而在于工作分析所获得的信息能够为战略传递、组织与人力资源管理体系的设计提供重要的信息与数据。工作分析是确定薪酬的基础。在工作分析的基础上,明确各部门职能和职位的关系,编写出岗位说明书,这样才能为薪酬设计打下一个坚实的基础,使薪酬设计有科学的依据。薪酬制定要以工作说明书为依据,工作说明书是工作分析和评估的结果,员工所从事的工作难度越大,其薪酬相应就越高。职位分析信息可以用来确定任务、职责的权重,对难度较大的工作给予较大的权数,从而付给更好的薪酬。因此,工作分析与评估是薪酬制度制定的基础。

既然工作分析是编写岗位说明书的过程和手段，那么就可以运用多种工作分析方法来收集编写岗位说明书所需要的信息。目前，在人力资源管理上存在四种行之有效的工作分析常用方法，分别为面谈法、观察法、现场工作日志法和问卷法。

（2）编制岗位说明书。工作分析的直接结果之一就是形成岗位说明书，工作分析与评估通过收集、分析、归纳有关某项工作的信息资料，最终形成岗位说明书。编写岗位说明书会依据企业的实际情况，结合以上四种分析方法进行工作分析，完成编写。

一份完整的岗位说明书，编写过程是十分严谨且环环相扣的，其内容主要由三部分组成：一是岗位基本信息；二是岗位任职资格（该岗位上的人应该具备什么条件）；三是工作描述（岗位职责和权限——以岗位为中心，对岗位的全面描述）。

3）进行薪酬定位——确定薪酬水平和薪酬等级

目前被很多人力资源专家所推崇、在企业运用也比较广泛的薪酬定位模式主要有以下几种。

（1）基于职位的薪酬定位。根据职位的不同进行职位评估，确定职位的重要程度，然后依据市场行情来确定"有竞争力"的薪酬。员工的主要基本薪酬差距取决于员工所从事职位的责任、技能要求、努力程度及工作条件等因素。在同一职级，不同资历和绩效的员工，其薪酬会存在一些差距。因此，此模式是以职位为主线，同时考虑技能和经验的，而不是由职位、技能、工龄等各自决定一块工作，再并列构成基本薪酬的。

（2）基于技能的薪酬定位。根据员工的技能与职位的要求吻合度来确定薪酬。在技能薪酬定位中，主要是员工掌握某种技能的熟练程度，以及所掌握技能的深度和广度。这类薪酬制度的岗位概念往往变得非常模糊，尤其是当它的适用对象是那些从事工作内容大体相同、但技术能力和知识水平差异较大的专业技术类人员。按理说，这是一种比较合理的定薪方式。但是，这种定位的假设条件是"所有的员工是均质"的，即每位员工都能自觉发挥其主观能动性。然而，在实践中此种定薪方略很难执行，最常见的情况便是员工"出工不出力"，于是出现价格定位与实际价值的背离，从而导致员工的薪酬大于价值的现象。

（3）基于绩效的薪酬定位。根据员工的绩效表现来定位薪酬。至少从理论上讲，此种薪酬定位模式远比前两种合理。将绩效与薪酬联系起来，是绩效薪资制度的出发点和归宿，绩效薪资的增加，应该既能反映员工以前的工作水平，又能鼓励员工尽最大的努力提高工作绩效。基于绩效的现代薪酬体系设计，解决了基于职位的基本薪酬所不能解决的员工绩效评估及关键绩效指标在薪酬中的激励作用。

（4）基于宽带的薪酬定位。在组织内用少数跨度较大的薪资范围来代替原有数量较多的薪资级别的跨度范围，将原来十几甚至是二十几、三十几个薪酬等级压缩成几个级别，取消原来狭窄的薪资级别带来的工作间明显的等级差别。同时，将每个薪酬级别所对应的薪酬浮动范围拉大，从而形成一种新的薪酬管理系统及操作流程。

基于宽带的薪酬定位打破传统薪酬结构所维护和强化的等级观念，减少工作间的等级差别引导员工重视个人技能的增长和能力的提高；有利于职位轮换，培育那些新组织的跨职能成长和开发；有利于提升企业的核心竞争优势和企业的整体绩效。

（5）薪酬权重——薪酬层级数目的设计。一般来说，在确定薪酬等级数目时，岗位价值评估所获得的职位层级可以直接等于薪酬等级。但常需要考虑企业的规模、性质与组织结构（规模大、纵向等级结构明显的企业，薪酬等级相对较多）、职位系列内工作的复杂程度差别、薪酬级差及行业的特征等因素，并对职位层级进行相应调整来获得薪酬等级。

目前，企业的薪酬等级结构出现宽带化趋势，即薪酬等级数目减少，每个薪酬等级之间的薪酬幅度拉宽，同一薪酬等级内的薪酬差距拉大。

依据岗位价值评估的分数，可以计算出所有层级的相对系数，这个系数就是薪酬层级系数，虽然不同岗位价值模型评价出的绝对分数不同，但薪酬层级系数却是基本相同的。根据薪酬层级系数，员工的薪酬水平就可以确定。

4）设计薪酬制度与选择——绘制薪酬管理体系

企业的薪酬制度与选择因企业自身的实际情况而定，可供设计和选择的薪酬体系的模式如表 8-2 所示。企业基本薪酬体系通常以职位、技能、能力、绩效当中的一种作为主要的依据，因此在实践中存在职位薪酬体系、技能薪酬体系、能力薪酬体系、绩效薪酬体系等几种不同的薪酬体系。

表 8-2 薪酬体系的模式和选择（一）

项目	内容	操作流程	适用范围
结构工资制度	六大部分：基本工资、岗位工资、技能工资、绩效工资、浮动工资、工龄工资	1. 做好基础工作 2. 设计基本模式 3. 确定各工资单元内部结构 4. 确定最低和最高工资额 5. 测算、检验并调整方案 6. 实施、整改	我国所有的国有企业、民营企业和合资企业等
岗位技能工资制度	以岗位和基本工资为主要内容的基本工资制度	1. 建立岗位劳动评价体系 2. 确立岗位工资单元 3. 确立技能工资单元 4. 确定岗位技能工资标准	所有企业均可采用，特别是生产性和技术含量较高的企业
岗位薪点工资制度	用点数和点值确定劳动报酬的制度	1. 设置辅助工资单元 2. 采取比较合理的点数因素分析法和科学的点数确定法确定点数 3. 实践中岗位薪点工资制具体操作方法	经济比较发达地区的企业
技术等级工资制度	主要构成：工资标准、工资等级表、技术等级标准	1. 划分与设置工种 2. 确定技术等级标准 3. 对员工进行技术等级考核，确定其技术等级 4. 制定工资等级标准表 5. 制定技术等级实施细则	技术复杂程度比较高、员工劳动差别较大、分工较粗及工作不固定的工种。

续表

项目	内容	操作流程	适用范围
岗位等级工资制度	一岗一薪制度、一岗数薪制度、复合岗薪制度	1. 设立组织，配备人员，进行培训 2. 工作标准化 3. 工作分析 4. 工作评价 5. 货币转换 6. 与市场工资率平衡 7. 制定实施细则	岗位生产特点比较明显，且同一岗位内部有技能要求差异的企业和工种
职能等级工资制度	单一型、多元型	1. 职务分类 2. 确定事务等级 3. 职能分析 4. 职能评价 5. 根据职能等级制定职能工资制度	营业职系、技能、事务和技术研究职系等职种

不同类型的薪酬体系各有其优点和不足，所适用的对象和环境也存在一定差异。通常情况下，如果企业内部人员构成较为复杂且差距较大，可以考虑针对不同类型的人员采取不同的基本薪酬体系（见表 8-3）。

表 8-3　薪酬体系的模式和选择（二）

职位类别	薪酬模式	依据
事务类、管理类、生产类	职位薪酬制度	对这些岗位的任职者要求是有效地履行其职能职责
专业技术、研发类	技能薪酬制度	员工获得报酬的差异主要来自本身技能水平的差异，而非职位等级的差异，从而鼓励员工发展深度技能和广度技能，员工技能的不断提升，使企业核心竞争力增强
高级专业人士	能力薪酬制度	在强调以员工的能力为基础提供薪酬时，注重员工的潜力和创造更好业绩的能力，鼓励员工加强自身能力的提高，使企业更加适应环境变化
营销类	绩效薪酬制度	个人对工作的控制力较强，工作结果容易量化，激励员工提高业绩

总之，在设计薪酬模式时，根据薪酬设计原则，考虑到不同类型岗位的特点，为不同类型的岗位设计不同的薪酬激励模式，建立企业的分层分类薪酬体系。

8.1.3　员工福利管理

员工福利是企业基于雇佣关系，以企业自身的支付能力为依托，向员工提供的除享受在职工资收入之外，用以改善本人和家庭生活质量的各种以非货币工资和延期支付形式为主的实物和服务。

尽管员工的福利项目设计种类已经让人眼花缭乱，但是它的潜力是无止境的。大多数企业都为员工设置多种不同种类的福利项目，但是由于福利项目具有全员性的特点，所以福利项目一般不会太多，最后往往固定在几个基本的项目上。这里介绍企业运用较为广泛的两种基本福利项目：法定员工福利和企业员工福利。

1．法定员工福利

法定员工福利是国家通过立法强制实施的对员工的福利保护政策，包括社会保险和各类休假制度。法定员工福利的主要内容如下。

1）五险一金

（1）社会保险。社会保险主要有医疗保险、养老保险、生育保险、失业保险、工伤保险五种。

（2）住房公积金。住房公积金在严格意义上讲，虽然不属于社会保险的范畴，但是它属于国家法定福利的一部分。住房公积金是指国家机关、国有企业、城镇集体企业、外商投资企业、城镇私营企业及其他城镇企业、事业单位、民办非企业单位、社会团体（单位）为其在职职工缴存的长期住房储金。住房公积金具有强制性、互助性、保障性的特点。

员工和单位住房公积金的缴存比例均不得低于员工上一年度月平均工资的5%；有条件的城市，可以适当提高缴存比例。具体缴存比例由住房公积金管理委员会拟订，经本级人民政府审核后，报省、自治区、直辖市人民政府批准。城镇个体工商户、自由职业人员住房公积金的月缴存基数原则上按照缴存人上一年度月平均纳税收入计算。

2）法定假期

员工享有的休息休假（法定假期）待遇主要包括六个基本方面：劳动者每日休息时间；每个工作日内的劳动者的工作时间、吃饭时间、休息时间；每周休息时间；法定节假日放假时间；带薪年假；特殊情况下的休假，如探亲假、病假休息等。国家关于法定假期的详细规定如下。

（1）法定节假日。《全国年节及纪念日放假办法》第二条中规定了全体公民放假的节日。①新年，放假1天（1月1日）；②春节，放假3天（农历正月初一、初二、初三）；③清明节，放假1天（农历清明当日）；④劳动节，放假1天（5月1日）；⑤端午节，放假1天（农历端午当日）；⑥中秋节，放假1天（农历中秋当日）；⑦国庆节，放假3天（10月1日、2日、3日）。

除全体公民放假的节日外，还有部分公民放假的节日及纪念日。①妇女节（3月8日），妇女放假半天；②青年节（5月4日），14周岁以上的青年放假半天；③儿童节（6月1日），不满14周岁的少年儿童放假1天；④中国人民解放军建军纪念日（8月1日），现役军人放假半天。

（2）公休假日。公休假日是劳动者工作满一个工作周后的休息时间。《中华人民共和国劳动法》第三十八条规定，用人单位应当保证劳动者每周至少休息一日。根据《国务院关于职工工作时间的规定》，星期六和星期日为周休息日。

（3）带薪年休假。《中华人民共和国劳动法》第四十五条规定，国家实行带薪年休假制度。劳动者连续工作一年以上的，享受带薪年休假。

（4）其他假期，包括探亲假、婚丧假、病假等。

探亲假。指职工同家人分居两地，又不能在公休日与配偶或父母团聚，从而可享受的带薪假期。《国务院关于职工探亲待遇的规定》第三条中规定，职工探望配偶的，每年给予一方探亲假一次，假期为三十天；未婚职工探望父母，原则上每年给假一次，假期为二十天；已婚职工探望父母的，每四年给假一次，假期为二十天。

婚丧假。《中华人民共和国婚姻法》中规定，结婚年龄，男不得早于二十二周岁，女不得早于二十周岁。晚婚晚育应予鼓励。因此，职工享受婚假的前提是，达到上述法律规定的结婚年龄，且与配偶正式办理了结婚登记手续。丧假享有的条件是，职工的直系亲属死亡。所谓直系亲属，是指职工的父母、配偶、子女。此外，对请丧假范围的划定，有的地方规定除直系亲属死亡可给予职工丧假外，岳父母和公婆死亡也可给予职工丧假。

病假，是指劳动者本人因患病或非因工负伤，需要停止工作医疗时，企业应该根据劳动者本人实际参加工作年限和在本单位工作年限，给予一定的医疗假期。病假期劳动者可照常拿工资，对于病假工资，不低于当地最低工资的80%。

2．企业员工福利

企业员工福利是企业自主决定向本企业员工提供的一些福利项目。企业福利计划是企业在没有政府立法要求的前提下，为增强自身的凝聚力，吸引更多高素质的劳动力和人才，并鼓励他们在岗位上长期服务而主动提供的福利。企业的福利种类很多，包括免费工作餐、交通服务或交通补贴、住房福利、补充养老保险、带薪假期、卫生设计及医疗保健、文娱体育设施、教育培训福利、法律和职业发展咨询、休闲旅游、员工股票所有权计划等。

> **相关链接**
>
> 薪酬福利设计的目的：①建立稳定的员工队伍，吸引高素质的人才；②激发员工的工作热情，创造高绩效；③努力实现组织目标和员工个人发展目标协调。

8.2 薪酬福利操作工具

企业良好的薪酬福利政策可以有效地改善员工的工作状态，提高员工的工作积极性，同时还可以在一定程度上留住员工，保持员工状态的稳定，甚至在一定程度上公平的薪酬管理还可以提高员工的工作绩效。薪酬福利对于企业的发展有着前所未有的好处，然而做好薪酬福利工作最关键的一点还是薪酬福利操作工具的应用，利用薪酬福利操作工具能够更好地梳理薪酬福利发放工作的思路，提高薪酬福利工作的效率。

8.2.1 申请类表

1．抚恤金申请表

抚恤金是国家按照相关规定发放给特殊人员的经济补偿，用以优抚、救济死者家属,特别是用来优抚那些依靠死者的未成年及丧失劳动力的亲属。抚恤金申请表主要由死者家属填写,主要包括申请人和死者的基本信息,以及死者的基本工作情况等内容,该表填完之后最终交由总经理、人力资源部、分管领导、部门主管审批并存档,具体内容如表8-4所示。

表8-4 抚恤金申请表

申请人姓名	性别		籍贯		年龄		与死者关系		住址	
									身份证号码	
死者姓名	性别		籍贯		年龄		年　月　日生			
到职日期		服务单位				职称			薪金	
死亡日期		死亡原因				死亡原因与执行公务关系			劳保年数	
请发恤葬金额	1.抚恤金　　　个月薪资　计　元 2.丧葬费计　　　　　　元　　　　项共计人民币　　　元 3.公司奠仪计　　　　　元									
相关核实	核实人: 年　月　日									
相关签批	总经理		人力资源部		分管领导		部门主管		申请人	

2. 调资申请表(个人申请)

调资申请表是企业员工向上级申请调薪时运用的表格,是企业进行调薪申请的重要工具。调资申请表主要包括申请人的工作部门、工龄等基本信息,以及申请人此前的业绩记录和相关的调资申请理由等。该表主要由申请人填写,填写完之后由所在部门、分管领导、人力资源部及总经理审批并做出最终的决定,具体内容如表8-5所示。

表 8-5　调资申请表

申请日期：　年　月　日

姓名		编号		工龄	
专业		学历		工作部门	
职称		职务		工作内容	
此前业绩记录	1.				
	2.				
	3.				
历次调薪记录					
目前工资额					
目前工资等级					
申请调资额					
申请理由	□晋升	□调整工作		□考绩优良	□工龄增加
理由详细说明					
原工作需要条件					
新工作需要条件					
备注					
申请人签章	部门意见	分管领导意见		人力资源部意见	总经理意见

8.2.2　核定计算类表

1. 业绩奖金核定表

业绩奖金核定表是对员工一个月之内的总体工作业绩的核算，针对生产人员和管理人员、营销人员的工作性质的不同，表格的内容也在一定程度上存在差异。该表主要由人力资源部进行设计制定，内容包含月度总产值、奖金核定标准等内容，该表主要由财务部填写、复核，最终交由上级主管部门审批，具体内容如表 8-6、表 8-7 所示。

表 8-6　业绩奖金核定表（生产人员适用）

月份：

本月总产值			本月工作人数		生产批数	
可得奖金合计			调整奖金比率		应发奖金	
奖金核定	单位	姓名	职别		奖金系数	核发奖金
	合计					
奖金核定标准	基础奖金			调整奖金		
	生产奖金		可得奖金	工作人数		奖金增加率
	400 万元以下		0 元	180 人以上		0
	400 万元（含 400 万元）~500 万元		500 元	160~180 人（含 180 人）		3%
	500 万元（含 500 万元）~600 万元		700 元	140~160 人（含 160 人）		5%
	600 万元（含 600 万元）~700 万元		900 元	120~140 人（含 140 人）		7%
	700 万元（含 700 万元）~800 万元		1100 元	100~120 人（含 120 人）		9%
	800 万元（含 800 万元）以上		每增加 100 万元产奖金，奖金增加 250 元	100 人（含 100 人）以下		每降低20人，奖金增加 5%

制表：　　　　复核：　　　　审批：

表 8-7　业绩奖金核定表（管理人员、营销人员适用）

月份：

本月营业额			本月净利润		利润率	
可得奖金			调整比率		应发奖金	
个人奖金明细核定	单位	姓名	职别		奖金系数	奖金

续表

基础奖金		调整奖金	
当月净利润	应得奖金	当月营业额	奖金增加率
10万元以下	0元	500万元以下	0
10万元(含10万元)~20万元	300元	500万元(含500万元)~600万元	5%
20万元(含20万元)~30万元	500元	600万元(含600万元)~700万元	10%
30万元(含30万元)~40万元	800元	700万元(含700万元)~800万元	15%
40万元(含40万元)~50万元	1000元	800万元(含800万元)~900万元	20%
50万元(含50万元)以上	每增加10万元利润,增加250元奖金	900万元(含900万元)以上	每增加100万元营业额,奖金增加7.5%

（奖金核定标准）

制表：　　　　　复核：　　　　　审批：

2. 工资计算表

工资计算表是对员工劳动成果的记录统计表，是为员工发放薪资的重要依据。工资计算表按照计薪方式的不同主要分为计件工资计算表和按日计薪工资计算表。计件工资计算表是根据员工完成的劳动数量和按事先规定的计件单价计算和支付的工资的统计表；按日计薪的工资计算表是根据员工工作的时间日期进行计算的表格。该表主要由人力资源部设计，由财务部填写，最终交由相关部门审核，具体内容如表8-8、表8-9所示。

表8-8 计件工资计算表（按件计薪人员适用）

单位：　　　　　姓名：

产品名称	计算项目						备注
	时间	件数	件薪	日产量	合格品	日薪	

表8-9 按日计薪工资计算表（按日计薪人员适用）

年　　月

编号		姓名			单位				
本薪计算									
日期	上午	下午	加班	小计	日期	上午	下午	加班	小计
1					17				
2					18				
3					19				
4					20				

续表

5						21					
6						22					
7						23					
8						24					
9						25					
10						26					
11						27					
12						28					
13						29					
14						30					
15						31					
16						—					
本薪小计											
应加项目						应扣项目					
津贴						餐费					
奖金						税金					
加班费						保险					
其他						借款					
—						其他					
应加小计						应扣小计					
应发						实发					

制表：　　复核：　　审批：

8.2.3 其他类表

1. 新员工定薪表

新员工定薪表是根据新员工的学历和培训经历，以及相关的工作经验作为评判标准进行薪酬制定的一个表格工具。该表由新员工个人填写，最终交由总经理、部门主管和人力资源部审核，具体内容如表 8-10 所示。

表 8-10 新员工定薪表

　　　　　　　　　　　　　　　　　　　　　　年　月　日　　　　编号：

姓名		工作部门	
职别		到厂日期	年　月　日
学历及培训经历			
工作经验	相关　　　年，非相关　　　年，共　　　年		

续表

能力说明			
要求待遇		公司标准	
核定工资		生效日期	
总经理		部门主管		人力资源部	

2．工资登记表

工资登记表是企业发放工资的记录依据，对于企业薪酬福利发放工作的归档作用重大。工资登记表主要包括员工的编号、姓名及核定工资等内容，该表主要由财务部填写，最终交由上级部门审核。由于员工的工资登记表涉及员工个人的切身利益，在登记的时候一定要反复审核，并且做好相应的保密工作，具体内容如表 8-11 所示。

表 8-11　工资登记表

部门：　　　　　　　　　　　　　年　月　第　页

员工编号	姓名	核定工资					总计
		本薪	技术津贴	工龄工资	职务津贴	补助	
合　计							

制表：　　　　复核：

3．工资调整表（人力资源部用）

员工由于晋升或者工作岗位的变动，人力资源部需要对其工资进行调整，工资调整表的具体内容如表 8-12 所示。

表 8-12　工资调整表

年　　月　　日　　　　　　　　编号：

所在部门				
姓名	原工资	申报新工资	调整事由	调整工资
生效日期				
部门主管		分管总监	人力资源部主管	总经理

4．工资定额调整表

工资定额调整涉及企业对员工个人的分配关系。按一定的额度标准进行调整，每增加一单位产品，即可按工资定额相应增加工资。工资定额调整表具体内容如表 8-13 所示。

表 8-13　工资定额调整表

年　　月　　日

产品名称		定额核定单编号		
作业名称	原工资定额	每件耗用时间	折算每日所得	调整比率	调整原因

制表：　　　　　复核：　　　　　审批：

5．工资汇总统计表

工资汇总统计表是对企业所有员工发放的本薪、奖金，以及相关的扣缴等所有工资的整合，是对企业员工工资发放情况的梳理。该表主要由人力资源部设计，财务部填写，最终交由上级部门审批，具体内容如表 8-14 所示。

表 8-14　工资汇总统计表

　　　　　　　　　　　　　　　　　　　　　　　　　　　　　年　　月　　日

单位	本薪	业绩奖金	全勤奖金	加班津贴	应发工资	扣缴部分				实发工资
						保险	餐费	税金	借支	
合计										

审批：　　　　　复核：　　　　　制表：

6．工资发放表

工资发放表是针对每个员工的工资发放的具体情况进行制定的表格，表中除相关的工资发放情况之外，还需要企业员工进行相应的签字确认，由于工资发放表涉及财务问题，必须由本人签字确认，不可由其他人代签，具体内容如表 8-15 所示。

表 8-15　工资发放表

单位：　　　　　　　　　　　　　　　　　　　　　　　　　　　月份　　第　　页

工号	姓名	工作日数	日薪	本薪	业绩奖金	假日津贴	全勤奖金	加班津贴	应发工资	扣除项目				实发工资	签领
										保险	餐费	税金	借款		
合计															

审批：　　　　　复核：　　　　　制表：

8.3　薪酬福利制度规范说明

合理的薪酬福利制度对于员工在工作上的表现有着极大的激励作用，可以调动员工工作的积极性与主动性，提高工作效率与工作质量，保证个人绩效的提升，进而促进企业的绩效。通过福利机制，加强企业的凝聚力，帮助企业不断地吸引人才。

1．员工薪酬管理制度规范说明

1）员工薪酬管理制度说明

（1）依据考勤制度核算员工工资。办公区由人力资源部进行核算，部门由财务指定人员进行核算，统一交至人力资源部，由薪酬主管对已完成的工资表审核并签字。

（2）月末前交至总经理办公室，由总经理审核并签字，工资单一份交给财务部，另一份交给人力资源部存档，以备员工核对。

（3）由财务部下发发放工资指令，由财务提款，人力资源部发放，核发中如有问题由单位负责人向人力资源部查询并负责向员工解释。

2）员工薪酬计算制度说明

（1）加班工资。

一般将在法定节假日和公休日内进行的工作称为加班；在标准工作日内的标准工时外进行的工作，称为加点（习惯把加班和加点统称为加班）。加班工资是指因加班或加点而获得的工资。

《中华人民共和国劳动法》中明确规定，国家实行劳动者每日工作时间不超过8小时，平均每周工作时间不超过44小时的工时制度。同时也明确指出，一旦超过最长工作时间，用人单位应当按照下列标准支付高于劳动者正常工作时间工资的工资报酬。安排劳动者延长工作时间的，支付不低于工资的150%的工资报酬；休息日安排劳动者工作又不能安排补休的，支付不低于工资的200%的工资报酬；法定节假日安排劳动者工作的，支付不低于工资的300%的工资报酬。

一般认为，计算员工加班工资的基数是最低保障工资，而不是薪酬结构中的基本工资，这一点需要特别注意。当然，以基本工作作为计算加班工资的基数也可以，但会增加企业的薪酬压力。在这里需要明确一些计算工资基数的相关数据，法定节假日为11天；员工全年平均月工作天数约为20.83天，即（365-115）/12≈20.83；平均月工作小时数约为166.67小时，即（365-115）/12×8≈166.67；月计薪天数为21.75天，即（365-104）/12=21.75。

（2）社会保险缴费基数。

社保个人缴费基数：本人上年度月平均工资。

社会保险是社会保障体系的核心部分，是指以国家为主体，由法律法规的专门机构负责实施，运用社会力量，通过立法手段向劳动者及其雇主筹措资金建立专项基金，以保证劳动者在失去劳动收入后获得一定程度的收入补偿，从而保证劳动力再生产和扩大再生产的正常运行，保证社会安定的一种制度。中国社会保险主管单位为中华人民共和国人力资源和社会保障部。根据相关法律法规规定，社会保险共涵盖五大险种。

①医疗保险。医疗保险是指当劳动者生病或受到伤害后，国家或社会给予的一种物质帮助，即提供医疗服务或经济补偿的一种社会保险制度。

②养老保险。养老保险是指国家和社会根据一定的法律法规，为解决劳动者在达到国家规定的解除劳动义务的劳动年龄界限，或因年老丧失劳动能力退出劳动岗位后的基本生活而建立的一种社会保险制度。

③生育保险。生育保险是指通过国家立法规定，在劳动者因生育子女而导致劳动力暂时中断时，由国家和社会及时给予物质帮助以确保劳动者基本生活及孕产期的医

疗保健需要的一项社会保险制度。

④失业保险。失业保险是对因失业而暂时中断生活来源的劳动者提供物质帮助进而保障失业人员失业期间的基本生活，促进其再就业的制度。

⑤工伤保险。工作保险是指国家和社会为在生产、工作中遭受事故伤害和患职业性疾病的劳动及亲属提供医疗救治、生活保障、经济补偿、医疗和职业康复等物质帮助的一种社会保险制度。

社会保险基数是指职工在一个社保年度的社会保险缴费基数。职工的上年度工资收入总额是指职工在上一年的1月1日至12月31日整个日历年度内所取得的全部货币收入，包括计时工资、计件工资、奖金、津贴和补贴、加班工资，以及特殊情况下支付的工资。社会保险缴费基数，即本人上年度月平均工资。其计算公式为：社保缴费金额=社会保险缴费基数×缴费比例。

社会保险职工个人缴费基数按照职工本人上年度月平均工资核定；新设立单位的职工和用人单位新增的职工按照本人起薪当月的工资核定。职工本人上年度月平均工资或起薪当月的工资低于上年度全市职工月平均工资60%的，按照上年度全市职工月平均工资的60%核定；超过上年度全市职工月平均工资300%的，按照上年度全市职工月平均工资的300%核定；在60%～300%之间的，按实申报。职工工资收入无法确定时，其缴费基数按当地劳动行政部门公布的当地上一年度职工平均工资为缴费工资确定。缴费基数在同一缴费年度内一年一定，中途不做变更。每年4—6月，用人单位应根据所在市社会保险经办机构的通知，申报本单位职工新一年度的社会保险缴费基数。

企业缴费基数为本企业上月职工工资总额。工资口径按国家统计局规定列入工资总额统计的项目计算，其中包括企业发给劳动者的工资、奖金、津贴、补贴等。如根据北京市社会保险的相关规定，每年4月1日起，凡参加北京市社会保险的单位与职工将按照新的缴费工资基数缴纳各项社会保险费，所以，每年2—3月单位将与每位员工就社会保险缴费工资基数进行签字确认。

（3）经济补偿金。

经济补偿金：劳动合同解除前12个月的平均工资。

经济补偿金是用人单位解除劳动合同时，给予劳动者的经济补偿。经济补偿金是在劳动合同解除或终止后，用人单位依法一次性支付给劳动者的经济上的补助。我国法律一般称作"经济补偿"。

《中华人民共和国劳动合同法》规定经济补偿金的基数为"劳动者在劳动合同解除或者终止前十二个月的平均工资"。同时规定："劳动者月工资高于用人单位所在直辖市、设区的市级人民政府公布的本地区上年度职工月平均工资三倍的，向其支付经济补偿的标准按职工月平均工资的三倍数额支付，向其支付经济补偿的年限最高不超过十二年。"《中华人民共和国劳动合同法实施条例》进一步规定："劳动者在劳动合同解除或者终止前12个月的平均工资低于当地最低工资标准的，按照当地最低工资标准计算。劳动者工作不满12个月的，按照实际工作的月数计算平均工资。"工资口径包括企业发给劳动者的工资、奖金、津贴、补贴、加班费等。

《中华人民共和国劳动合同法》第四十七条规定："经济补偿按劳动者在本单位工作的年限，每满一年支付一个月工资的标准向劳动者支付。六个月以上不满一年的，按一年计算；不满六个月的，向劳动者支付半个月工资的经济补偿。"

在经济补偿金的工资计算标准这一问题上，最容易引发混淆和纠纷的地方常见于计发经济补偿金的工资标准是否包括加班加点劳动报酬的问题。根据上述规定，企业在正常生产情况下，支付给职工的加班加点劳动报酬属于工资的组成部分，计发经济补偿金的工资标准应包括加班加点的劳动报酬。

（4）未休年休假补偿基数。

未休年休假月工资基数：前12个月剔除加班工资后的月平均工资。

职工连续工作满12个月以上的，享受带薪年休假（以下简称年休假）。

《企业职工带薪年休假实施办法》第十一条规定："计算未休年休假工资报酬的日工资收入按照职工本人的月工资除以月计薪天数（21.75天）进行折算。前款所称月工资是指职工在用人单位支付其未休年休假工资报酬前12个月剔除加班工资后的月平均工资。在本用人单位工作时间不满12个月的，按实际月份计算月平均工资。"

针对用人单位与职工解除或终止劳动合同时，当年度未安排职工休满年休假如何支付未休年休假工资报酬的情况，《企业职工带薪年休假实施办法》做出了规定。

（当年度在本单位已过日历天数/365天）×（职工本人全年应当享受的年休假天数-当年度已安排年休假天数），但折算后不足1整天的部分不支付未休年休假工资报酬。用人单位当年已安排职工年休假的，多于折算应休年休假的天数不再扣回。

3）计件人员薪金计算办法

（1）企业采取"按劳计酬，多劳多得，注重数量和质量相结合"的原则。

（2）计件工资核算。

①计件工资组成。

计件工资分为两个部分：固定工资和浮动工资。其中固定工资占工资总额的××%～××%，浮动工资占工资总额的××%～××%，具体分配比例视员工完成计件产品的数量而定。

②固定工资。

固定工资核定是根据员工工作技能（50%）、学历状况（10%）、工作年限（20%）、工作环境（20%）进行的综合评定。

③浮动工资。

确定定额产量。企业利用统计分析法，以企业生产部门的平均产量为定额产量。

计件单价。计件单价根据各订单所要求的产品类型的差异，以及员工轮班时间的不同而分别确定。其标准如下：当实际产量≤定额产量时，浮动工资=计件单价×实际产量；当实际产量>定额产量时，浮动工资=计件单价×定额产量+计件单价×（实际产量-定额产量）×生产效率。

（3）计件工资发放。

①生产记录。

生产部负责统计员工生产记录表，于每月××日前核定员工上月计件产品，经部门主管审批后交由人力资源部进行薪资核算。

②工资的制定依据。

人力资源部依据生产记录表编制工资报表，报财务部核准后，于每月××日发放工资。

③变更。

计件工资如有变更，则由部门根据内部联络单提出申请，由生产部或财务部核定后，报上级领导或指定代理人核准。

④不合格率的控制。

员工生产计件产品不合格率应控制在××%以内，不合格率每增加××%，固定工资扣发××元。

⑤在扣款中，如员工每天工资扣到不足××元者，保留至××元，以保证其基本生活需要。

⑥在扣款中有重复项目时，以较重的点扣款，不重复扣款。

⑦各统计人员应严格执行各项规定，并对各单位的执行情况进行监督。

4）兼职人员工资管理

（1）兼职人员工资构成。

①工资构成。

兼职人员工资由基本工资、规定工作时间外的加班津贴、交通津贴三项构成。

②基本工资。

企业与兼职人员共同达成基本工资的协议后，应签订劳动合同加以明确。

基本工资决定原则：在考查兼职人员所担任的职务、技术、经验、年龄等事项后，由人力资源部根据兼职人员的表现情况分别制定基本工资。

基本工资给付原则：不低于当地政府公布的最低工资标准。

兼职人员缺勤：因私事请假或迟到、早退、私自外出而未能完成工作所造成的缺勤，应从工资中直接扣除相应的缺勤基本工资额。

③规定工作时间外的加班津贴。

兼职人员的工作时间因业务需要并由其主管要求加班而延长时，应依下列计算方式，以小时为计算单位发放工作时间之外的加班津贴。

基本工资（小时工资部分）×1.5=加班津贴。

晚上10点到翌日清晨5点间工作的兼职人员，应再加上加班津贴的1/4，作为深夜勤务津贴。

④交通津贴。

员工上班的单程距离超过五千米的，依据企业所制定的交通津贴给付细则并视员工出勤状况获得津贴。

（2）工资计算及发放。

①尾数的处理。

工资计算时，有未达到元的尾数产生时，一律计算到元，其尾数按四舍五入的方法计算。

②工资扣除及工资给付方式。

下列规定的扣除额应从工资中直接扣除：个人所得税；社会保险费（个人应负担部分）；根据企业与工会的书面协议规定，应代为扣除的代收金额。

③企业对上一条中的各项扣除后，应以现金形式将工资直接发给兼职人员。

（3）工资计算期间及工资支付日。

以当月的××日为工资支付日，工资计算期间从前一个月的××日开始到当月的

××日为止。

(4) 离职或解雇时的工资。

兼职人员申请离职或被解雇时的工资,应在离职日的7日内,计算并给付该员工已工作时间应得的工资(申请离职日恰为工资支付日,则于当日计算并给付)。

(5) 奖金。

兼职人员服务满一年且表现优异者,经部门主管呈报人力资源部核定为绩效优良员工,可给予奖励。

(6) 奖金计算及给付。

奖金计算的标准以基本工资为计算单位,并于每年7月根据员工的特别表现发放兼职人员奖金。

2. 员工福利管理制度说明

1) 福利管理原则

(1) 透明性原则:企业所有有关福利的制度、形式及执行都应该是公开的。

(2) 补偿性原则:福利是对员工为企业提供劳动的一种补偿,也是员工薪资收入的一种补充形式。

(3) 差异性原则:员工所享受的福利根据个人绩效不同、服务年限不同而有所区别。

2) 员工福利的类别及发放标准

(1) 社会保险。

企业按照《中华人民共和国劳动法》及其他相关法律规定为员工缴纳各项社会保险。

(2) 企业补充养老保险。

企业补充养老保险资金来源主要渠道:福利金或奖励基金、公益金、参保员工缴纳的部分费用。

企业与参保员工缴费比例:企业每月缴费比例为参加补充养老保险职工工资总额的××%,员工每月缴费为其月工资总额的××%。

(3) 员工年度体检。

在企业工作满一年的员工,均可参加企业组织的每年一次的体检。

经人力资源部统计、申请,并经总经理批准后,企业于每年××月,由人力资源部统一安排员工体检。

员工年度体检费用为××元/人,超出部分由员工个人负担。

(4) 工作餐补助。

工作餐补助发放标准为每人每日××元,每月随工资一同发放。

(5) 节假日补助。

每逢春节和国庆节,企业为员工发放节日福利,正式员工每人发放××元。

(6) 员工通信津贴发放。

根据岗位需要,符合领取资格的企业正式员工为通信津贴发放的对象。

(7) 劳动保护。

因工作需要劳动保护的岗位,企业必须发放在岗人员劳动保护用品;员工在岗时必须穿戴劳动保护用品,不得私自挪作他用。员工辞职或退休离开企业时,需要到人力资源部交还劳动保护用品。

3）员工休假管理及待遇标准

（1）国家法定节假日。

（2）带薪年假。

员工在企业工作满一年可享受××天的带薪年假，工作年限每增加一年带薪年假相应增加××天，最多为××天。

3. 薪酬福利制度规范注意事项

（1）人力资源部于每年年底必须将福利资金支出情况编制成相关报表，交付相关部门审核。

（2）福利金的收支账务程序比照一般会计制度办理，支出金额超过者需提交总经理审核。

（3）未经管理部门同意，任何单位及个人不得擅自更改薪酬福利制度。

第9章
劳动关系管理

引导案例

星巴克的员工关系与离职管理

在星巴克，员工与员工之间、基层咖啡吧员与上级领导之间都是以"伙伴"来称呼的。这是美国企业区别于中国传统企业所特有的一种员工关系的存在方式，他们更习惯于直接称呼名字而不是职位。在星巴克这样环境氛围相对融洽的企业，其在处理员工关系方面已经比较全面具体了，如劳动关系管理和法律问题、投诉方面都是其他企业的榜样。这种员工关系的管理更多的是依靠一种良好的员工沟通，从而激发员工产生对企业的归属感。

由门店经理、门店副经理和值班主管组成的门店管理组会直接参与零售门店的运营工作。其中，门店经理的大部分工作时间都是负责和伙伴们沟通从而更好地组织门店运营，管理组则会每周针对运营中的问题进行沟通并制定切实可行的举措达成目标。除了管理组，星巴克也会不断地提升员工的沟通能力，在培训阶段会提倡人际关系训练，不仅让伙伴与伙伴之间可以良好沟通，更重要的是还能够让员工和顾客之间建立良好的沟通。伙伴认可计划其实也是一种员工关系管理方式。《绿围裙手册》就是对伙伴的鼓励，这种行为是以卡片的形式来完成的，而且以书面的形式进行沟通可以为那些内向的羞于表达的员工提供沟通的媒介，这是值得餐饮连锁机构乃至所有的行业借鉴和学习的。

星巴克和很多跨国公司一样设有离职面谈这一环节。一线员工在确定离职后会被安排在门店进行最后一天的工作，支持中心的员工如果确定离职了也会确定具体的离职时间。在工作的最后一天，门店经理会与离职的一线员工进行离职面谈，支持中心的员工会和人力资源部的人员进行离职面谈。门店经理通过这种面对面的沟通方式了解员工离开公司的具体原因，同时双方会一起讨论公司需要改善的地方并提出建议和意见。

离职员工一般会被要求填写一份离职调查表，说明自己离职的原因。离职调查表主要分为两部分，一部分是关于离职原因的调查，另一部分是关于公司管理的建议。人力资源部的伙伴会收集、整理离职调查表，以此为导向开展与人力资源管理相关的工作。

实际上，在门店经理与离职员工沟通的过程中，很容易了解到员工离职其实很多都是个人方面的原因，如有更好的工作机会、想上学继续深造、家庭变故、身体问题等，而由于公司方面的原因离职的情况很少。星巴克通常采取一种中立的态度来对待离职员工。公司认为员工产生离职意图并决定离开公司，不仅存在员工个人的原因还存在公司管理方面的原因，但无论是何种原因，人力资源部仍旧会认为相关门店或部门有很大一部分责任。

离职员工重新回到星巴克工作的现象相对其他餐饮公司比较普遍，主要是因为星巴克公司内部规定员工离开星巴克后需满三个月才可以重新选择是否回到星巴克工作。这也是星巴克与其他世界500强企业的不同之处。很多国内大型企业规定员工一旦选择离开公司就不能再回来工作，这是很不人性化的离职管理，它不会对提高企业的声誉起到推动作用。

综合说来，星巴克不会和员工之间的感情因为员工的离职而破坏，它通过对老员工的重新聘用来提高对公司人员的管理，得到更多员工对星巴克的认可，从而提高了企业的社会影响力和社会地位，为公司节约一大笔招聘费用的同时创造了更多的潜在价值。

（资料来源：本案例根据星巴克的员工关系与离职管理资料整理而成）

思考

星巴克的员工关系与离职管理的做法引起了你怎样的思考？

学习目标

1. 掌握劳动关系管理工作流程；
2. 能够辨别劳动争议并且知道如何处理；
3. 能够熟练使用劳动关系管理操作工具；
4. 了解辞退、开除、辞职、跳槽、裁员等知识，能够对员工流动进行有效管理。

劳动关系管理的主要工作事项包括劳动合同管理、劳动纠纷管理、员工满意度管理，以及沟通与冲突管理等。本章以劳动关系理论为依据，结合我国劳动关系的现实，从企业劳动关系管理的角度出发，系统介绍劳动关系管理工作流程、劳动关系管理操作工具、劳动关系管理的相关制度。

9.1 劳动关系管理工作流程

劳动关系管理的基础领域有两个方面：一是促进劳动关系合作的事项，主要形式是劳动合同制度和集体合同制度；二是缓和、解决劳动关系冲突的事项。劳动关系管理程序如图 9-1 所示，不同的企业会根据实际情况有所调整。

```
劳动合同签订程序 → 劳动合同变更程序 → 劳动合同解除程序 → 劳动合同终止程序

争议协商程序    争议调解程序    争议仲裁程序    争议诉讼程序
```

图 9-1　劳动关系管理程序

> **相 关 链 接**
>
> 劳动合同，又称劳动契约、劳动协议，是指劳动者同企业、事业、机关单位等用人单位确立劳动关系，明确双方责任、权利和义务的协议。
>
> 劳动合同的一般特征是主体特定性，一方是劳动者（自然人），另一方是用人单位（法人、非法人经济组织）。劳动合同以确定劳动关系为目的，明确权利和义务的内容，当事人的法律地位平等，但在组织管理上具有隶属关系。劳动者在同一时间只能与一个用人单位签订劳动合同，另外在法律允许范围内的兼职只能签订劳务协议，而不能签订劳动合同。合同属于法定要式合同，要式合同是必须具备特定形式或履行一定手续才具有法律效力的合同（劳动合同应当以书面形式签订，必须具备法定条款）。
>
> 劳动合同的种类。劳动合同可按照不同的分类依据进行分类。依据劳动合同期限长短，劳动合同可分为固定期限合同、无固定期限合同、以完成工作为期限的劳动合同；依据用工制度，劳动合同可分为固定工合同、合同工合同、临时工合同；依据劳动者人数的多少，劳动合同可分为个人合同和集体合同。

9.1.1　劳动关系的含义和内容

1. 劳动关系的含义

劳动关系，又称劳资关系、雇佣关系，是指用人单位（雇主）与劳动者（雇员）之间在运用劳动者的劳动能力，实现劳动过程中所产生的关系。在社会生产中，用人单位（包括各类企业、个体工商户、商业单位等）与劳动者在实现生产劳动过程中所结成的一种必然的、不以人的意志为转移的社会经济利益关系。

从广义上来讲，劳动关系是指任何用人单位与任何劳动者之间因从事劳动而结成的社会关系。

从狭义上来讲，劳动关系是指依照国家劳动法律法规规范的权利与义务关系。

劳动关系定义的几个要点如下。

（1）在市场经济体制下，人力资源的配置是通过劳动力市场来实现的。

（2）在劳动关系领域中，劳动者通常被表述为雇员，用人单位通常被表述为雇主。

（3）劳动关系所反映的是劳动支付与工资的交换关系。

劳动关系有如下特征。

（1）劳动关系的内容是劳动。

（2）劳动关系具有人身关系属性和财产属性相结合的特点。

（3）劳动关系具有平等性和隶属性的特点。

2. 相关概念

劳动法律关系，是指劳动法律规范在调整劳动关系过程中所形成的用人单位与劳动者之间的权利与义务关系。劳动法律关系的特点：是劳动关系的现实形态、其内容是权利与义务、是一种双务关系、具有国家强制性。

事实劳动关系，是指用人单位雇用劳动者后不按规定签订劳动合同，或者用人单位与劳动者以前签订过劳动合同，到期后用人单位同意劳动者继续在本单位工作却没有与其及时续订劳动合同的情形。这种关系不影响劳动关系的成立，劳动者享有法律法规规定的一切权利和义务。简单来讲，事实劳动关系就是用人单位与劳动者之间没有签订劳动合同，但劳动者在事实上为用人单位提供有偿劳动的一种劳动关系。

9.1.2 劳动关系的特征

劳动关系与一般经济学中所概括的劳动关系、其他各种社会关系相比，具有如下特征。

（1）劳动关系的内容是劳动。

在现代市场经济条件下，劳动关系是劳动的社会形式，劳动是劳动关系的基础，也是它的实质和内容。

（2）劳动关系具有人身关系属性和财产关系属性相结合的特点。

由于劳动力是人体的一种机能，劳动力只能存在于活的人体之中，劳动力具有显著的生理性特征，其存在和消费与劳动者人身不可分离。雇员向雇主提供劳动，实际上就是将其人身在一定限度内交给雇主，因此劳动关系就其本质意义上来说是一种人身关系。企业或雇主之所以雇用劳动力，是因为能够得到劳动给付，通过劳动力与生产资料的结合，可以向市场提供商品或服务，收回成本并获得利润，因此劳动关系又是一种财产关系。并且，财产关系中所存在的各种矛盾也会反映到劳动关系的运行中。

（3）劳动关系具有平等性和隶属性的特点。

在现代社会，劳动关系的当事人即用人单位与劳动者，二者之间是相互独立的、平等主体的契约关系，两者具有平等的法律人格。建立劳动关系首先取决于当事人各自的意志。工资、劳动条件及其劳动能力结构的要求与适应是双方当事人对等协商的结果，具有显著的形式平等的特征。

劳动关系一经建立，劳动者就成为企业的雇员，用人单位就成为劳动力的支配者和劳动力的管理者，劳动者必须听从用人单位的领导、命令和指挥，并遵守企业内部的劳动规则，这使得劳动关系具有隶属性，即成为一种隶属主体间的以指挥、命令和服从为特征的管理关系。

劳动关系上述特征的客观存在，决定了劳动关系是多种社会关系中最为基本的关系之一，人们在劳动关系中的地位与作用直接决定了人们在社会关系中的地位和作用。

9.1.3 劳动关系的调整方式

劳动关系的调整方式的具体内容如表 9-1 所示。

表 9-1 劳动关系的调整方式

方式	内容
劳动法律法规	劳动法律法规是调整劳动关系应当遵循的原则性规范、最低标准。基本特点：体现国家意志
劳动合同规范	劳动合同规范是劳动者与用人单位确立劳动关系、明确双方权利与义务的协议。基本特点：体现劳动关系双方当事人的意志
集体合同规范	集体合同——集体双方代表根据劳动法律法规，就劳动报酬、工作时间、休息休假、劳动安全卫生、保险福利等事项，在平等协商一致的基础上签订的书面协议。集体合同由工会（没工会的由职工代表）代表全体职工与企业签订。集体协商比个别协商更为必要的原因：一是企业中有很多"公共事务"，对每个雇员都有影响；二是雇员个人不可能与雇主在力量上保持均衡
民主管理制度（职工代表大会、职工大会）	我国职工参与管理的形式主要是职工代表大会制度和平等协商制度，制度的特点是劳动者意志对企业意志的渗透和影响。劳动者参与管理的要点：一是以被管理者的身份进行参与；二是参与的是企业内部的管理事务；三是参与形式多种多样（组织、代表、岗位、个人）
企业内部劳动规则（规章制度）	调整对象：在劳动过程中，企业和劳动者之间，以及劳动者相互之间的关系。制定主体：企业（虽然有劳动者参与，但是属于单方法律行为）。表现形式：企业公开、正式的行政文件，适用于本企业，体现企业的意志
劳动争议处理制度	劳动关系处于非正常状态下，经劳动关系当事人请求，由依法建立的处理机构（调解机构、仲裁机构）依法进行调查、协调和处理的程序性规范，是对劳动关系的社会性调整。 调解——企业劳动争议调解委员会（劳动者、用人单位、工会代表），具有群众性、自治性、非强制性（自愿原则）的特点。 仲裁——劳动争议仲裁委员会（劳动行政部门、同级工会、用人单位代表），是兼有司法性特征的劳动行政执法行为
国家劳动监督检查制度	制度内容具体由县级以上各级人民政府劳动行政部门、有关部门、各级工会实施。这些制度是为了保证劳动法的贯彻执行，是关于法定监督检查主体的职权、监督检查的范围、监督检查的程序，以及纠偏和处罚的行为规范，具有保证劳动法体系全面实施的功能

9.1.4 劳动合同管理流程

劳动合同是劳动关系双方当事人依据国家法律的规定，经平等自愿、协商一致缔结的，体现双方当事人的意志，是劳动关系双方当事人合意的结果。其基本特点是体现劳动关系双方当事人的意志。签订劳动合同的目的是在劳动者和用人单位之间建立劳动法律关系，规定劳动合同双方当事人的权利和义务。

1．劳动合同签订流程

劳动合同签订流程如图9-2所示。

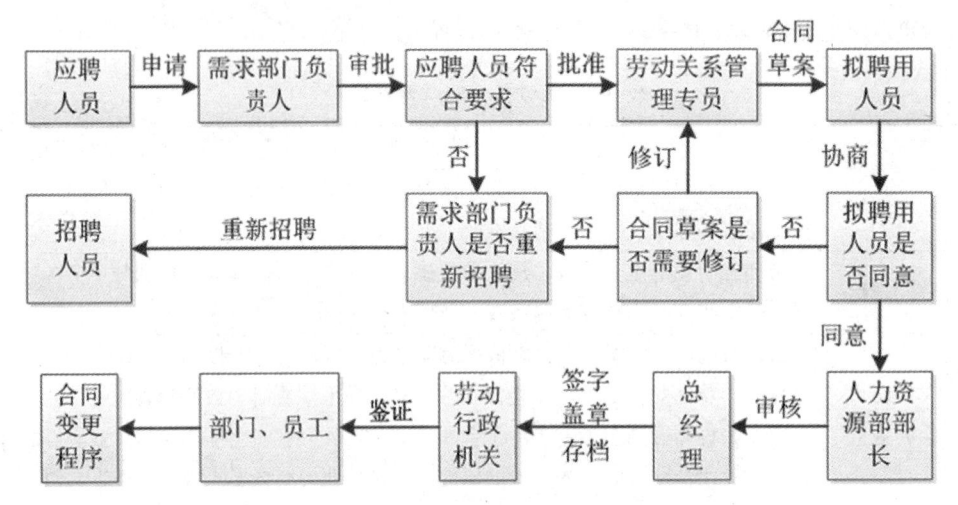

图9-2　劳动合同签订流程

对劳动合同签订流程的说明如下。

（1）劳动关系管理专员准备劳动合同书。签订劳动合同书要在双方介绍各自的实际情况的基础上签订。用人单位应如实介绍本单位的工作环境和条件，以及具体生产任务；劳动者应如实介绍自己的专长和身体健康状况。双方经过协商，就劳动合同的内容取得一致意见后签名盖章。用人单位要盖单位公章和法定代表人章，劳动者需要本人签名或盖本人章。

（2）鉴证劳动合同。劳动合同签订后，用人单位应在一个月之内到劳动行政部门鉴证，证明劳动合同的真实性和合法性，以利于劳动合同的认真履行，而且一旦发生劳动争议，也便于调解和仲裁。

2．劳动合同变更流程

劳动合同变更流程如图9-3所示。

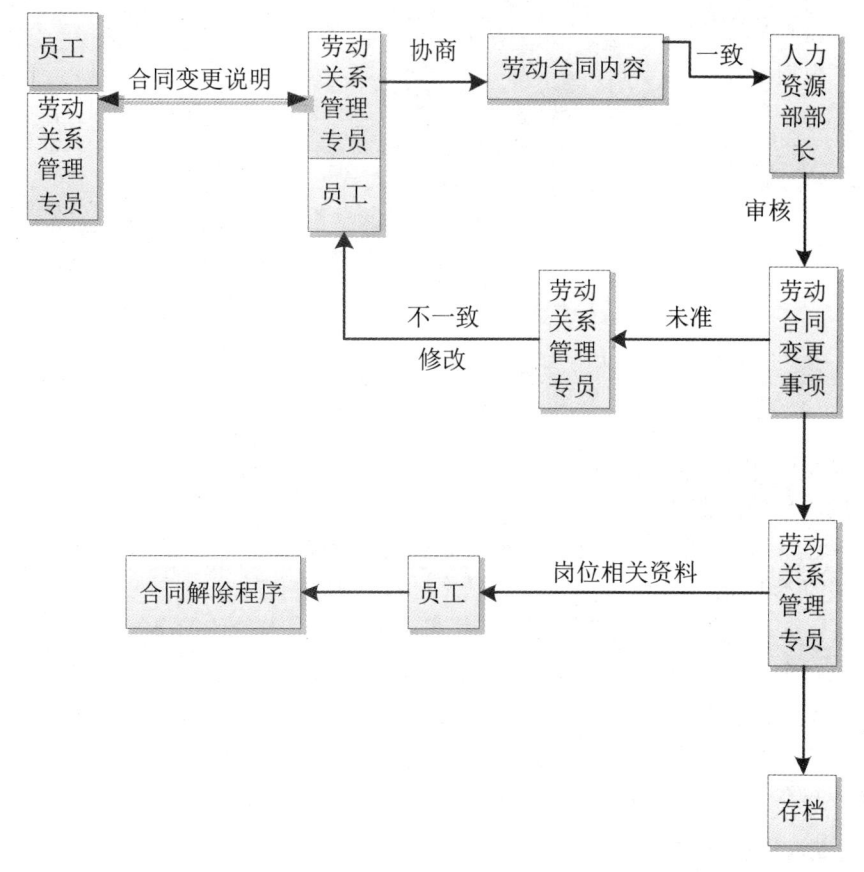

图 9-3　劳动合同变更流程

对劳动合同变更流程的说明如下。

劳动合同的变更仅限于条款内容的变更，不包括合同当事人的变更。基本的程序一般分为三个步骤，具体内容如下。

（1）一方及时提出变更合同的要求。

（2）另一方如期给予答复。

（3）双方达成书面协议。

变更劳动合同应当由双方协商，达成一致意见后，在劳动合同书中"劳动合同变更记录"栏内填写有关变更内容。变更后的劳动合同应到劳动争议仲裁机构进行鉴证。

> **相关链接**
>
> 劳动合同变更条件：《中华人民共和国劳动合同法》第三十五条规定，用人单位与劳动者协商一致，可以变更劳动合同约定的内容。变更劳动合同，应当采用书面形式。

3. 劳动合同解除流程

劳动合同解除流程如图 9-4 所示。

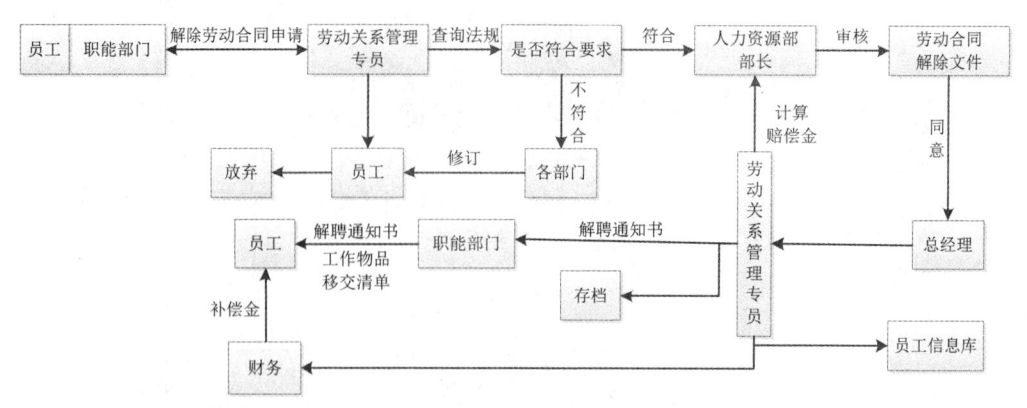

图 9-4　劳动合同解除流程

对劳动合同解除流程的说明如下。

（1）用人单位提前 30 日提出解除劳动合同的要求和方案。

（2）劳动关系管理专员（合同管理员）整理相关资料，包括解除劳动合同的原因、解除劳动合同信息表、劳动合同正副本、经济补偿金等。

（3）解除劳动合同由用人单位的法定代表人审批，用人单位的法定代表人填写解除劳动合同证明书，在解除劳动合同信息表上签字，并在劳动合同文本正副本上加盖作废章，对有经济补偿的员工予以审批补偿。

（4）办理相关解除手续，包括将劳动合同文本正本放进个人档案，办理保险手续、离厂手续，以及将解除合同信息传递给劳动行政管理部门等。

4．劳动合同终止流程

劳动合同终止流程如图 9-5 所示。

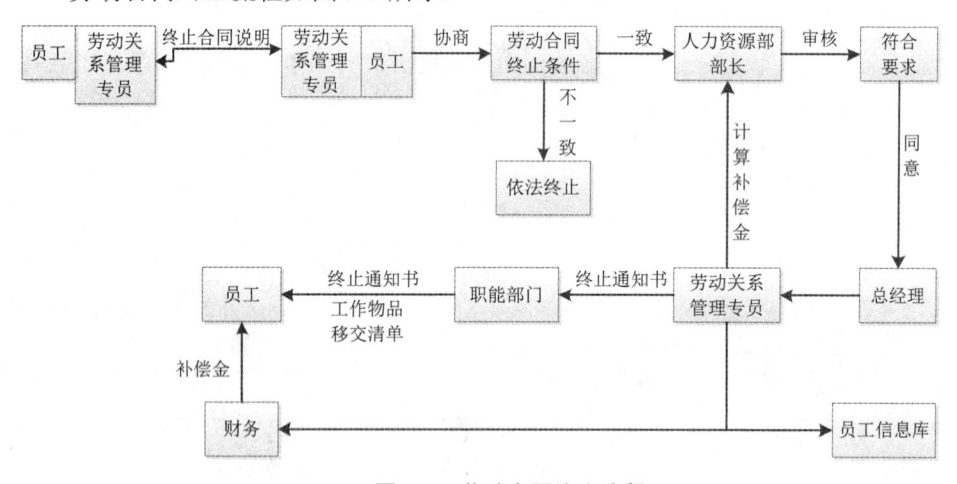

图 9-5　劳动合同终止流程

对劳动合同终止流程的说明如下。

（1）劳动合同期满不再续签劳动合同或其他劳动合同终止的条件出现，双方当事人均可提出终止劳动合同。

（2）劳动关系管理专员（合同管理员）整理相关资料，包括终止劳动合同信息表、劳动合同文本正副本、经济补偿金等。

（3）终止劳动合同由用人单位的法定代表人审批，用人单位的法定代表人填写终止劳动合同证明书，在终止劳动合同信息表上签字，并在劳动合同文本正副本上加盖作废章，对有经济补偿的员工予以审批补偿。

（4）办理相关解除手续，包括将劳动合同文本正本放进个人档案，办理保险手续、离厂手续，以及将终止合同信息传递给劳动行政管理部门等。

9.1.5 劳动争议处理流程

劳动争议处理是为保证劳动实体法的实施而制定的有关处理劳动争议的调解程序、仲裁程序和诉讼程序的规范。

> **相关链接**
>
> 劳动争议发生后，当事人应当协商解决；不愿协商或协商不成的，可以向用人单位的劳动争议调解委员会申请调解；调解不成的，可以向劳动争议仲裁委员会申请仲裁。当事人也可以不经调解直接向劳动争议仲裁委员会申请仲裁。对仲裁结果不服的，当事人可以向人民法院起诉。

1. 劳动争议协商流程

劳动争议协商流程如图9-6所示。

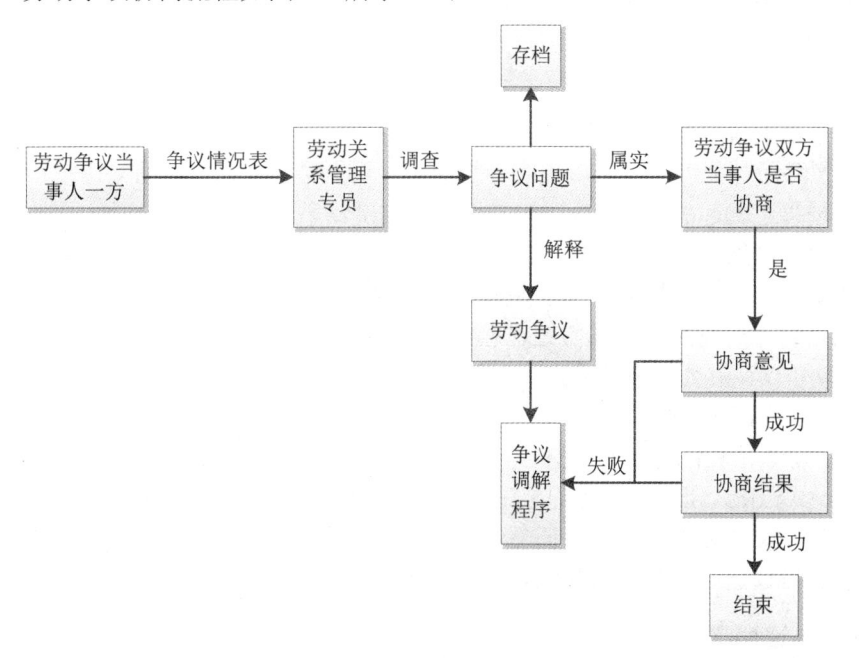

图9-6 劳动争议协商流程

对劳动争议协商流程的说明如下。

（1）劳动关系当事人在履行劳动合同中因对劳动权利和劳动义务问题产生分歧、矛盾，劳动争议由此产生。劳动争议当事人一方填写争议情况表交给劳动关系管理专员。

（2）劳动关系管理专员调查反映情况是否属实，如果确定无误，则告知双方是否需要协商，双方不愿意协商解决或协商不成功则转入争议调解阶段。

2．劳动争议调解流程

劳动争议调解流程如图9-7所示。

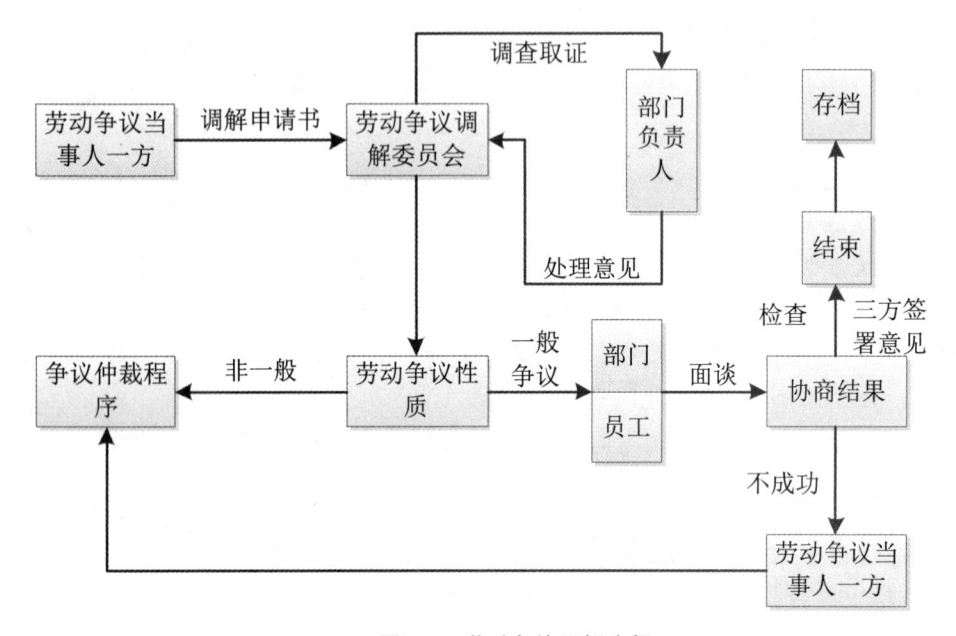

图 9-7　劳动争议调解流程

对劳动争议调解流程的说明如下。

（1）对愿意通过劳动争议调解委员会调解的，双方当事人都可以自知道或应当知道其权利被侵害之日起的 30 日内，以书面形式向劳动争议调解委员会提出申请，并填写《劳动争议调解申请书》。

（2）劳动争议调解委员会主任或调解员主持调解会议，到员工所在部门取证，部门负责人确定纠纷情况并签署部门处理意见。

（3）劳动争议调解委员会对所获得的资料进行分类整理。如果情况不属实，劳动争议调解委员会应将情况反馈给员工和劳动关系管理专员；如果判断是一般争议，则与部门、员工通过面谈寻求解决办法，达成一致意见后，三方在人事纠纷处理表上签署意见。纠纷处理表一式四份，工会、人力资源部、员工、劳动争议调解委员会各一份。

（4）劳动争议调解委员会如果调解不成，即双方达不成协议、调解期限届满而不能结案或调解协议送达后当事人反悔，则双方可提请当地劳动部门仲裁。

3．劳动争议仲裁流程

劳动争议仲裁流程如图9-8所示。

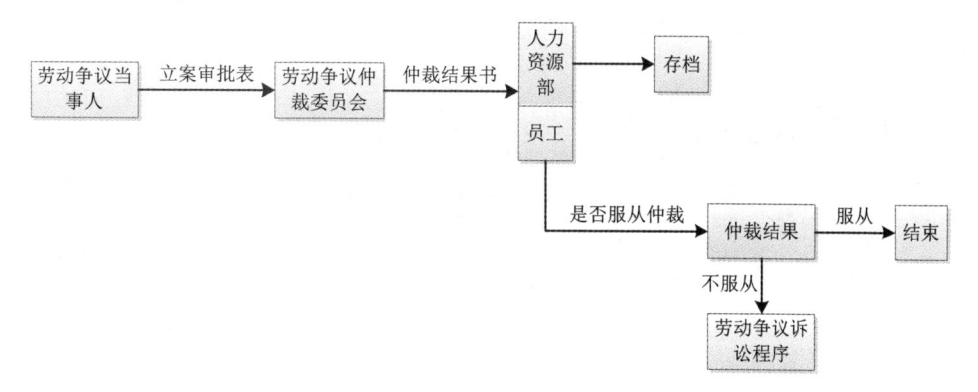

图 9-8　劳动争议仲裁流程

对劳动争议仲裁流程的说明如下。

（1）劳动争议发生后，当事人申请仲裁，应依法向劳动争议仲裁委员会提交仲裁申诉书。劳动争议仲裁委员会审查符合受理条件的案件，当事人需要填写《立案审批表》报劳动争议仲裁委员会负责人审批，审批应在填表 5 日内做出决定。

（2）劳动争议仲裁委员会组成仲裁庭或指定仲裁员审阅案件材料，相关人员应进行必要的调查取证，公正裁决。

（3）劳动争议仲裁委员会制作仲裁调解书，一经送达当事人且当事人不反悔的，即产生法律效力；仲裁裁决书自双方当事人收到之日起的 15 日内不向人民法院起诉的，即发生法律效力。当事人不服从仲裁裁决，则进入劳动争议诉讼程序。

4．劳动争议诉讼流程

劳动争议诉讼流程如图 9-9 所示。

图 9-9　劳动争议诉讼流程

对劳动争议诉讼流程的说明。

（1）当事人对仲裁裁决不服的，自收到仲裁裁决书之日起 15 日内，可以向人民法院起诉；期满不起诉的，仲裁判决书即产生法律效力。

（2）人民法院依照民事诉讼程序，依法对劳动争议案件进行审理。这是劳动争议的最终程序，即通过司法程序保证了劳动争议的最终彻底解决。

9.2　劳动关系管理操作工具

劳动关系的内容是劳动，具有人身关系属性和财产关系属性相结合的特点。劳动关系这些特征的客观存在，决定了劳动关系是多种社会关系中最为基本的关系之一，人们在劳动关系中的地位与作用直接决定了人们在社会关系中的地位与作用。劳动关系管理对社会的发展来说至关重要，而劳动关系管理操作工具正是加强劳动关系管理工作的助力器。

9.2.1 员工人事档案卡

员工人事档案卡是企业对员工基本信息进行登记的登记表，是对员工基本信息的记录，主要包括员工的个人信息、工作履历、薪资记录等内容。该表主要由员工本人填写，最终交由人力资源部存档，具体内容如表 9-2 所示。

表 9-2 员工人事档案卡

（正面） 编号

姓名		性别		生日		年龄		贴照片处
户籍地址		家庭电话		籍贯				
现在住址		手机号码		身份证号				
最高学历		服役情况			家庭成员			
应征工作		期望待遇		伙食		住宿		

履历				工作经验	人事单位意见	主管批示
起止时间	工作机关名称及所在地（县市）	担任工作	薪资	最熟悉的工作项目：		
年 月 年 月						
				最擅长操作的机械或技能：	本人保证： 兹保证以上资料都是真实的，如有虚假，愿受公司重新核定薪资或解职之处分。 签名： 年 月 日	
紧急联系人		关系		地址		手机号码

（背面）

薪资记录							奖惩记录				
年	月	日	服务部门	职称	薪资		年	月	日	记事	主管签章

9.2.2 人事通知单

人事通知单是在进行员工工作单位及职务调动时给员工的通知函,主要包括员工的姓名、调动的原因、职务信息、调动说明等内容,该表主要由人力资源部填写、审核并存档,具体内容如表 9-3 所示。

表 9-3 人事通知单

姓名							
事由							
原服务单位		原任职务		原来薪额		调资日期	年 月 日
现调派单位		现调派职务		核定薪额		核薪说明	
备注							
相关说明							

人力资源部
年 月 日

9.2.3 人事通报表

人事通报表是由企业人力资源部设计并填写的用于通报企业对员工的人事调动信息的表格,该表主要包括被调动者的姓名、新任职务、生效日期、原任职务等内容,具体内容如表 9-4 所示。

表 9-4 人事通报表

姓名	新任职务	生效日期	原任职务	备注

人力资源部
年 月 日

9.2.4　从业人员登记表

从业人员登记表是对企业员工的基本信息、学历、职位、薪资等内容的登记，目的是对企业员工的基本从业情况有一个详细的了解，该表主要由各个部门相关人员填写，最终交由人力资源部汇总、存档，具体内容如表9-5所示。

表 9-5　从业人员登记表

职别	员工编号	姓名	性别	出生日期			年龄	籍贯	到职日期			最高学历	担任工作	薪资		
				年	月	日			年	月	日			本薪	职务津贴	技术津贴

制表：　　　复核：

9.2.5　管理人员一览表

管理人员一览表是企业人力资源部设计的对企业内部管理层人员的统计表，主要包括管理人员的姓名、职别、学历、经历、工龄、薪资等内容，该表由企业各部门相关管理人员填写，最终交由人力资源部汇总审核并存档，具体内容如表9-6所示。

表 9-6　管理人员一览表

类别	姓名	职别	出生年月	年龄	学历	经历	工龄	薪资	备注
1									
2									
3									
4									
5									

制表：　　　复核：

9.3　劳动合同书编制规范说明

劳动合同是用人单位（包括企业、事业、国家机关、社会团体等组织）同劳动者之间确定劳动关系，明确相互权利与义务的协议。企业在与被招用的员工签订劳动合同时，必须遵守国家政策和法规的规定，坚持平等自愿和协商一致的原则，而且劳动合同必须以书面形式签订，合同的内容必须完备、准确。

1．劳动合同书编制详解

1) 编制原则

编制劳动合同书应坚持平等自愿、协商一致的原则，不得违反法律、行政法规的规定。

2) 形式

劳动合同的主要形式是书面形式。书面合同是由双方当事人达成协议后，将协议的内容用文字形式固定下来，并经双方签字，作为凭证的合同。《中华人民共和国劳动法》规定，劳动合同应当以书面形式签订。

3) 内容与条款

（1）用人单位的名称、住址和法定代表人或者主要负责人。

（2）劳动者的姓名、住址和居民身份证或者其他有效身份证件号码。

（3）劳动合同期限是双方当事人享有权利、履行义务的时间界限，即劳动合同的有效期限。劳动合同期限主要分为固定期限、无固定期限和以完成一定工作任务为期限三种。

（4）工作内容和工作地点。

（5）工作时间和休息休假。

（6）劳动报酬。

（7）社会保险。

（8）劳动保护、劳动条件和职业危害防护。

（9）法律、法规规定的应当纳入劳动合同的其他事项。

2．劳动合同书注意事项

（1）编制劳动合同书时，除规定的必备条款外，用人单位与劳动者还可以约定试用期、培训、保守秘密、补充保险和福利待遇等其他事项。也就是说，劳动合同的双方当事人还可以在国家立法规定的范围内通过协商约定条款，如约定用人单位出资培训、劳动者保守用人单位商业秘密等条款或事项。

（2）用人单位为劳动者承担专项培训费用、对劳动者进行专业技术培训的，可以与劳动者签订协议，约定服务期。劳动者违反服务期约定的，应当按照约定向用人单位支付违约金。用人单位要求劳动者支付的违约金的数额不得超过服务期尚未履行部分所应分摊的培训费用，不得超过用人单位承担的培训费用。

（3）用人单位招用劳动者时，应当如实告知劳动者工作内容、工作条件、工作地点、职业危害、安全生产状况、劳动报酬，以及劳动者要求了解的其他情况；用人单位有权了解劳动者与劳动合同直接相关的基本情况，劳动者应当如实说明。

（4）告知是签订劳动合同前劳动关系双方都应履行的先合同义务。用人单位应告知的是劳动合同的全部内容，劳动者应告知的是与劳动合同直接相关的基本情况。

第 10 章
员工职业生涯设计与管理

引导案例

华为的员工职业生涯规划

近年来，华为研发的技术在很多方面领先世界，华为之所以能有这么大的成就，除其特有的管理方法之外，还有其对员工职业生涯规划的设计与管理。华为的员工职业生涯规划流程如下。

1. 明确现阶段人力资源规划

华为根据自身的发展战略目标来制定人力资源规划。人力资源规划通过预测企业在未来环境变化中人力资源的供给和需求状况，制定基本的人力资源获取、使用、维持和开发的战略。

2. 构建职业发展通道

构建职业发展通道是企业进行员工职业生涯规划不可或缺的工作。华为在明确现阶段人力资源规划后，根据人力资源规划的需求，考虑现有人力资源的状况，设计适合自身的职业发展通道。

3. 制定员工职业生涯管理制度和规范

制度和规范的存在可以引导员工行为的改变，确保优秀人才能够脱颖而出，并能够为企业发展目标的实现做出积极贡献。华为制定了有效、健全、可行的员工职业生涯管理制度和规范，确保企业对员工职业生涯管理目标顺利达成。

4. 进行员工基本素质测评

华为进行员工基本素质测评的目的在于掌握员工的能力、个性倾向和职业倾向，并为其职业生涯的目标设立提供参考。华为进行的员工基本素质测评主要包括员工基本信息、工作状况记录信息等内容。

5. 填写员工的职业生涯规划表

华为根据职业发展通道设计，参考员工基本素质测评的结果，同员工一起填写企业和员工个人达成一致的职业生涯规划表。职业生涯规划表主要体现员工选择适合的职业、选择职业生涯路线、选择职业生涯策略三个方面的信息。

6. 实施员工职业生涯规划

实施员工职业生涯规划就是通过培训、轮岗、绩效考核等人力资源活动,帮助员工逐步实现职业生涯规划表中所列的规划目标和过程。

7. 进行职业生涯规划反馈和评估

华为在制定职业生涯规划后,在实施过程中及时听取相关员工对职业生涯规划实施的有效反馈,企业人力资源部根据反馈的信息,对职业生涯规划的实施进行有效的评估。

(资料来源:根据华为的员工职业生涯规划管理方法整理而成)

思考

华为是如何为员工进行职业生涯规划的?

学习目标

1. 了解职业生涯规划的含义和内容;
2. 掌握职业生涯规划管理的内容和意义;
3. 掌握制定职业生涯规划的基本流程和方法;
4. 熟悉职业生涯规划的操作工具;
5. 能够根据相关知识制定职业生涯规划。

"只要开始,永远不晚;只要进步,总有空间。"员工的职业生涯规划是近年来人力资源管理中新兴的一个课题,这个课题正在开始,也在不断进步。如何使员工最大限度发挥自己价值,如何为员工提供实现最大价值的通道,一直以来都是企业在人力资源管理过程中不断思考的问题。然而,这一切的实现还需要借助员工个人的职业生涯设计与管理。

10.1 职业生涯设计工作流程

职业生涯设计是现代企业人力资源管理的重要内容之一,是企业帮助员工制定职业生涯规划和帮助其职业生涯发展的一系列活动。职业生涯设计工作流程主要包括进行自我评价、进行现实审查、确定职业发展目标、制订行动计划、检查评估、反馈修正这几个步骤。在现代企业中,个人最终要对自己的职业生涯负责,这就需要每个人不仅清楚地了解自己所掌握的知识、能力、兴趣等,而且必须对职业选择有较深入的了解,以便制定目标、完善职业计划;管理者则必须鼓励员工对自己的职业生涯负责,并在其进行个人工作反馈时提供帮助,只有当个人目标与组织目标有机结合起来时,职业生涯设计与管理才会意义重大。

10.1.1 职业生涯规划的含义

职业生涯又称职业发展，是指一个人在其一生中遵循一定道路（或途径）所从事工作的历程，是与工作相关的活动、行为、价值、愿望等的综合。职业生涯是以心理开发、生理开发、技能开发、伦理开发等人的潜能开发为基础，以工作内容的确定和变化，工作业绩的评价，工资待遇、职称、职务的变动为标志，以满足需求为目标的工作经历和内心体验的经历。

职业生涯规划是指个人和组织相结合，在对一个人职业生涯的主客观条件进行测定、分析、总结研究的基础上，对自己的兴趣、爱好、能力、特长、经历及不足等各方面进行综合分析与权衡，结合时代特点，根据自己的职业倾向，确定最佳的职业奋斗目标，并为实现这一目标做出行之有效的安排。

> **相关链接**
>
> 职业生涯规划的意义有以下几点。①做好职业生涯规划，可以分析自我，以既有的成就为基础，确立人生的目标，提供奋斗的方向。②做好职业生涯规划，可以重新安排自己的职业生涯，打破原本的生活，塑造全新充实的自我。③做好职业生涯规划，可以准确评价个人特点和强项，在职业竞争中发挥个人优势。④做好职业生涯规划，可以评估个人目标和现状的差距，为个人的发展提供前进的动力。⑤做好职业生涯规划，可以准确定位职业方向。⑥做好职业生涯规划，可以重新认识自身的价值；进行自我评估，可以知道自己的优缺点；通过反思和学习，可以不断完善自己，增加个人价值。⑦做好职业生涯规划，可以全面了解自己，增强职业竞争力，发现新的职业机遇。⑧职业生涯规划通常建立在个体的人生规划上，因此做好职业生涯规划可将个人生活、事业与家庭联系起来，让生活充实而有条理。

10.1.2 职业生涯规划的方法

1. MBTI 职业性格测试

员工在进行职业生涯规划之前，首先需要进行迈尔斯-布里格斯类型指标（Myers-Briggs Type Indicator，MBTI）职业性格测试。MBTI 职业性格测试是国际上较为流行的职业人格评估工具，是一个理论模型，作为一种对个性的判断和分析，它从纷繁复杂的个性特征中，归纳提炼出四个关键要素——动力、信息收集、决策方式、生活方式，再对其进行分析判断，从而把不同个性的人区别开来。通过测试，员工可以了解自己属于哪种人格类型，然后进行相应的职业匹配，最终在求职的过程中找到适合自己的职位。MBTI 职业性格测试结果分析如表 10-1 所示。

表 10-1 MBTI 职业性格测试结果分析

类型	特点	职业匹配
ISTJ	（1）严肃、安静，全力投入一件事情当中，因可被信赖而取得成功 （2）行事务实、有序、实际、有逻辑、真实及可信赖 （3）十分留意且乐于做任何事，工作、居家、生活均有良好组织且有序 （4）负责任 （5）按照设定成效来做出决策且不畏艰难与闲言，会坚定地去做 （6）重视传统与忠诚 （7）传统性的思考者或经理	首席信息系统执行官、天文学家、数据库管理专员、会计、房地产经纪人、侦探、行政管理专员、信用分析师
ISFJ	（1）安静、和善、负责任且有良心 （2）行事尽责投入 （3）安定性高，是项目工作或团体的安定力量 （4）愿意投入、吃苦，做事力求精确 （5）兴趣通常不在科技方面，对细节事务有耐心 （6）忠诚、考虑周到、知性且会关注他人感受 （7）致力于创建有序及和谐的工作与家庭环境	内科医生、营养师、图书/档案管理员、室内装潢设计师、客户服务专员、记账员、特殊教育教师、酒店管理专员
INFJ	（1）因为坚忍、有创意、有必须达成的意图而成功 （2）会在工作中投入最大的努力 （3）默默强力的、诚挚的、用心的关切他人 （4）因坚守原则而受到敬重 （5）提出造福大众的明确远景而为人所尊敬与追随 （6）追求创见、关系及物质的意义与关联 （7）想了解什么能够激励人，有很强的洞察力 （8）光明正大且坚信自己的价值观 （9）有组织且果断、坚定地实现愿景	特殊教育教师、建筑设计师、培训经理/培训师、职业策划咨询顾问、心理咨询师、网站编辑、作家、仲裁人

续表

类型	特点	职业匹配
INTJ	（1）依靠强大动力与本意来达成目的与创意，固执 （2）有宏大的愿景且能快速在众多外界事件中找出有意义的事件 （3）对所担任的职务，能很好地完成 （4）具有怀疑心、挑剔性、独立性，遇事果决，对专业水准及绩效要求高	首席财政执行官、知识产权律师、设计工程师、精神分析师、心脏病专家、媒体策划员、网络管理员、建筑师
ISTP	（1）冷静旁观者——安静、预留余地、会以无偏见的好奇心观察和分析事情 （2）有兴趣探索原因及效果，善于观察，好奇事情为何如此及如何运作，重视逻辑与事实、重视效能 （3）擅长掌握问题核心及找出解决方式 （4）分析成功的缘由、能实时从大量资料中找出实际问题的核心	信息服务业经理、计算机程序员、警官、软件开发员、律师助理、消防员、私人侦探、药剂师
ISFP	（1）羞怯、安宁和善、敏感、亲切、行事谦虚 （2）避开争论，不对他人强加己见或价值观。 （3）没有想要成为领导者，却常是忠诚的追随者和团体成员 （4）办事不急躁，安于现状，不是成果导向类型 （5）喜欢有自己的空间及按照自己制定的行程办事	室内装潢设计师、按摩师、客户服务专员、服装设计师、厨师、护士、牙医、旅游管理专员
INFP	（1）安静观察者，具有理想性，对与其价值观有重要影响的人具有忠诚心 （2）外在生活形态与内在价值观相吻合 （3）具有好奇心且很快能看出机会所在，常负责开发创意 （4）他们十分希望了解他们周围的人，通常随和、通情达理，除非他们的价值观受到威胁 （5）想了解和激发他人潜能，想做太多且做事全神贯注 （6）对所处境遇及拥有的东西不太在意	心理学家、人力资源管理、翻译、大学教师（人文学科）、社会工作者、图书管理员、服装设计师、编辑/网站设计师

续表

类型	特点	职业匹配
INTP	（1）安静、自持、弹性、具有适应性 （2）特别喜爱追求理论与科学事理 （3）习惯于以逻辑及分析来解决问题 （4）对创意事务及特定工作有兴趣，对聚会与闲聊无兴趣 （5）追求可发挥个人特长的职业生涯 （6）追求对感兴趣的事项的逻辑解释	软件设计师、风险投资家、法律仲裁人、金融分析师、大学教师（经济学）、音乐家、知识产权律师、网站设计师
ESTP	（1）擅长现场实时解决问题 （2）喜欢办事并乐在其中 （3）倾向于技术事项及运动，交结同好友人 （4）具有适应性、容忍度、务实性；投注心力于会很快具有成效的工作 （5）不喜欢冗长概念的解释及理论 （6）精于可操作、处理、分解或组合的真实事项	企业家、股票经纪人、保险经纪人、土木工程师、旅游管理、职业运动员/教练、电子游戏开发员、房产开发商。
ESFP	（1）外向、和善、接受性、乐于分享 （2）喜欢与他人一起行动且促成事件发生，在学习时亦然 （3）知晓事件未来的发展并热烈参与其中 （4）擅长人际相处，具备完备常识，能快速适应他人与环境 （5）对生命、人、物质享受	幼教老师、公关专员、职业策划咨询师、旅游管理/导游、促销员、演员、海洋生物学家、销售人员
ENFP	（1）充满热忱、精力充沛、聪明、富有想象力，视生命充满机会但期待得到他人的肯定与支持 （2）几乎能完成所有感兴趣的事 （3）对难题很快就有对策并能对有困难的人施与援手 （4）依赖自身能力而无须进行规划准备 （5）为达目的常能找出强制自己去做的理由 （6）即兴执行	广告客户管理、管理咨询顾问、演员、平面设计师、艺术指导、公司团队培训师、心理学家、人力资源管理

续表

类型	特点	职业匹配
ENTP	（1）反应快、聪明、擅长多样事务 （2）能激励伙伴、敏捷、直言不讳 （3）会为了有趣对问题的两面加以争辩 （4）对解决新问题及挑战性问题富有策略，但会忽视或厌烦常见的任务与细节 （5）兴趣多元，易倾向于转移至新生的兴趣 （6）对所想要的结果会有技巧地找出逻辑的理由 （7）擅长看清楚他人，有能力解决新问题或有挑战的问题	企业家、投资银行家、广告创意总监、市场管理咨询顾问、文案、广播/电视主持人、演员、大学校长
ESTJ	（1）务实、真实、倾向事实，具有企业管理才能或技术天分 （2）不喜欢抽象理论，喜欢学习后可立即运用的理论 （3）喜欢组织与管理活动，专注以最有效率的方式行事以达至成效 （4）具有决断力、关注细节且能很快做出决策 （5）会忽略他人感受 （6）喜欢当领导者或企业主管	首席执行官、军官、预算分析师、药剂师、房地产经纪人、保险经纪人、教师（贸易/工商类）、物业管理
ESFJ	（1）诚挚、爱说话、合作性强、受欢迎、光明正大，是天生的合作者及活跃的组织成员 （2）重和谐且擅长创造和谐 （3）常做对他人有益的事 （4）给予鼓励及称赞会有更佳工作成效 （5）对会直接或有形影响人们生活的事感兴趣 （6）喜欢与他人共事且准时完成工作	房地产经纪人、零售商、护士、理货员/采购、按摩师、运动教练、饮食业管理、旅游管理

续表

类型	特点	职业匹配
ENFJ	（1）热忱、感应能力强、负责任，具能鼓励他人的领导风格 （2）对别人的所想或需求会表达真正关切，且用心去处理 （3）能自然且有技巧性地带领团体讨论或演示文稿提案 （4）爱交际、受欢迎、富有同情心 （5）对称赞及批评很在意 （6）喜欢带领别人且能使别人或团体发挥潜能	广告客户管理、杂志编辑、公司培训师、电视制片人、市场专员、作家、社会工作者、人力资源管理
ENTJ	（1）坦诚、具有决策力的活动领导者 （2）擅长发展与实施广泛的系统以解决组织的问题 （2）精于具有内涵与智能的谈话，如对公众演讲 （3）乐于吸收新知识且能广开信息渠道 （4）容易过度自信，会强烈表达自己的创见 （5）喜欢长远策划及目标设定	首席执行官、管理咨询顾问、政治家、房产开发商、教育咨询顾问、投资顾问、法官

2．霍兰德职业兴趣自测

霍兰德职业兴趣自测（Self-Directed Search）是由美国职业指导专家约翰·霍兰德（John Holland）根据他本人大量的职业咨询经验及其职业类型理论编制的测评工具。

霍兰德认为，个人职业兴趣特性与职业之间应该有一种内在的对应关系。根据兴趣的不同，人格可分为研究型、艺术型、社会型、企业型、常规型、现实型六个维度，每个人的性格都是这六个维度的不同组合，如图10-1所示。

图 10-1　霍兰德的六种人格类型

员工对工作的满意度和离职意向，取决于个体的人格特点与职业环境的匹配度。霍兰德的六种人格类型中的每一种都有与其相适应的工作环境。表10-2对六种人格类型分别进行了描述，并列举了不同类型的人格特点及与之匹配的职业范例。

表 10-2　霍兰德的六种人格类型与相应的人格特点、职业范例

类型	人格特点	职业范例
研究型：偏好需要思考、组织和理解的活动	分析、创造、好奇、独立	生物学家、经济学家、数学家、新闻记者
艺术型：偏好需要创造性表达的、模糊的、无规则可循的活动	富有想象力、无序杂乱、理想化、情绪化、不实际	画家、音乐家、作家、室内装潢设计师
社会型：偏好能够帮助和提高别人的活动	社会化、友好、合作、理解	社会工作者、教师、议员、临床心理学家
企业型：偏好能够影响他人和获得权力的言语活动	自信、进取、精力充沛、盛气凌人	律师、房地产经纪人、公共关系专家、小企业主
常规型：偏好规范、有序、清楚、明确的活动	顺从、高效、实际、缺乏想象力、缺乏灵活性	会计、业务经理、银行出纳员、档案管理员
现实型：偏好需要技能、力量、协调性的体力活动	害羞、真诚、持久、稳定、顺从、实际	机械师、钻井操作工、装配线工人、农场主

3. SWOT 分析

SWOT 分析即基于内外部竞争环境和竞争条件下的态势分析，就是将与研究对象密切相关的各种主要内部优势、劣势和外部的机会与威胁等，通过调查列举出来，并依照矩阵形式排列，然后用系统分析的思想把各种因素相互匹配起来并加以分析，从中得出一系列相应的结论，而这些结论通常带有一定的决策性。运用这种方法，可以对研究对象所处的情境进行全面、系统、准确的研究，根据研究结果制定相应的发展战略、计划及对策等。

S（Strengths）是优势、W（Weaknesses）是劣势、O（Opportunities）是机会、T（Threats）是威胁。按照企业竞争战略的完整概念，战略应是一个企业"能够做的"（内部环境的优势和劣势）和"可能做的"（外部环境的机会和威胁）之间的有机组合。个人职业生涯规划 SWOT 矩阵如图 10-2 所示。

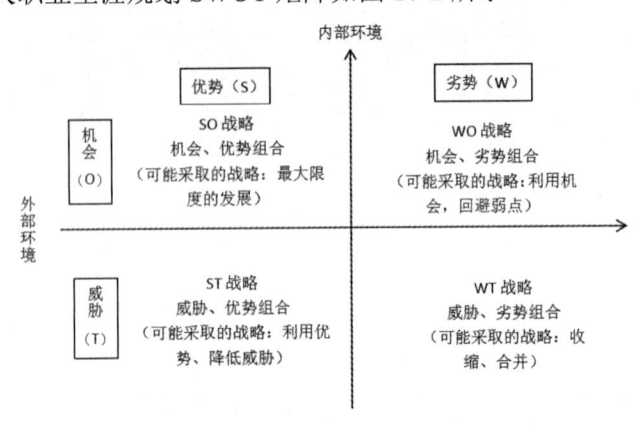

图 10-2　个人职业生涯规划 SWOT 矩阵

10.1.3 职业生涯规划的基本流程

员工的职业生涯规划直接关系到员工未来的发展路径与发展方向，对于员工今后的发展来说是至关重要的。想要做好员工的职业生涯规划需要遵循一定的步骤，员工职业生涯规划流程图如图 10-3 所示。

开始 → 进行自我评价 → 进行现实审查 → 确定职业发展目标 → 制订行动计划 → 结束

图 10-3　员工职业生涯规划流程图

1. 进行自我评价

为了帮助员工确定兴趣、价值观、资质及行为取向，指导员工思考当前他正处于职业生涯的哪个阶段，制订出未来的发展计划，评估个人的职业生涯规划与当前所处的环境及可能获得的资源是否匹配，首先需要对员工进行自我评价。

> **相关链接**
>
> 目前，企业推行自我评价主要采取如下两种方式。①心理测验：帮助员工确定自己的职业和工作兴趣。②自我评估练习：帮助员工确认自己喜欢在哪一种类型的环境下从事工作。

在这一阶段中，员工可以根据自己当前的技能或兴趣与期望的工作之间存在的差距确定改善机会和改善需求；而公司主要负责提供评价信息，判断员工的优势、劣势、兴趣与价值观，最终为员工职业生涯的开始确定一个正确的方向。

2. 进行现实审查

在员工的职业生涯规划发展过程中进行现实审查主要是为了帮助员工了解自身规划与公司潜在的晋升机会、横向流动等规划是否相符合，以及公司对员工技能、知识所做出的评价等信息。

现实审查中信息传递的方式有以下三种。

（1）由主管人员将信息提供作为绩效评价过程的一个组成部分，与员工进行沟通。

（2）主管人员与员工进行专门的绩效评价与职业开发讨论，对员工的职业兴趣、优势，以及可能参与的开发活动等方面的信息进行交流。

（3）所有的交流信息均应记载在员工的职业发展档案中。

在这一阶段中，员工需要确定哪些需求具有开发的现实性；而公司的责任就是针对绩效评价结果，以及员工与公司的长期发展规划相匹配之处同员工进行沟通。

3. 确定职业发展目标

公司帮助员工确定短期与长期职业发展目标。这些目标应与员工的期望职位、应用技能水平、工作设定、技能获得等方面紧密联系。

员工职业发展目标设定的方式：员工与上级主管针对目标进行讨论，并记录在员工的职业发展档案中。

在这一阶段中，员工的主要责任是确定目标和判断目标进展状况；而公司的责任就是确保目标是具体的、富有挑战性的、可以实现的，然后承诺并帮助员工达成目标。

4．制订行动计划

帮助员工决定如何才能达成自己的短期与长期职业发展目标。

制订行动计划的方式：主要取决于员工开发的需求及开发的目标，可采用安排员工参加培训课程和研讨会、获得更多的评价、获得新的工作经验等方式。

在这一阶段中，员工的主要责任就是制定达成目标的步骤及时间表；而公司的责任就是向员工提供在达成目标过程时所需要的资源，包括课程、工作经验及关系等。

> **相关链接**
>
> 个人职业生涯规划设计应该遵守如下准则。①选择自己喜欢的。从事一项你所喜欢的工作，工作本身就能给你一种满足感，你的职业生涯也会从此变得妙趣横生。兴趣是最好的老师，是成功之母。调查表明：兴趣与成功概率有着明显的正相关性。在设计自己的职业生涯时，你务必注意：考虑自己的特点，根据自己的兴趣择己所爱，选择自己所喜欢的职业。②选择自己擅长的。任何职业都要求从业者掌握一定的技能，具备一定的能力条件，而一个人一生中不可能将所有技能全部掌握，所以你必须在进行职业选择时择己所长，从而有利于发挥自己的优势。运用比较优势原理充分分析别人与自己，尽量选择冲突较少的行业。③选择社会需要的。社会的需求在不断变化，旧的需求不断消失，新的需求不断产生，新的职业也不断产生。所以，在设计自己的职业生涯时，你一定要分析社会需求，择世所需，最重要的是目光要长远，能够准确预测未来行业或者职业发展方向。④选择对自己有利的。职业是个人谋生的手段，其目的在于追求个人幸福。所以，你在择业时，首先要考虑的是自己的预期收益——个人幸福最大化。明智的选择是在由收入、社会地位、成就感和工作付出等变量组成的函数中找出一个最大值，这就是选择职业生涯中的收益最大化原则。

10.2　职业生涯规划操作工具

职业生涯规划是对职业生涯乃至人生进行持续的计划的过程，它包括自我评估、职业定位、目标设定、计划实施等内容。制定职业生涯规划，常常需要搜集大量有关自我素质和态度的信息，有了这些信息才能够做出职业生涯规划方面的决策。这些素质包括一个人的价值观、兴趣、个性因素、天赋或才能、生活方式或偏好，以及任何弱点或缺点。如果想找到适合自己的职业，并确立有意义的职业生涯规划目标，最基本的是要了解自身。以下介绍职业生涯规划几个主要的操作工具。

10.2.1 自我评估表

自我评估是对自己进行全方位、多角度的分析，是自我意识的一种形式，指一个人对自己的能力和特点，以及自己所处的地位、与他人及社会关系的认识和评价。它对人的自我发展、自我完善、自我实现有着特殊的意义，极大地影响了人与人之间的交往方式，也决定着一个人对待他人的态度，同时还影响着对他人的评价。自我评估表的具体评估内容如表 10-3 所示。

表 10-3 自我评估表

请用 150~200 个字，描述你理想中的职业生活及愿意从事这一职业的理由（工作性质、工作环境、工作伙伴、工作时间、工资待遇、社会需求、职业技能等）：			
自我评估	性格		
	爱好、特长		
	情感状况		
	意志力状况		
	已具备经验		
	已具备能力		
对你人生发展影响最大的人	关系	姓名	单位、职业、职务
他人对你的看法与期望	关系	姓名	对你的看法与期望

10.2.2 环境与职业评估表

从个人兴趣和能力来分析自己的工作取向固然重要，但环境对职业生涯规划也有非常重要的影响，因为环境具有极大的不确定性，分析起来相当复杂。环境与职业评估是对影响职业选择的相关外部环境进行较为客观、系统的分析。环境与职业评估表的具体评估内容如表 10-4 所示。

表 10-4 环境与职业评估表

环境对你成才的影响	学历水平	
	过往工作环境	
	家庭氛围	

续表

认知职业世界	人才供需状况与就业形势分析	
	对人才素质的要求	
	对人格特质的要求	
	对知识的要求	
	对能力的要求	
	对技能训练的要求	
	对资格证书的要求	
	每天工作状况（工作内容、工作伙伴及感受）	
	该岗位收入状况	
	该行业人士对所从事工作有何满意及不满意之处	
	该职业发展前景	
	其他	

10.2.3 职业定位表

职业定位就是明确一个人在职业上的发展方向，它是一个人在整个职业生涯发展历程中的战略性问题，也是根本性问题。具体来说，从长远来看，是找准一个人的职业类别；从阶段性而言，是明确所处阶段的对应的行业和职能，也就是明确在职场中自己应该处于什么样的位置。它是职业规划及职业发展的第一步，也是最基础的工作、最重要的一步。职业定位表需要综合自我评估表、环境与职业评估表的主要内容得出，具体内容如表 10-5 所示。

表 10-5 职业定位表

描述初步职业设想	职业类型		职业名称		具体岗位	
	职业地域		工作环境		工作时间	
	工作地域		工作待遇		工作伙伴	
	职业发展期望					
目标 SWOT 分析	实现目标的优势					
	实现目标的劣势					
	实现目标的机会					
	实现目标的威胁					

10.2.4 计划实施表

在确定了职业生涯目标后，行动便成了关键的环节。没有达成目标的行动，目标就难以实现，也就谈不上事业的成功。例如，为达成目标，在学习方面计划学习哪些知识、掌握哪些技能，在潜能开发方面采取什么措施提升自己的潜能等，都要有具体的计划与明确的措施，以便定时检查。计划实施表的具体内容如表 10-6 所示。

表 10-6 计划实施表

名称	短期计划（本科生或研究生阶段）
时间跨度	
本期目标	如本科生毕业时要达到……
细分目标	如大一要达到……，大二要达到……，或在××方面要达到……
计划内容	如专业学习、职业技能培养、职业素质提升等
策略和措施	
备注	本科生（研究生）职业生涯规划的重点
名称	中期计划（毕业后五年）
计划名称	
本期目标	如毕业后五年要达到……
细分目标	如毕业后第一年要达到……，毕业后第二年要达到……
计划内容	如职场适应、三脉（知脉、人脉、钱脉）积累、岗位转换及升迁等
策略和措施	
备注	
名称	长期计划（毕业后十年或十年以上）
计划名称	
本期目标	如退休时要达到……
细分目标	如毕业十年后要达到……，毕业二十年后要达到……
计划内容	如事业发展、工作与生活关系、健康、心灵成长、子女教育、慈善等
策略和措施	
备注	方向性规划

10.2.5 职业生涯评估与反馈表

俗话说："计划赶不上变化。"影响职业生涯规划的因素诸多，有的变化因素是可以预测的，而有的变化因素难以预测。在此状况下，要使职业生涯规划行之有效，就须不断地对职业生涯规划进行评估与修订。其修订的内容包括：职业目标的重新选择、职业生涯路线的选择、实施措施与计划的变更等。职业生涯评估与反馈表的具体内容如表 10-7 所示。

表 10-7　职业生涯评估与反馈表

自我评估	工作绩效排名		素质拓展总分		身体素质状况	
	发展性素质测评					
	获奖					
	自我规划落实情况					
	经验与教训					
父母评价与建议						
同学、朋友评价与建议						
上级评价与建议						
成才外因评估						
职业目标修正						
规划步骤、途径及完成标准修正						

10.3　职业生涯规划书编制规范说明

职业生涯规划书应涵盖自我认知、职业认知、职业目标与路径设计、规划与实施计划、评估、备选方案等内容，适当运用人才测评等分析、决策工具及丰富的事实论据，对职业规划过程详尽阐述，并进行全面分析。

1. 职业生涯规划书编制详解

1）编制原则

（1）系统性原则：针对不同类型、不同特长的员工设立相应的职业生涯发展通道。

（2）长期性原则：员工的职业生涯发展规划要贯穿员工的职业生涯始终。

（3）动态原则：根据公司的发展战略、组织结构的变化与员工不同时期的发展需求进行相应调整。

2）编制内容

（1）自我认知。

谈谈对自己的认识，包括自己的性格、自己现在具备的能力、自己的兴趣爱好、价值观等。列举之前的职业、岗位、培训经历，分析这些经历对当前岗位有何帮助；综合个人情况、职业兴趣、职业价值观、性格特征、胜任能力，分析当前岗位是否适合自己，自己能否胜任此岗位，自己是否愿意长期从事于此。比如，可以从以下几个方面来进行自我分析。

①职业兴趣（喜欢干什么）。
②职业能力（能够干什么）。
③个人特性（适合干什么）。
④职业价值观（最看重什么）。
⑤胜任能力（优势、劣势是什么）。

(2) 职业分析。

①家庭环境分析：分析经济状况、社会地位（人脉）、家人期望、家族文化等影响。

②学校环境分析：分析学校特色、专业学习、实践经验等。

③社会环境分析：分析总体经济环境、就业形势、就业政策、竞争对手等。

④职业环境分析如下。

A．行业分析：分析行业的现状及发展趋势。

B．区域分析：分析不同地区的发展潜力及前景、经济水平、文化特点等。

C．公司分析：分析企业类型、企业文化、发展前景、发展阶段、产品服务、员工素质等。

D．职业分析：分析工作内容、工作要求、发展前景等。

(3) 职业定位。

前两部分是职业规划的前提。综合第一部分自我认知及第二部分职业分析，进行个人 SWOT 分析得出自己的职业定位及职业目标。

对照自我认知和职业认知的结果，全面分析自己的优势、劣势，以及面临的机会和威胁，职业目标确定和发展路径设计应符合外部环境和个人特质（兴趣、技能、特质、价值观），符合实际、可执行、可实现。SWOT 分析表如表 10-8 所示。

表 10-8　SWOT 分析表

内部环境因素		外部环境因素	
优势因素（S）	劣势因素（W）	机会因素（O）	威胁因素（T）

通过这个过程，我们最终的目的是得出一个清晰、明确的职业方向，即自己将从事哪个行业、进入哪种类型的公司、期望自身的职业生涯能达到怎样的高度（职位）。

(4) 职业路径及计划。

询问自己以下三个方面的问题。

①说说你想从事的行业或岗位，并谈谈该行业或岗位对人才的素质要求。

根据自己现在所学的专业、自己的追求，以及社会的需要考虑自己想从事的行业或岗位，明确自己想朝哪一个方向发展，是走行政管理路线，向行政方面发展，还是走专业技术路线，向业务方面发展等。选择的发展方向对自身来说有哪些要求或自己应具备什么样的素质来符合该行业或岗位的要求。

②所需要达到的专业技能水平是什么样的，需要哪些相关证书。

满足自己所期望的行业或岗位需要哪些基本技能，需要达到什么样的水平。

③现在开始，你如何为自己想从事的行业或岗位做准备。

从现在开始，在接下来的大学学习生活中你怎样去为自己的期望做准备，你需要做哪些事情。

在进行了职业定位和明确职业目标之后，我们应为目标的实现设计完成路径并制订阶段性计划，分别是短期计划（大学目标，现在至毕业）、中期计划（毕业后五年）、长期计划（毕业后五年至十年）。

(5) 评估与调整。

职业生涯规划是一个动态的过程，我们必须根据实施结果的情况及因应变化进行及时评估和调整。

①评估内容。

职业目标评估：是否需要重新选择职业？假如一直……，那么我将……。

职业路径评估：是否需要调整发展方向？当出现……的时候，我就……。

实施策略评估：是否需要改变行动策略？如果……，我就……。

其他因素评估：身体、家庭、经济状况，以及机遇、意外情况的及时评估。

②评估时间。

可参考两种方式：定期（半年或一年）评估；当出现特殊情况时，随时评估并进行相应的调整。

③规划调整的原则。

当情况在一定的范围内发生变化时，应及时对既定的规划进行评估与调整，改变规划的路径、执行细节或重拟规划。

科学设定行动计划和职业目标的评估方案，标准和评估要素应明确。

正确评估行动计划实施过程和风险，制订切实可行的调整方案。

2．职业生涯规划书编制注意事项

（1）自我认知必须全面、深入、以客观事实为依据，对自身优势、劣势有清晰的认识。

（2）综合运用各类人才测评工具评估自己的职业兴趣、个性特征、职业能力和职业价值观。

（3）可以从个人兴趣、成长经历、社会实践和周围人的评价中认识自我。

（4）短期计划详尽清晰、可操作性强；中期计划清晰、具有灵活性；长期计划具有导向性。

（5）职业发展路径应充分考虑进入途径、胜任标准等探索结果，符合逻辑和现实。

（6）行动计划要发挥本人优势、弥补本人不足，具有可操作性。

参考文献

[1] Sidney·A. Fine, Steven F. Cronshaw Functional Job Analysis: a Foundation for HRM. NJ. Lawrence Erlbaum Associates, Inc, 1999.

[2] DeSimone, Randy L, Werner, etc. Human Resource Development, Harcourt College Publishers, 2002

[3] 彼得·P. 德鲁克, 李焰, 江娅, 等. 公司绩效测评[M]. 北京: 中国人民大学出版社, 1999.

[4] 陈京民, 韩松. 人力资源规划[M]. 上海: 上海交通大学出版社, 2006.

[5] 陈国海. 员工培训与开发[M]. 北京: 清华大学出版社, 2012: 7-8.

[6] 陈庆. 岗位分析与岗位评价[M]. 北京: 机械工业出版社, 2008.

[7] 陈仕考. 基于胜任力的绩效管理体系研究[D]. 苏州: 苏州大学, 2012.

[8] 陈建华. 劳动关系经典案例100篇[M]. 北京: 中国财富出版社, 2014: 239.

[9] 查尔斯·R. 格里尔. 战略人力资源管理[M]. 北京: 机械工业出版社, 2005.

[10] 曹亚克. 人力资源规划、招聘及测评实务[M]. 北京: 中国纺织出版社, 2004.

[11] 程延园. 劳动关系[M]. 3版. 北京: 中国人民大学出版社, 2011: 303.

[12] 蔡东宏. 人力资源管理案例分析指导与训练[M]. 北京: 经济科学出版社, 2015: 393-408.

[13] 董福荣, 赵云昌. 招聘与录用[M]. 大连: 东北财经大学出版社, 2006.

[14] 董克用. 人力资源管理概论[M]. 北京: 中国人民大学出版社, 2011.

[15] 董保华. 劳动争议处理法律制度研究[M]. 北京: 中国劳动社会保障出版社, 2008: 25

[16] 董艳梅.《人力资源管理实务》课程设计改革研究[J]. 当代教育实践与教学研究, 2018（11）: 45-46.

[17] 黛安娜·阿瑟. 员工招募、面试、甄选和岗前引导[M]. 王丽娟, 译. 北京: 中国人民大学出版社, 2003.

[18] 方振邦. 绩效管理[M]. 北京: 中国人民大学出版社, 2003.

[19] 方琰. S公司培训管理研究[D]. 成都: 西南交通大学, 2009.

[20] 付亚和. 工作分析[M]. 2版. 上海: 复旦大学出版社, 2009.

[21] 付亚和, 许玉林. 绩效考核与绩效管理[M]. 北京: 电子工业出版社, 2003.

[22] 顾英伟. 人力资源规划[M]. 北京: 电子工业出版社, 2006.

[23] 顾沉珠. 人力资源管理实务[M]. 上海: 复旦大学出版社, 2005: 133-134.

[24] 寒武. 人力资源战略与规划[M]. 北京: 中国发展出版社, 2007.

[25] 胡八一. 人力资源规划实务[M]. 北京: 北京大学出版社, 2008.

[26] 加里·德斯勒, 吴雯芳. 人力资源管理[M]. 刘昕, 译. 9版. 北京: 中国人民大学出版社, 2005.

[27] 加里·德斯勒. 人力资源管理[M]. 刘昕, 译. 12版. 北京: 中国人民大学出版社, 2012.
[28] 金延平. 人员培训与开发[M]. 大连: 东北财经大学出版社, 2013.
[29] 减振春, 吴国蔚. 国际企业人才甄选方法的研究[J]. 管理科学, 2004 (12): 87-90.
[30] 刘新苗. 人力资源管理操作实务与细节大全[M]. 北京: 中国法制出版社, 2013.
[31] 刘新苗. 劳动关系实务操作实务与细节大全[M]. 北京: 中国法制出版社, 2014.
[32] 刘新苗. HR达人教你人力资源管理一本通[M]. 北京: 中国铁道出版社, 2018.
[33] 刘新苗, 张国庆. 人力资源管理操作实务与范例大全[M]. 北京: 中国铁道出版社, 2016.
[34] 刘昕. 薪酬管理[M]. 北京: 中国人民大学出版社, 2002.
[35] 李小华, 董军. 人力资源规划的特征与作用分析[J]. 理论界, 2006 (1): 211-212.
[36] 李文东, 时勘. 工作分析研究的新趋势[J]. 心理科学进展, 2006, 14 (3): 418-425.
[37] 李艳, 腾晓丽. 岗位说明书大全[M]. 北京: 人民邮电出版社, 2011.
[38] 李永杰, 李强. 工作分析理论与应用[M]. 北京: 中国劳动社会保障出版社, 2005.
[39] 李浇, 支海宇. 人力资源管理实训教程[M]. 大连: 东北财经大学出版社, 2009: 63.
[40] 李诚. 人力资源管理的12堂课[M]. 北京: 中国劳动社会保障出版社, 2011.
[41] 罗伯特, 巴克沃. 绩效管理——如何考评员工表现[M]. 北京: 中国标准出版社, 科文(香港)出版有限公司, 2000.
[42] 罗伯特·D. 盖特伍德. 人力资源甄选[M]. 薛在兴, 张林, 等译. 北京: 清华大学出版社, 2003.
[43] 雷蒙德·A. 诺伊, 约翰·R. 霍伦贝克, 巴里·格哈特, 等. 人力资源管理基础[M]. 刘昕, 译. 北京: 中国人民大学出版社, 2011: 260-261.
[44] 梁凯, 王宏敏. 岗位管理手册[M]. 北京: 中国劳动社会保障出版社, 2006.
[45] 马新建. 短期薪酬激励与小企业薪酬体系构造[J]. 中国人力资源开发, 2006 (8).
[46] 马新建. 员工流动调控与薪酬定位策略[J]. 中国人力资源开发, 2004 (11).
[47] 马蟹, 王建东. 化工企业人力资源管理中的绩效考核问题研究——评《化工医药企业人力资源规范化管理实务》[J]. 塑料工业, 2019, 47 (12): 155.
[48] 麦斯特企业管理研究中心. 员工招聘与甄选[M]. 北京: 经济日报出版社, 2004.
[49] 瞿海燕, 赵荔, 陆慧. 人力资源管理实验教程[M]. 北京: 中国财政经济出版社. 2012: 84.
[50] 乔治·T. 米尔科维奇, 杰里·M. 纽曼. 薪酬管理[M]. 董克用, 等译. 北京: 中国人民大学出版社, 2002.
[51] 企业人力资源管理师专家委员会, 中国劳动学会企业人力资源管理与开发专业委员会. 企业人力资源管理师[M]. 北京: 中国劳动社会保障出版社, 2015.
[52] 阙文婷. 人力资源管理实务[M]. 广州: 广东高等教育出版社, 2016.
[53] 孙宗虎, 郭蓉. 岗位分析评价与职务说明书编写实务手册[M]. 3版. 北京: 人民邮电出版社, 2012.
[54] 孙卫敏. 招聘与选拔[M]. 济南: 山东人民出版社, 2004.
[55] 史蒂夫·尼兰. 伯乐相马——招聘策略与技巧[M]. 安娜, 译. 北京: 机械工业

出版社，2001．

[56] 石金涛．培训与开发[M]．北京：中国人民大学出版社，2009：20．

[57] 宋湛，李岩．集体谈判演练技术，赢在共赢[M]．北京：中国工人出版社，2013：123．

[58] 世界500强企业管理标准研究中心．工作分析与职位说明[M]．北京：中国社会科学出版社，2004．

[59] 托马斯·B．威尔逊．薪酬框架[M]．北京：华夏出版社，2001．

[60] 唐鑛．劳动关系管理概论[M]．北京：中国人民大学出版社，2011：240-241．

[61] 王玺，王东旭，仇丽娜．最新职位分析与职位评价实务[M]．北京：中国纺织出版社，2004．

[62] 王丽娟．员工招聘与配置[M]．2版．上海：复旦大学出版社，2013：202-203．

[63] 王娟．新个税政策下企业海外人力资源管理实务探讨——基于海外派遣员工个税汇算清缴的人资管理案例剖析[J]．企业改革与管理，2020（21）：78-81．

[64] 吴时舫．企业国际化管理人才的开发与甄选策略[J]．中外企业家，2006（5）：36-39．

[65] 文跃然．人力资源战略与规划[M]．上海：复旦大学出版社，2007．

[66] 萧鸣政：人力资源管理实验[M]．北京：北京大学出版社，2012：114，245．

[67] 萧鸣政．工作分析的方法与技术[M]．2版．北京：中国人民大学出版社，2006．

[68] 徐芳．培训与开发理论及技术[M]．上海：复旦大学出版社，2013：21-22．

[69] 尹隆森，孙宗虎．岗位评价与薪酬体系设计实务[M]．北京：人民邮电出版社，2005．

[70] 姚裕群，张琪，李宝元．人力资源开发与管理案例[M]．长沙：湖南师范大学出版社，2007．

[71] 颜世富．培训与开发[M]．北京：北京师范大学出版社，2007：10-12．

[72] 杨钧晴．人力资源管理体验式教学——评《人力资源管理理论与实务》[J]．高教发展与评估，2018，34（4）：6．

[73] 袁声莉，刘莹．培训与开发[M]．北京：科学出版社，2012：4-5．

[74] 亚瑟·W.小舍曼，乔治·W[M]．勃兰德，斯科特·A．斯耐尔．人力资源管理[M]张文贤，译．沈阳：东北财经大学出版社，2001．

[75] 约瑟夫·J．马尔托奇奥．战略薪酬[M]．周眉，译．北京：社会科学文献出版社，2002．

[76] 张晨．企业人力资源模块化管理有效实施研究[J]．金融与经济，2020（9）：98．

[77] 赵永乐，等．招聘与面试[M]．上海：上海交通大学出版社，2006．

[78] 赵永乐．现代人才规划技术[M]．上海：上海交通大学出版社，1999．

[79] 赵永乐．初级人力资源开发与管理[M]．南京：东南大学出版社，2005．

[80] 赵永乐．中级人力资源开发与管理[M]．南京：东南大学出版社，2005．

[81] 赵永乐．高级人力资源开发与管理[M]．南京：东南大学出版社，2005．

[82] 赵永乐，朱燕，邓冬梅，等．工作分析与设计[M]．上海：上海交通大学出版社，2006

[83] 赵永乐，沈鸿．劳动关系管理与劳动争议处理[M]．3版．上海：上海交通大学

出版社,2013.

[84] 赵永乐,王全蓉,薄赋徭. 人力资源管理概论[M]. 3 版. 上海:上海交通大学出版社,2014.

[85] 赵永乐,姜农娟,凌巧. 人员招聘与甄选[M]. 3 版. 北京:电子工业出版社,2018.

[86] 赵永乐,李海东,张新岭,等. 人力资源规划[M]. 3 版. 北京:电子工业出版社,2010.

[87] 赵永乐,康丽. 岗位管理与人岗匹配[M]. 北京:中国电力出版社,2013.

[88] 赵曙明. 人力资源战略与规划[M]. 北京:中国人民大学出版社,2012.

[89] 赵曙明,张正堂,程德俊. 人力资源管理与开发[M]. 北京:高等教育出版社,2009:159-160.

[90] 赵曙明. 人力资源管理研究[M]. 北京:中国人民大学出版社,2001.

[91] 赵京龙. 员工培训在人力资源管理中的重要性分析——评《新员工培训管理实务手册》(第3版)[J]. 领导科学,2020(18):2.

[92] 詹姆斯·W. 沃克. 人力资源战略[M]. 吴雯芳,译. 北京:中国人民大学出版社,2001.

[93] 周文,刘立明,黄江瑛. 工作分析与工作设计[M]. 长沙:湖南科学技术出版社,2005.

[94] 朱兴佳,白京红. 职位分析与评估[M]. 北京:电子工业出版社,2008.

后　记

　　人力资源管理操作实务主要包括人力资源规划、岗位评价与能力评估、培训与开发和员工职业生涯设计与管理等内容，且本书具有全面完整的逻辑体系。

　　不难看出，牢牢把握针对性、操作性和创新性，既是本书从着手写作到完成写作的整个过程中必须遵循的三项原则，也是自始至终困扰本书实现写作目的的原因所在。笔者无论是在资料收集上还是在内容的构思上，都花费了很大的精力。因此，本书从提纲的拟定、章节的写作一直到各部分书稿的验收，经历了无数次的讨论与修改，乃至完全推倒重来。值得欣慰的是，本书终于能够与广大读者见面了。

　　写作本书的目的有三个：一是想出一本既能够服务于高等人力资源管理专业学生的学习，又能够帮助任课教师高效率地开展课程教学的指导性教材；二是本书几乎所有的章节都有大量的表格范例，力图增加本书的实践操作性，提升本书的教学实践价值；三是本书几乎涵盖人力资源领域的所有方面的内容，在对人力资源管理基础知识介绍的基础上进一步挖掘其内涵，以及在其他方面的用途，以此拓宽读者的视野，引导读者进入更广阔的思维空间，从而凸显本书的创新性和实用性。

　　河南工业大学管理学院崔颖担任本书主编，负责拟定编写提纲、写作思路、章节内容及书稿统筹工作。在书稿编著过程中，衷心感谢河海大学赵永乐教授对书稿统筹、提纲框架、重点章节的悉心指导，这极大提升了书稿的写作进度和品质；同时，也感谢李雨婷、王小娟、张见华、李超楠和王艳芳等，他们有的负责资料收集整理，有的负责案例分类及排版校稿，为书稿的完成做了很多工作。

　　本书在编写过程中参考了相关领域的大量文献，已列于书后的参考文献部分，但仍可能有遗漏，在此谨向其作者表示诚挚的感谢！

　　本书的出版要感谢电子工业出版社的信任，尤其是姜淑晶编辑，她在本书的前期筹备及书稿的审阅过程中做了大量细致的工作，使本书得以完成并顺利出版！

　　如果本书能够进一步提升学生、教师及其他读者对人力资源管理实务的理解能力与操作能力，得到读者们的认可，那是笔者所期盼的，也是对笔者的极大鼓励。限于笔者的学识水平，书中疏漏之处在所难免，敬请广大读者和专家学者批评指正，以期不断改进，充实完善。愿各位同人提出建议，可发送邮件至1097175193@qq.com，以便交换信息，分享经验。